GÉNÉRAL MANGIN

COMMENT FINIT LA GUERRE

Avec onze cartes

PARIS

LIBRAIRIE PLON

PLON-NOURRIT et Cie, IMPRIMEURS-ÉDITEURS

8, RUE GARANCIÈRE — 6^e

COMMENT FINIT
LA GUERRE

Ce volume a été déposé au ministère de l'intérieur en 1920.

GÉNÉRAL MANGIN

COMMENT FINIT LA GUERRE

Avec onze cartes

PARIS

LIBRAIRIE PLON

PLON-NOURRIT ET Cⁱᵉ, IMPRIMEURS-ÉDITEURS

8, RUE GARANCIÈRE — 6ᵉ

TABLE DES MATIÈRES

. . . . .

LIVRE PREMIER
1914

CHAPITRE PREMIER
LES PLANS DE CAMPAGNE

Idées des généraux allemands Schlieffen, Falkenhausen et Bernhardi. — Les Allemands projettent d'attaquer la France par la Belgique. — Mais le haut commandement français ne croit qu'à une violation partielle du territoire belge. — Projets français d'attaque en Lorraine. — Doctrine d'offensive à outrance. — Des deux parts on ne songe qu'à une guerre de mouvement et on croit à une guerre courte...........   1

CHAPITRE II
LA BATAILLE DES FRONTIÈRES ET LA RETRAITE

Agression allemande. — L'entrée en guerre de l'Angleterre. — Violation par les Allemands de la neutralité du Luxembourg et de la Belgique. — Prise de Liége par les Allemands. — Atrocités allemandes en Belgique. — Le général Joffre modifie son plan et étend son aile gauche. — Attaque française préliminaire en Alsace. — Les 1re et 2e armées françaises attaquent en Lorraine. — Leur échec à Morhange-Sarrebourg. — Victoire de la 2e armée française à la trouée de Charmes. — Offensive principale des 3e et 4e armées françaises en Luxembourg.

CHAPITRE III

BATAILLE DE LA MARNE ET COURSE A LA MER

LIVRE II
1916

CHAPITRE PREMIER
PRÉPARATIFS D'ATTAQUE EN 1916

CHAPITRE II
L'OFFENSIVE ALLEMANDE A VERDUN

CHAPITRE III
L'OFFENSIVE FRANCO-ANGLAISE SUR LA SOMME

CHAPITRE IV
LA CONTRE-OFFENSIVE FRANÇAISE A VERDUN

CHAPITRE V
COUP D'ŒIL SUR L'ANNÉE 1916. — RÉSULTATS

LIVRE III
1917

CHAPITRE PREMIER
AVANT L'OFFENSIVE

CHAPITRE II

L'OFFENSIVE

CHAPITRE III

APRÈS L'ARRÊT DE L'OFFENSIVE

CHAPITRE IV
OPÉRATIONS SUR LES FRONTS ALLIÉS

LIVRE IV
1918

CHAPITRE PREMIER
L'OFFENSIVE ALLEMANDE

CHAPITRE II
L'OFFENSIVE DES ALLIÉS

CHAPITRE III
L'ARMISTICE

LIVRE V
LES CAUSES DE LA VICTOIRE

CHAPITRE PREMIER
LES CAUSES GÉNÉRALES

CHAPITRE II
LA POLITIQUE DES EFFECTIFS

CHAPITRE III
L'EFFORT DES ALLIÉS

LIVRE VI
LES CONSÉQUENCES DE LA VICTOIRE

CHAPITRE PREMIER
L'EXÉCUTION DE L'ARMISTICE

CHAPITRE II
LA CONFÉRENCE DE LA PAIX

CHAPITRE III
LA NOUVELLE ARMÉE FRANÇAISE

CHAPITRE IV

L'UNION DES ALLIÉS

CARTES

AVANT-PROPOS

Sans doute il est encore trop tôt pour écrire l'histoire définitive de la guerre mondiale. C'est à peine si les documents officiels sont réunis et classés. Mais les journaux de marche et opérations, les registres d'ordres, les états de pertes et de consommation de munitions sont insuffisants à rendre la physionomie de la lutte et n'en indiquent que le schéma ; ils réclament d'abord la connaissance des documents similaires de l'ennemi, qui nous manquent à peu près entièrement, et aussi la lumière des documents privés, correspondances particulières, mémoires, journaux tenus quotidiennement par beaucoup des acteurs de ce grand drame, qui ne se révèlent que peu à peu. Enfin les pièces officielles sont muettes sur les conditions morales qui ont présidé à la conception et au développement de nos entreprises.

Pourtant c'est d'une connaissance aussi exacte

que possible des dernières opérations que dépendent l'organisation de l'armée nouvelle et les principes de notre enseignement militaire. Chacun a le devoir d'apporter son témoignage sur ce qu'il a vu, senti et pensé, car il est de plus en plus urgent de sortir des incertitudes présentes; et il est nécessaire que ce témoignage soit public, car l'opinion publique a une large part dans certaines des décisions à prendre : Durée du temps de service, organisation des grandes unités, proportion des différentes armes, tactique de combat, règlements de manœuvres, armement, tout est en suspens. Nous avons sagement démobilisé, mais nous n'avons pas reconstitué l'armée du temps de paix, d'où sort l'armée de la guerre. La France a jeté son épée au lieu de la remettre au fourreau.

Beaucoup de bons esprits cherchent la raison de la fin si brusque d'une guerre si longue : Puisqu'une lutte de quatre années a pu se terminer par une offensive de trois mois, commencée au moment où les armées de l'Entente venaient d'éprouver une suite de cruelles défaites, on peut se demander s'il n'était pas possible d'avancer l'heure de la victoire finale.

Cette étude a pour but de répondre à ces questions. Elle retrace à grands traits les premières opérations, en insistant surtout sur les causes de nos premiers revers et de notre première victoire; les traits se précisent par la suite et on saisit la genèse à peu près complète de nos dernières offensives. Elle examine les facteurs principaux de la puissance matérielle dans cette lutte unique, puis elle conclut.

COMMENT FINIT LA GUERRE

LIVRE PREMIER
1914

CHAPITRE PREMIER
LES PLANS DE CAMPAGNE

Idées des généraux allemands Schlieffen, Falkenhausen et Bernhardi. — Les Allemands projettent d'attaquer la France par la Belgique. — Mais le haut commandement français ne croit qu'à une violation partielle du territoire belge. — Projets français d'attaque en Lorraine. — Doctrine d'offensive à outrance. — Des deux parts on ne songe qu'à une guerre de mouvement et on croit à une guerre courte.

L'alliance franco-russe obligeait l'Allemagne à faire front à l'est en même temps qu'à l'ouest. Mais les difficultés de la mobilisation et de la concentration russes permettaient à nos ennemis d'espérer en finir avec la France avant de se retourner contre le colosse moscovite : des opérations rapides, foudroyantes si possible, s'imposaient donc sur le front français. La conception d'une attaque brusquée, à la suite d'une tension politique dont l'agressive diplomatie du kaiser avait expéri-

menté souvent le maniement et les effets, a dû être
étudiée par le grand état-major de Berlin ; en tout cas,
les effectifs de l'armée allemande sur le pied de paix
lui permettaient une action courte et violente. Et il n'est
pas interdit de penser que les précautions prises en
France contre cette éventualité l'ont fait écarter pour
revenir à l'idée d'opérations régulières.

Le système de fortifications conçu par le général Séré
de Rivière en 1875 n'avait été réalisé qu'en partie ; mais
les deux barrières Belfort-Épinal, Toul-Verdun, constituaient sur notre frontière de l'Est un obstacle qui paraissait très fort à nos ennemis, malgré la méfiance dont
il était devenu l'objet chez nous ; en outre, c'était face
à l'est que se concentrait l'armée française, sur une ligne
de plus en plus avancée. Une étude du feld-maréchal
von Schlieffen sur la bataille de Cannes avait transporté
dans le domaine de la haute stratégie la tactique d'Han-
nibal : fixer l'adversaire sur tout son front et l'entourer
en l'attaquant par les deux ailes. Le général baron von
Falkenhausen en avait déduit un plan d'opérations qui
déployait quarante-quatre corps d'armée allemands entre
la Suisse et la mer du Nord avec avance par les deux
ailes, mais surtout par la droite en Belgique, avec rabattement à travers le nord de la France où les places Lille-
Maubeuge, puis la Fère-Laon-Reims, restées inachevées,
n'offraient pas d'obstacles sérieux. Il avait exposé cette
conception dans son étude *la Guerre de masses* qui avait
été librement discutée.

Dans son ouvrage *la Guerre d'aujourd'hui*, le général
von Bernhardi avait objecté que ce plan faisait état de
formations de réserve employées en première ligne dès
le commencement des opérations et jugeait cet emploi
imprudent et d'ailleurs inutile. Il dit à ce propos : « Entreprendre une attaque décisive avec des troupes qui
ne satisfont point à toutes les exigences, et qui, peut-
être, seront en partie nouvellement constituées, comme

les divisions de réserve par exemple, ce serait presque commettre un crime contre l'esprit de la guerre ; car, ainsi que Clausewitz l'enseignait déjà, on ne doit jamais attendre du seul mot d'armée constituée ce qui ne peut être donné que par la réalité. »

Il proposait hardiment de concentrer les forces allemandes entre la Lorraine et le Limbourg hollandais, en laissant le champ libre à l'armée française au sud de Metz ; plus elle s'avancerait vers l'est, plus sa situation serait critique, car les armées allemandes, pivotant autour de sa gauche, marcheraient sur Paris découvert et prendraient l'armée française à revers ; la concentration française se faisant N.-S. face à l'Est, la concentration allemande se ferait N.-O.-S.-E. ; c'était l'ordre oblique du grand Frédéric ressuscité, et non pas Cannes, mais Leuthen. Et Bernhardi, après avoir usé d'une précaution oratoire en indiquant qu'il s'agit d'un exemple théorique, développe sommairement les artistiques manœuvres de ce vaste front, résolument offensif à droite, en profitant pour ses attaques échelonnées du magnifique réseau ferré de la Belgique et de la Hollande, défensif à gauche avec Metz-Thionville, Trèves-Luxembourg, Mayence et la ligne du Mein ; front très articulé, brisé de coupures ; et il revient sur ce principe qu'un front stratégique ne peut être une ligne de défense tactique cohérente et souligne de nouveau l'importance de l'échelonnement dans la défensive encore plus que dans l'offensive.

Car la guerre de l'avenir sera toute de mouvement ; l'auteur l'a déjà établi en étudiant les guerres les plus récentes :

« A l'avenir, il n'y aura de batailles durant des journées entières que si l'on rencontre sur le théâtre de la guerre des conditions analogues à celles qu'on trouvait en Mandchourie. Mais une telle hypothèse n'a aucune vraisemblance. Les adversaires de l'Allemagne sont contraints à l'offensive s'ils veulent obtenir quelque résultat.

Quant à nous, nous ne nous défendrons sûrement pas derrière des remparts et des fossés. Le génie du peuple allemand nous en préservera. Un réseau de chemins de fer très dense, relativement aux chemins de fer de Mandchourie, et un riche réseau de routes utilisables assurent une grande liberté de mouvements sur la plupart des théâtres de guerre en Europe.

« Toutes ces circonstances me font croire, en dépit de la tendance très répandue à se terrer, plutôt à une guerre de mouvement et d'opérations qu'à une guerre de positions. »

Il a déjà opposé la conception mécanique de la guerre, qui met en ligne des masses aussi grandes que possible et les juxtapose de front, à la conception géniale, qui les fait manœuvrer selon les methodes exposées dans son ouvrage: « C'est l'esprit qui décide de tout à la guerre, l'esprit des chefs et l'esprit des troupes. Aujourd'hui encore, la résolution et la hardiesse assurent une supériorité décisive. Aujourd'hui encore, les fières prérogatives de l'initiative ont gardé leur valeur. Aujourd'hui encore, la victoire n'est pas attachée à un système déterminé et on peut la remporter même contre des forces sensiblement supérieures, avec les formes de combat les plus diverses. »

D'ailleurs Bernhardi a déjà établi que ces masses formidables des armées actuelles fondront rapidement, tant par suite des pertes que parce que la vie moderne les a rendues en grande partie impropres à la vie de campagne, et la guerre sera courte, surtout contre la France : « L'effort qu'on doit fournir dès le début est si grand qu'il est bien difficile de le dépasser, du moins pour des pays comme la France qui font appel, dès la première mobilisation, à toutes leurs ressources en hommes jusqu'à la dernière limite. Si cette armée obtient la victoire, on n'a pas de raison de tenter un effort désespéré. Si, au contraire, la guerre prend une tournure défavorable, ce peuple, sentant ses forces épuisées, n'apercevra aucun espoir dans la continuation de la guerre et, par suite, la tension qui rendait possible une levée en masse diminuera rapidement. »

Il examine les conditions dans lesquelles se développe une guerre d'invasion, où la puissance envahie voit son moral décroître à mesure que s'avance le vainqueur : « Déjà la guerre de 1870-71 se déroula comme nous l'indiquons ici. On peut s'attendre dans l'avenir à ce que les événements prennent un cours encore plus caractéristique. »

Si l'on s'est terré au Transvaal et en Mandchourie, c'est parce que les Boers faisaient une guerre d'atermoiement ; de même les Russes et même les Japonais étaient souvent réduits à manier la pelle par l'allure traînante de la lutte, obligés à la défensive par la difficulté des communications qui retardait l'arrivée des renforts et du ravitaillement. Mais dans les luttes de l'avenir, la fortification de campagne restera d'un usage exceptionnel.

Bernhardi exprime les idées qui avaient cours dans l'armée allemande, et non la doctrine du grand état-major, celle de Schlieffen, qui l'avait dirigé pendant dix-huit ans et qui avait été le vrai successeur de Moltke l'ancien ; Falkenhausen est beaucoup plus près de cette doctrine que Bernhardi.

Aussi nous voyons au début des opérations les divisions de réserve, formées en corps d'armée, qui figurent à côté des corps actifs. Trente-huit corps d'armée (au lieu de 44 comme dans le projet de Falkenhausen) s'alignent de la Suisse à la mer du Nord. Le grand état-major a exigé le passage à travers la Belgique, au mépris du traité de 1831 que le chancelier dut traiter de « chiffon de papier ». Mais la prévision de la guerre courte, « fraîche et joyeuse », de l'offensive à outrance, dont la facilité croît avec les progrès de l'invasion, elle est commune à tous. L'aile gauche en Lorraine ne commencera son mouvement que quand l'aile droite sera en mesure de faire sentir sa pression, et par conséquent sur ce théâtre d'opérations une défensive provisoire est nécessaire.

Le plan de concentration est l'ensemble des dispositions qui, après la mobilisation, rassemblent les armées en vue des opérations actives. Il dépend donc de la situation politique, des forces en présence, de la rapidité de mobilisation et de transport, des intentions qu'on suppose à l'ennemi ; ce dispositif initial porte en germe le développement des opérations ultérieures. L'Entente cordiale, en nous rendant les forces immobilisées pour la défense des côtes, et les projets probables d'invasion allemande en Belgique ont modifié le plan de concentration français à plusieurs reprises ; nos lois militaires et les variations de la confiance qu'inspiraient nos réserves sont également intervenues. En dernier lieu, des transports plus rapides avaient permis en 1913 d'avancer notablement notre zone de concentration ; le plan 17 disposait les armées françaises face à l'est, quatre armées entre Belfort et Montmédy (1re Dubail, 2e Castelnau, 3e Ruffey, 5e Lanrezac) — et une en réserve vers Commercy (4e de Langle).

Ce n'est pas que l'état-major français ait cru en 1913 au respect de la neutralité belge par les Allemands, ni qu'il ait ignoré le nombre des divisions de réserve susceptibles de se joindre aux vingt-cinq corps actifs du temps de paix. Mais on pensait que l'ennemi respecterait le cœur même de la Belgique, le triangle Liége-Anvers-Namur, où l'armée belge devait se concentrer à l'abri des places fortes sérieuses et y garder une attitude expectante, après une protestation de son gouvernement ; on ne croyait pas, malgré l'avis exprimé par le général Michel, prédécesseur du général Joffre dans les fonctions de généralissime désigné, qu'Anvers serait un des premiers objectifs de l'armée allemande, car c'était alors forcer l'Angleterre à entrer dans la lutte en même temps que la Belgique. En outre, l'emploi de divisions et surtout de corps d'armée de réserve ne paraissait pas probable au début des hostilités, car ils manqueraient d'entraînement et de cohésion. Dès lors, une pareille extension du front allemand amènerait un affaiblissement général et paraissait une imprudence qu'on arrivait même à souhaiter : l'attaque violente en Lorraine sur la gauche allemande trouverait moins de résistance et son avance mettrait le gros des forces ennemies dans une situation fort difficile.

Car c'est une offensive à outrance que préconisaient à l'envi les théoriciens militaires en même temps que tous les états-majors. L'armée française s'était imposé en 1870 une défensive tactique basée sur la puissance des feux de l'armement nouveau : sous prétexte qu'un fusil à tir rapide et de grande portée est évidemment plus avantageux au défenseur posté qu'à l'assaillant qui s'avance à découvert, nos troupes s'étaient figées, de par leur règlement, dans des positions choisies à l'avance, et ce mépris de la manœuvre avait été cruellement puni. En outre, nous avions attendu l'ennemi sur notre territoire au lieu de l'attaquer hardiment sur le sien. Nous serions impardonnables de retomber dans de telles fautes. L'assaillant, par le seul fait qu'il attaque, soumet le défenseur à sa volonté et prend sur lui un ascendant moral qui, avec des troupes françaises, multiplie toutes les brillantes qualités de la race, l'entrain et l'initiative, qui s'atrophient dans la défense. Il est d'ailleurs évident que, par définition, la défense passive ne peut obtenir aucun résultat positif puisqu'elle a uniquement pour but d'empêcher les progrès de l'attaque : *Faire la guerre, c'est attaquer.*

Les conséquences de ces vérités avaient été poussées à l'extrême. A toutes les époques il est arrivé que, sur certaines parties du champ de bataille, l'assaillant lui-même soit amené à prendre une attitude défensive, tout au moins provisoirement, et à y attendre le résultat de sa manœuvre. Presque toujours d'ailleurs, la défense s'accompagne de contre-attaques prévues dont peut résulter une avance du défenseur, soit limitée dans son but, soit commencement d'une véritable attaque qui se terminera par une grande victoire, comme à Austerlitz, par exemple. Renoncer à toute offensive, c'est renoncer à toute manœuvre et se condamner à une attaque frontale, toujours la même, proie facile pour les manœuvres de l'ennemi prévenu. Plus le champ de bataille s'étend, plus il contiendra de zones défensives : *Où? Quand? Comment attaquer? C'est là toute la guerre.*

Mais une surenchère d'offensive sévissait dans tous les milieux militaires. Au nom de l' « unité de doctrine », soigneusement gardée par la « discipline intellectuelle », l'offensive s'imposait à l'état de dogme intangible, ses fervents rivalisaient d'ardeur, et c'est à qui se montrerait le plus agressif. C'est peut-être ici le lieu de remarquer que ces formes de croyances religieuses données aux idées militaires ont eu une malheureuse conséquence qui pesa lourdement sur la durée de la guerre ; après les premiers échecs, dus à l'emploi de procédés vicieux, le dogme s'écroula dans beaucoup d'esprits superficiels et devenus sceptiques ; et, un peu plus tard, l'offensive fut déclarée impossible par d'autres théoriciens qui en arrivèrent au point de ne plus concevoir la guerre que comme une lutte d'usure dont il était chimérique d'attendre la fin par la victoire des armes. Mais, en 1913, la victoire se bornait à avoir fait disparaître dans le dernier règlement (*Instruction sur la conduite des grandes unités*) non seulement l'idée, mais même le mot de *défensive*. Erreur plus grave encore, le règlement du 3 décembre 1913 prescrivait à l'attaque une allure précipitée qu'elle doit être en état de prendre pour tenter une surprise ou pour profiter d'un désarroi ou d'une faute de l'ennemi, mais qu'on ne peut ériger en règle générale ; il formulait : *L'artillerie ne prépare plus les attaques ; elle les appuie.* Dans le but excellent de faire pénétrer

l'idée juste de l'offensive dans tous les rangs de l'armée,
le dogmatisme avait systématisé nos règlements et s'étendait à des prescriptions formelles qui, pour éviter tout
prétexte à retard, allaient jusqu'à supprimer toute préparation ; les armes nouvelles : fusil à répétition et à
trajectoire très tendue, mitrailleuse, canon de campagne
à tir rapide, artillerie lourde, dont les effets étaient encore
mal connus, auraient vraiment dû inspirer un peu de prudence, à tout le moins dans la prise de contact.

Il faut ajouter que, en France comme en Allemagne,
on croyait à la guerre courte, toute de mouvement, et
qu'on voulait empêcher l'adversaire de se fixer et le
bousculer avant qu'il n'eût le temps d'organiser des positions défensives. Les financiers et les économistes étaient
presque tous d'accord pour penser que le monde civilisé
ne pourrait supporter plus de quelques mois le fardeau
jusqu'alors inouï d'une guerre qui serait extrêmement
coûteuse en argent et en richesses de toute nature et qui
lui enlèverait la grande majorité de ses producteurs ;
l'interdépendance des nations multiplierait les ruines
par répercussion et interviendrait certainement très vite
pour arrêter les hostilités ; de très rares clairvoyants
étaient seuls à affirmer qu'une nation trouve toujours
de l'argent pour faire la guerre, et que bien heureusement
aucun gouvernement issu de la volonté populaire ne serait
en état de traiter avant que le sort des armes n'eût
décidé de la victoire, quelles que fussent les ruines économiques et financières dont l'effet pèserait sur l'avenir
plus que sur le présent. Pour la France en particulier,
l'entente avec l'Angleterre lui assurait la maîtrise de la
mer et, au point de vue économique, une incontestable
supériorité de résistance. Ses préoccupations étaient sans
doute uniquement tournées vers les œuvres de paix —
et trop uniquement peut-être. C'est seulement une guerre
défensive qu'on pouvait prévoir. Mais croire que des
considérations matérielles, quelque importantes qu'elles

fussent, pourraient peser sur ses résolutions après
l'agression de l'ennemi, c'était méconnaître le moral de
la nation en armes ; sous le choc brusque et inattendu,
l'instinct de conservation collectif se réveille, la figure de
la Patrie se dresse, et les morts parlent.

CHAPITRE II

LA BATAILLE DES FRONTIÈRES ET LA RETRAITE

Agression allemande. — L'entrée en guerre de l'Angleterre. — Violation par les Allemands de la neutralité du Luxembourg et de la Belgique. — Prise de Liége par les Allemands. — Atrocités allemandes en Belgique. — Le général Joffre modifie son plan et étend son aile gauche. — Attaque française préliminaire en Alsace. — Les 1re et 2e armées françaises attaquent en Lorraine. — Leur échec à Morhange-Sarrebourg. — Victoire de la 2e armée française à la trouée de Charmes. — Offensive principale des 3e et 4e armées françaises en Luxembourg. — Leur échec dans l'Ardenne belge. — Elles doivent battre en retraite. — Opérations des cavaleries française et allemande en Belgique. — L'armée belge se replie sur Anvers. — Rôle de l'armée anglaise. — La 5e armée française attaque en Belgique. — L'offensive allemande. — Échec de l'armée anglaise. — Absence de liaison entre l'armée française et l'armée anglaise. — Elles sont menacées d'encerclement et doivent battre en retraite.
Le général Joffre se prépare à reprendre l'offensive. — Succès français à Guise. — Instruction générale du 1er septembre. — Le gouvernement français quitte Paris. — Les armées allemandes se dirigent au sud, négligeant Paris. — Le général Galliéni donne l'ordre à la 6e armée Maunoury d'attaquer sur l'Ourcq. — Le général Joffre décide de reprendre l'offensive générale sur la Marne. — Ordre du jour du 6 septembre.

Dès le début de juillet, l'Allemagne avait pris un certain nombre de mesures qui préparaient son entrée en campagne. Le 31 juillet, l'état de « menace de guerre » (*Kriegsgefahrzustand*) fut proclamé et lui permit la mobilisation de six classes de réserve. En même temps, les voies ferrées et les lignes télégraphiques étaient coupées

sur la frontière d'Alsace-Lorraine. Le 1er août, l'Allemagne
déclarait la guerre à la Russie, le 3 août à la France, le
4 août à l'Angleterre. La guerre avec la Russie, alliée
de la France, ayant été déclarée dès le 1er août, il semblait
bien qu'une déclaration de guerre à la France était inutile ;
néanmoins il importait de lever tous les doutes à cet égard :
l'ambassadeur d'Allemagne avait donc ordre, si, contre
toute attente, le gouvernement français proclamait sa
neutralité, de réclamer comme gage l'occupation de Toul
et de Verdun par les troupes allemandes, injure gros-
sière qui de toute façon eût rendu inévitable la guerre
décidée par le gouvernement allemand. Avant toute
déclaration de guerre, des patrouilles allemandes avaient
franchi la frontière sur dix-sept points différents, cherchant
vainement un incident qui pût servir de prétexte aux hostilités, mais les troupes françaises s'étaient, par ordre
du gouvernement, éloignées de dix kilomètres du territoire d'Alsace-Lorraine et de Belgique. Il fallut donc recourir à l'imagination pure et inventer de toutes pièces
un bombardement de Nuremberg par des avions français, démenti ultérieurement par les autorités locales
elles-mêmes, et la présence tout aussi fausse d'officiers
français en Belgique. En forçant le gouvernement impérial allemand à recourir à ces prétextes dérisoires et
mensongers, le gouvernement français bravait quelques
inconvénients militaires assez sérieux, mais il démontrait
à l'Europe et au monde civilisé tout entier de quel côté
était la volonté d'agression et agissait fortement sur
l'opinion publique en Angleterre, aussi indécise que le
gouvernement britannique ; le reste fut fait par la violation de la neutralité belge et la menace sur Anvers, qui
ne pouvait tomber sous la coupe de l'Allemagne sans
redevenir « un pistolet chargé au cœur de l'Angleterre ».

L'Angleterre en effet avait demandé à la France et à
l'Allemagne si elles avaient l'intention de respecter la
neutralité belge garantie par les traités de 1831 et 1837 ;

la France s'y était engagée aussitôt, mais l'Allemagne avait envoyé immédiatement un ultimatum à la Belgique pour l'aviser du passage de ses troupes et répondu ensuite à l'Angleterre que l'invasion de la Belgique et du grand-duché de Luxembourg était commencée et que des « raisons stratégiques » ne permettaient pas d'arrêter la marche de ses armées. Et le 4 août, en remettant ses passeports à l'ambassadeur d'Angleterre, le chancelier Bethmann-Hollweg prononçait les paroles mémorables : « Vous allez donc nous faire la guerre pour un chiffon de papier ! »

Le 2 août en effet, le grand-duché de Luxembourg avait été occupé sans résistance, malgré le traité de 1867 par lequel le roi de Prusse s'était porté garant de sa neutralité perpétuelle et la convention de 1902 par laquelle l'empereur d'Allemagne avait de nouveau proclamé la neutralité du grand-duché et stipulé qu'en aucun cas les chemins de fer, dont l'Allemagne assurait l'exploitation, ne seraient employés au transport de ses troupes. Le 3 août, la Belgique avait repoussé dignement l'ultimatum de l'Allemagne et refusé d'autoriser le passage de l'armée allemande sur son territoire ; dans la soirée, la Belgique fut envahie et les opérations contre Liége commencées sous les ordres du général von Emmich. Il s'agissait de rassembler rapidement des brigades qui n'avaient pas encore tout leur effectif de guerre au complet et d'attaquer par surprise un camp retranché avant que sa défense eût été organisée. L'armée du général von Emmich comptait au total 120 000 hommes. Les 4 et 5 août, le général Leman, qui ne disposait que de 40 000 hommes de garnison, infligea sur la ligne des forts un sanglant échec aux premières attaques, menées avec une précipitation et un mépris de l'adversaire qui méritaient une punition. Mais la ville n'avait pas d'enceinte continue ; la place était menacée d'investissement par le mouvement des armées allemandes qui avaient franchi

la Meuse en amont et en aval de Liége. Grâce à l'esprit
de décision et à l'initiative de Ludendorff, qui suivait
l'opération comme officier d'état-major et prit le commandement d'une brigade dont le chef venait d'être tué,
les Allemands arrivèrent à rompre par surprise la ligne
belge entre deux forts le 6 et à pénétrer dans la ville le
7 août. Le général Leman fit retraiter la division d'armée
et une brigade supplémentaire mises à sa disposition
et qui échappèrent ainsi à l'enveloppement. Chaque
fort détaché se défendit isolément et nécessita la mise
en batterie des plus gros calibres ; le général Leman
fut pris le 14, enseveli vivant sous les ruines du fort
Loncin, dont un obus de 420 avait atteint le dépôt de
munitions. Les dernières résistances se prolongèrent jusqu'au 17.

La défense de Liége avait infligé à l'offensive allemande
un retard considérable et l'armée française avait le temps
de s'étirer vers le nord et de rectifier ses premières dispositions. La magnifique attitude de la Belgique, dressée
à la parole de son roi magnanime et refusant de s'incliner devant la force brutale, se fixait dans un geste
héroïque, qui faisait réfléchir le monde civilisé tout entier.
Bien lente à s'émouvoir, la conscience universelle ne
pouvait méconnaître qu'un crime contre la foi jurée venait
de se commettre et que le châtiment pourrait peut-être
venir des victimes elles-mêmes, car elles trouvaient,
dans la conscience de leur bon droit, des forces imprévues.

Les circonstances dont s'accompagnait cette violation des traités les plus solennels la rendaient particulièrement odieuse. Les incendies, les pillages, les exécutions sommaires sans jugement, les massacres de femmes
et d'enfants avaient accompagné les troupes allemandes
dans leur marche à travers le pays neutre. Vainement
les coupables ont invoqué l'attitude de la population
civile belge qui aurait pris part à la lutte et tendu des
guets-apens ; c'est tout au plus si l'on peut admettre que

les soldats allemands ont été systématiquement mis en garde contre les francs-tireurs belges qui n'ont jamais existé, et excités à l'avance contre les habitants essentiellement paisibles ; la nervosité des premiers combats aidant, quelques-unes des atrocités ont pu être commises avec l'idée de se venger — lâchement d'ailleurs — sur une population désarmée, en confondant de parti pris les innocents et les coupables supposés. Si la population civile s'était livrée à des actes hostiles contre les soldats allemands, les premières victimes eussent été les hommes du corps de cavalerie von der Marwitz, qui, du 4 au 17 août, escadronna dans tout le pays entre Liége et Dinant. Les patrouilles et les cavaliers isolés qui l'éclairaient, ses nombreuses estafettes, ses convois échelonnés sur de longues distances offraient une proie facile à l'hostilité des habitants. Mais, incité à une prudente sagesse par sa dispersion forcée, ce corps de cavalerie se conduisit à peu près honnêtement ; il fut accueilli avec une réserve assurément antipathique, mais qui ne s'exprima par aucun acte de violence, et aucun fait nettement répréhensible n'a été reproché à ce corps. Il est donc faux que la guerre de francs-tireurs ait été organisée par les Belges ; le haut commandement allemand est pleinement responsable de toutes les atrocités, et si quelques-uns de ces crimes ont été commis par des troupes que leurs chefs avaient suggestionnées et qui pouvaient alléguer de bonne foi la nécessité de leur défense, la responsabilité demeure entière sur le commandement. La même sauvagerie déshonora l'invasion allemande en Lorraine ; il s'agissait d'un système de guerre qui visait à terroriser la population civile, à la faire refluer en désordre vers sa capitale, afin de briser toute résistance par l'épouvante et d'obtenir plus rapidement la paix à l'ouest pour pouvoir se retourner vers l'est.

D'ailleurs nous tenons l'aveu complet dans la lettre de Guillaume II à l'empereur François-Joseph : « Mon âme se déchire, mais il faut tout mettre à feu et à sang, égorger hommes, femmes, enfants et vieillards, ne laisser debout ni un arbre ni une maison. Avec ces procédés de terreur, les seuls capables de frapper un peuple aussi dégénéré que le peuple français, la guerre finira avant deux mois, tandis que si j'ai des égards humanitaires, elle peut se prolonger des années. Malgré toute ma répugnance, j'ai donc dû choisir le premier système. »

C'est donc bien de propos délibéré que l'Allemagne, dès le début d'une guerre déclarée par elle, s'enfonce dans la barbarie par une régression systématique ; la neutralité des petits États solennellement garantie est violée sans le moindre scrupule ; les conventions qui exceptent de la lutte la population civile sont supprimées, en même temps que toute notion d'humanité. Quels que soient les engagements pris, ils cessent d'exister dès qu'ils apportent une gêne à la rapidité des opérations. Il faut constater qu'en changeant de maître l'Allemagne prussianisée n'a pas changé d'âme et qu'aucun membre de son nouveau gouvernement, aucun chef de parti notable n'a encore trouvé un mot de blâme pour le mépris de la foi jurée, du droit des gens et des principes les plus élémentaires de la civilisation.

Le 2 août, l'entrée des troupes allemandes en Belgique motiva une variante, d'ailleurs prévue, au plan de concentration français : au lieu de limiter sa gauche à Longwy, l'armée française l'étendra jusqu'à Mézières, la 5e armée (général Lanrezac) se déplaçant vers le nord, faisant place à la 4e armée (général de Langle), qui ne prendra pas son emplacement de réserve vers Commercy et se formera en ligne entre la 3e et la 5e armée. Ce changement n'affecte que le plan de transport, dont l'exécution n'est pas commencée : c'est une complication pour la compagnie des chemins de fer de l'Est et pour les états-majors, mais les corps de troupe ne s'en douteront même pas. A partir du 4, la zone de 10 kilomètres évacuée le long de la frontière est réoccupée par les corps de couverture, très facilement dans la plaine lorraine, avec quelque difficulté dans les Vosges. Il faut insister sur ce fait que cette mesure, d'un haut intérêt politique, n'a eu qu'une répercussion à peu près insignifiante sur la situation militaire. La mobilisation de l'armée française l'a fait passer du pied de paix au pied de guerre du 1er au 5 août ; sa concentration s'opère du 5 au 12 août pour le gros des transports, et le 18 tout est à pied d'œuvre.

L'ultimatum de l'Allemagne à la Belgique le 3 août avait été immédiatement suivi d'une offre de secours des troupes françaises ; mais le roi des Belges, par un dernier scrupule, attendit la violation matérielle de son territoire pour le réclamer le 4. C'est le 6 seulement que le corps de cavalerie du général Sordet franchit la frontière avec ses trois divisions, appuyées de trois bataillons d'infanterie. Il poussa jusqu'à Liége le 8, cherchant le contact avec les forces belges les plus avancées. Mais la ville était prise et la garnison retirée sur la Gette. Il se replia sur la Lesse, en contact avec le corps de cavalerie du général von der Marwitz. Le corps était étayé à droite par les 4e et 9e divisions, qui éclairaient les 4e et 3e armées françaises.

* * *

Le commandement français avait constaté l'avance allemande en Belgique ; l'attaque de Liége indiquait bien toute l'amplitude du mouvement, qui ne se limitait pas à la rive sud de la Meuse, comme on l'avait pensé, mais allait évidemment s'étendre à travers toute la Belgique. Les corps actifs qui l'exécutaient étaient bien ceux qu'on attendait de ce côté, mais les corps de réserve qui doublaient l'importance des forces ennemies n'étaient pas encore signalés, et les renseignements recueillis faisaient admettre un peu hâtivement que la concentration allemande s'exécutait suivant le plan connu depuis deux ans.

Aussi le général Joffre admet que le groupement principal des forces ennemies semble vers Metz-Thionville-Luxembourg. Par l'instruction générale n° 1 du 8 août, il indique son intention de livrer la bataille toutes forces réunies, sa droite appuyée au Rhin. S'il y avait lieu, sa gauche reculerait au besoin pour éviter de s'engager isolément ; elle s'avancerait au contraire si la droite allemande était retardée devant Liège ou se rabattait vers le sud. La 1re armée marchera sur Sarrebourg et le Donon, couverte à droite par le 7e corps ; un groupement de divisions de réserve investira Strasbourg ; la 2e armée marchera sur Sarrebrück en se couvrant vers Metz à l'ouest. Les 3e et 4e armées sont provisoirement dans l'expectative, prêtes à attaquer l'ennemi s'il débouche ou à se porter en avant.

Il paraît opportun d'accrocher la gauche ennemie et de prendre dans la plaine d'Alsace, le plus tôt possible, une position qui assure le débouché des Vosges sur un large front. Dès le 7, les troupes françaises franchissent la frontière et prennent Altkirch et occupent le 8 Mulhouse, évacué par les Allemands. Mais l'ennemi se renforce et menace par Cernay de tourner les positions françaises, faiblement occupées. Le 7e corps doit évacuer Mulhouse le 10.

L'opération fut recommencée le 14 par le général Pau qui, avec une armée d'Alsace de 150 000 hommes, reprend Altkirch et Mulhouse et s'étend jusqu'au Rhin, après le beau combat de Dornach le 19. En même temps, la 1re armée (général Dubail, 200 000 hommes) commence à descendre les cols des Vosges, et la 2e (général de Castelnau, 200 000 hommes) pénètre en Lorraine annexée.

Le front de l'armée Castelnau est resserré entre les forts de Metz et les étangs de Dieuze. Elle passe la frontière le 14, sa cavalerie atteint Château-Salins le 17 ; l'armée franchit la Seille le 19, après des engagements, et atteint

Delme et Morhange, sa gauche appuyée aux divisions de réserve, qui tiennent la position du Grand-Couronné de Nancy. L'armée Dubail est ralentie dans les Vosges, mais sa gauche progresse avec l'armée Castelnau et occupe Sarrebourg le 18 avec la division de Maud'huy.

L'ennemi attendait l'attaque française sur une position soigneusement étudiée dès le temps de paix et dont les travaux avaient été commencés le 1er août ; c'était, dans l'ensemble, une ligne fortifiée couvrant les communications entre Metz et Strasbourg et réunissant les deux camps retranchés. La VIe armée allemande, formée de tous les contingents bavarois (200 000 hommes) sous le commandement du prince Ruprecht de Bavière, y était établie sur les collines entre la Sarre et la Seille, ainsi que la droite de la VIIe armée (120 000 hommes, général von Heeringen). La résistance allemande, faible le 14, s'était accrue à mesure que l'attaque se rapprochait de cette ligne et avait été particulièrement tenace le 17.

La bataille de Morhange-Sarrebourg s'engagea le 20, sur un terrain préparé à loisir ; les batteries allemandes sont abritées, l'artillerie lourde sur plates-formes en béton ; le tir est assuré par des repères et réglé par de nombreux avions. Les deux corps de droite de l'armée Castelnau sont arrêtés dans les tranchées par un feu violent, puis contre-attaqués. Ils battent en retraite. A gauche, les troupes magnifiques de l'ardent 20e corps ont attaqué vers Morhange avec succès. Mais l'échec de sa droite oblige le général de Castelnau à les arrêter et à reporter sa ligne de 10 à 15 kilomètres en arrière.

L'armée Dubail avait assez péniblement débouché le 19 en avant de Sarrebourg ; le 20 au matin, sa progression se heurte à une résistance accrue et à des tirs d'artillerie de tout calibre qui préparent l'attaque allemande, ordonnée pour 11 heures. A l'heure dite, les Bavarois s'ébranlent et le combat devient très violent, avec de lourdes pertes de chaque côté. L'ordre est donné d'évacuer Sarrebourg. A la droite de l'armée, l'attaque allemande n'a avancé que très peu. C'est, dans l'ensemble de ce front, un combat indécis, et le général Dubail donne l'ordre de reprendre le lendemain une attaque méthodique, pied à pied. Mais la retraite de la 2ᵉ armée entraînait celle de la 1ʳᵉ armée. Après la rude journée du 20, cette retraite s'exécute en bon ordre.

Par ordre du général Joffre, l'armée Castelnau se maintient sur le Grand-Couronné de Nancy, qu'elle : hève d'organiser, entre la Meurthe et la Moselle, sur les hauteurs de Saffais-Belchamp. Défendant successivement les lignes de la Meurthe et de la Mortagne, l'armée Dubail occupe le 24 un front sensiblement perpendiculaire. Il avait dès le 23 l'ordre de prendre l'offensive si l'armée Castelnau était attaquée. Les Allemands n'avaient pas l'intention d'assaillir de front la position de Nancy, mais de la tourner en forçant la trouée de Charmes. Ils l'essaient vainement ; l'armée Dubail résiste sur tout son front. C'est alors le général de Castelnau qui prend l'offensive en criant à ses troupes : « En avant ! partout ! et à fond ! », menace les arrières de l'ennemi le 25 août, et le fait reculer. Le général Dubail, qui a opportunément prêté au général de Castelnau un corps d'armée et une division de cavalerie, repousse les 26 et 27, dans la région de Saint-Dié, des tentatives pour passer le long des Vosges ; la trouée de Charmes est barrée aux VIᵉ et VIIᵉ armées allemandes, qui ont éprouvé un sanglant échec en s'avançant sans précautions suffisantes dans l'angle droit formé par les 1ʳᵉ et 2ᵉ armées françaises.

*
* *

Mais ce n'est pas par sa droite que le général Joffre a l'intention de faire son effet principal. L'armée d'Alsace du général Pau devait s'appuyer au Rhin ; les 1ʳᵉ et 2ᵉ armées devaient avant tout fixer l'ennemi et l'empêcher de faire glisser ses forces vers le nord-ouest. C'est vers le grand-duché de Luxembourg et le Luxembourg belge que le général Joffre comptait porter son effort par la 3e armée (général Ruffey) et la 4e armée (général de Langle de Cary). Remontant vers le nord, la 5e armée (général Lanrezac) s'étendait de Mézières à Hirson, et obtient le 14 seulement l'autorisation de se porter en Belgique vers Dinant et Charleroi. A sa gauche, l'armée anglaise du maréchal French débarquait quatre divisions au lieu de six annoncées, au total 70 000 hommes. Plus loin, l'armée belge rassemblait ses six divisions vers la Gette, entre Namur et Anvers. En arrière, le général d'Amade formait une petite armée composée de quatre divisions territoriales à partir du 16, augmentée de trois divisions de réserve à partir du 25. Le général Fournier disposait de 30 000 hommes pour défendre Maubeuge ; le général Percin, à Lille, s'efforçait d'organiser la défense de la place, que le ministre de la Guerre, cédant malheureusement à la demande des autorités civiles, déclarait « ville ouverte » le 24 août, malgré le général en chef, et contrairement à la loi.

Le 21, l'armée du général de Langle débouche sur le front Sedan-Montmédy et franchit la Semoy. L'armée du général Ruffey s'échelonne sur sa droite. Elles ont devant elles l'armée du kronprinz allemand et celle du duc de Wurtemberg. Le pays est montueux, très boisé, avec des fonds marécageux, d'un parcours difficile ; un brouillard épais gêne les vues. L'exploration est à peu près impossible, la reconnaissance par les avant-gardes pénible, les renseignements sur l'ennemi manquent. On chemine forcément par colonnes, mal soudées entre elles ; l'armée française n'est pas encore rompue aux liaisons latérales entre les états-majors voisins ; le quartier général de l'armée est trop éloigné, et d'ailleurs ne pourrait, sans une perte de temps considérable, centraliser les renseignements pour les répartir ensuite.

C'est dans ces conditions très défavorables que le 22 s'engage la bataille des Ardennes. Nos têtes de colonnes sont arrêtées par des organisations défensives très sérieuses ; elles sont prises de flanc avant leur déploiement par les contre-attaques ennemies et tombent sous le feu bien ajusté d'une artillerie postée et invisible, tandis que l'artillerie française se met en batterie très difficilement et cherche ses objectifs. Au centre, un corps d'armée ayant changé d'itinéraire sans prévenir son voisin le découvre, ce qui permet à l'ennemi de le prendre de flanc et à revers ; il s'ensuit un recul qui rompt notre ligne. Magnifique d'ardeur et de ténacité, le corps colonial s'acharne contre des organisations solides et subit sans résultat des pertes énormes qui, pour une seule division, atteignent les trois quarts de l'effectif. Les deux corps de gauche sont compromis par l'échec du centre. Celui de droite avait pu arrêter son recul grâce à la résistance de la 3ᵉ armée à Virton et à Ethe. Les renseignements arrivent tardivement au général de Langle ; il croyait, dans la nuit du 22 au 23, pouvoir reprendre ses attaques, et c'est seulement le 23 à 11 heures que, après hésitation, il donne l'ordre de battre en retraite.

L'armée Ruffey n'avait pu progresser, mais elle était moins éprouvée, malgré les durs combats soutenus par sa gauche, et elle restait en mesure de reprendre l'attaque. Elle a à sa droite l'armée de Lorraine récemment formée sous les ordres du général Maunoury pour masquer la place de Metz et ultérieurement l'investir. La capture d'ordres allemands le 23 annonçait le mouvement d'un corps allemand contre la 3ᵉ armée, combiné avec celui d'une brigade venant de Metz ; après quelques hésitations, le grand quartier général permit au général Maunoury d'attaquer de flanc ces colonnes le 25, et de les rejeter en désordre vers l'est. Mais ce succès resta tout local ; l'armée Ruffey avait reçu l'ordre de se replier derrière la Meuse et deux des divisions de l'armée Maunoury s'embarquèrent pour la Somme, où leur présence était nécessaire.

***

Le corps de cavalerie du général Sordet, très fatigué par son raid vers Liége, s'était replié en arrière de la Lesse, suivi par le corps de cavalerie von der Marwitz ; les cavaleries s'étaient tâtées ; à cheval, les Français s'étaient trouvés indiscutablement supérieurs aux Allemands. Aussi von der Marwitz avait-il prescrit d'employer la tactique de l' « envoilement », étudiée longtemps à l'avance. Sur tout son front s'étendait une ligne de petits postes solidement défendus par des cyclistes, des fantassins ou des cavaliers pied à terre. Quelques patrouilles à cheval amenaient devant eux nos escadrons qui étaient décimés à loisir par le tir des hommes postés. A l'abri de ce réseau von der Marwitz fit filer tout son corps de cavalerie vers la Meuse. Le général Sordet, prévenu de ce mouvement, ne jugea pas à propos de profiter du passage que son infanterie d'appui lui ouvrit au nord de la Lesse et alla repasser la Meuse à Hastières le 15, tandis que la cavalerie allemande, soutenue par deux bataillons de chasseurs et quelques groupes d'artillerie lourde, attaquait et prenait Dinant.

On a conclu de ces opérations que la cavalerie ne peut être groupée par grande unité de cette importance, d'un maniement beaucoup trop pesant, et que pareil emploi de la cavalerie ne se retrouvera plus. Il faut penser bien au contraire que les moyens automobiles permettent à la cavalerie de garder auprès d'elle l'appui qui lui est nécessaire pour vaincre les petites résistances locales improvisées et pour prolonger son effort dans l'espace et dans le temps. Si le corps Sordet avait disposé d'une brigade d'infanterie en camion-auto au lieu d'un régiment, de trois bataillons cyclistes, d'un ou deux régiments d'artillerie portée, de quelques groupes d'auto-mitrailleuses et d'auto-canons, de convois automobiles au lieu de ses interminables trains attelés, de T. S. F., d'une forte escadrille d'avions, il aurait certainement gêné beaucoup les opérations du siège de Liége et retardé la marche des troupes allemandes en Belgique. Un tel corps comprendrait plus de fantassins et d'artilleurs que de cavaliers, mais qu'importe? Il permettrait d'occuper rapidement une vaste étendue de pays et de s'assurer les voies de communication et les ressources de toute nature ; un corps ainsi constitué serait un excellent instrument de poursuite qui, renforcé selon les circonstances, empêcherait l'ennemi de se ressaisir. Malgré l'absence de matériel moderne, la formation du corps de cavalerie Sordet n'est pas à blâmer du côté français, pas plus que la formation des corps de cavalerie von der Marwitz et de Richthofen, qui couvrirent utilement le mouvement initial des colonnes allemandes.

Dinant n'était défendu que par un bataillon et fut enlevé grâce à l'emploi des obusiers lourds dont les projectiles avaient un grand effet moral, surtout dans les lieux habités. Mais le 1er corps français, qui arrivait précisément à hauteur de Dinant, reprit rapidement la ville et la citadelle. Il s'étendit le long de la Meuse pendant que les deux autres corps de l'armée Lanrezac se portaient vers la Sambre. Le corps Sordet, passant de la droite à la gauche de l'armée Lanrezac, la prolonge vers le nord-ouest. Il se heurte le 19 aux têtes de colonnes allemandes et doit battre en retraite. Le 18, l'armée belge se repliait sur Anvers, capitale légale du pays en temps de guerre, centre des approvisionnements militaires et considéré à ce double titre comme la base d'opérations dont elle ne devait pas se laisser couper. Or, les communications avec Anvers étaient immédiatement menacées par des forces supérieures ; l'armée française était hors d'état de lui porter secours avant le 23 ou 24 et l'armée anglaise commençait à peine ses débarquements vers

Maubeuge ; on conçoit donc que l'armée belge, ne pouvant conserver ses positions sur la Gette, se soit repliée sur Anvers, où elle espérait conserver intactes, à l'abri des fortifications de Brialmont, ses forces importantes, tout en retenant hors des opérations actives des effectifs ennemis à tout le moins équivalents aux siens. Tout en comprenant cette résolution, il faut regretter que les six divisions d'armée n'aient point retraité lentement sur la Sambre ou sur la Meuse, où elles eussent été d'un secours précieux et peut-être décisif. Mais l'unité de commandement manquait aux armées alliées. Le chef n'est point là, qu'elles attendront de longues années, qui seul connaît la situation générale et peut régler dans le but commun les efforts de tous, en ayant su d'abord inspirer à chacun cette conviction profonde que les forces et les intérêts sont pesés dans une juste balance ; c'est seulement après de pénibles épreuves que les gouvernements ont enfin aperçu le seul moyen de jouer la terrible partie qui leur était imposée : mettre toutes les cartes dans une même main, bien choisie.

Namur, dont un régiment français est accouru renforcer la garnison, est attaqué les 21 et 22 par l'artillerie lourde allemande des plus gros calibres et les 305 autrichiens, qui opéraient en Belgique depuis quinze jours, alors que la déclaration de guerre de l'Autriche-Hongrie à la Belgique a eu lieu le 22 août. Namur tomba le 23.

La gauche des Alliés était attaquée par l'armée von Bülow (200 000 hommes) et l'armée von Klück (230 000 hommes), cependant que l'armée saxonne von Hausen (120 000 hommes) arrivait sur la Meuse vers Dinant. L'armée Lanrezac est tardivement renforcée par un corps d'armée qui prolonge sa gauche, deux divisions d'Afrique qui renforceront les deux corps déjà établis sur la Sambre, et le groupe de divisions de réserve Valabrègue, dont une division va relever sur la Meuse le 1er corps d'Espérey et le rendre à la bataille face au nord.

Elle compte alors 280 000 hommes. L'armée anglaise (4 divisions d'infanterie, une division de cavalerie, 70 000 hommes), concentrée le 21, se portait en ligne le 22 sur le front Condé Mons, en liaison avec l'armée Lanrezac. Son chef, le feld-maréchal sir John French, avait reçu du ministre de la Guerre lord Kitchener des instructions fort limitatives qui attiraient son attention avant tout sur la nécessité absolue de ménager strictement ses effectifs, tout en entrant « le plus possible dans le point de vue de nos alliés ». S un mouvement en avant lui était demandé sans le concours d'importantes forces françaises, il devra en référer à son ministre avant de l'exécuter : « *Votre commandement est entièrement indépendant et jamais, en aucun cas et en aucun sens, vous ne serez sous les ordres d'un général allié.* » Le particularisme, le « quant à soi » britannique ne peut s'affirmer avec plus de netteté, et si l'unité de commandement apparaît à ce moment, c'est pour se voir déclarée à tout jamais irréalisable.

Le 20, le général Joffre avait donné l'ordre au général Lanrezac de prendre l'offensive au nord de la Sambre, sa gauche passant par Charleroi ; le 20, Namur tenait encore ; le général Joffre comptait que l'armée anglaise, qui ne fut prête que le 22, serait en mesure de l'appuyer et qu'il arriverait à temps pour secourir l'armée belge, qui avait déjà retraité sur Anvers. En outre, les renforts de la 5e armée commençaient à peine à arriver et c'est seulement le 23 que le général Lanrezac pouvait se porter en avant, prêt en même temps que l'armée britannique.

Or, le 21, le mouvement de rabattement allemand en Belgique amenait les armées allemandes sur la Sambre ; l'armée Bülow attaquait Namur par sa gauche et l'armée Lanrezac sur la Sambre ; emportés par la furie d'offensive qui sévissait alors, les deux corps qui la défendaient vinrent combattre imprudemment dans les bas-fonds au lieu de se retrancher sur les collines de la rive droite

comme le commandant de l'armée l'avait prescrit, et
ils éprouvèrent de lourdes pertes. La journée du 22 fut
encore plus meurtrière, en particulier pour les troupes
d'Afrique, qui attaquaient à fond sans préparation et
même sans reconnaissance, et dont les uniformes écla-
tants offraient une cible admirable aux mitrailleuses
allemandes ouvrant le feu à courte distance. Les deux
corps engagés sont rejetés à une dizaine de kilomètres
en arrière.

Enfin, le 23, le général Lanrezac dispose de toutes ses
forces et peut attaquer à son tour. Sa gauche, renforcée
d'un corps d'armée, contiendra l'ennemi, tandis que son
1er corps d'Espérey va prendre l'offensive ; déjà il s'engage
en belle ordonnance quand sa droite est tournée et l'oblige
à suspendre son mouvement ; la division de réserve qui
gardait la Meuse a cédé devant l'attaque de toute l'armée
saxonne von Hausen qui a repris Dinant ; l'armée Lanrezac est tournée par sa droite et coupée de l'armée de
Langle.

Le général d'Espérey lance contre ce nouvel assaillant
ses seules forces disponibles, deux bataillons actifs, conduits par leur général de brigade, qui rétablissent la
situation en reprenant de haute lutte le village d'Onhaye.
La division de réserve se reforme et le coup est paré.
Cette vive action a arrêté l'armée saxonne pour deux jours.
Mais l'un des corps du centre a cédé. Le maréchal French
à gauche se trouve isolé, en flèche, attaqué par l'armée
von Klück, et il a dû reculer. Le général Lanrezac, revenu
à son quartier général de Chimay, envisage l'ensemble
de la situation de son armée, et il prend la décision de
battre en retraite. Mais c'est seulement par le grand quartier général de Vitry-le-François que le maréchal French
est prévenu de ce mouvement qui découvre sa droite ;
l'insuffisance, ou plutôt l'absence de liaison entre les deux
armées, éclate à ce moment. La responsabilité est commune aux deux états-majors, mais elle retombe dans sa

presque totalité sur l'état-major français, d'abord et
surtout parce que c'est l'armée française qui se repliait
et qui devait prévenir sa voisine, mais aussi parce que,
se croyant mieux instruit, l'état-major français avait le
devoir de veiller au bien commun ; enfin le concours prêté
par l'Angleterre à la France avait une portée morale
qu'on ne pouvait mesurer à la quotité des effectifs
débarqués ; il aurait fallu que l'état-major français passât
par-dessus les malentendus fatals au début et se mît à
la température de la nation qui, naturellement et sans
calcul, accueillait l'aide britannique, dont personne ne
pouvait soupçonner l'importance future, avec toute la
chaleur de son grand cœur.

Le 24, le général Joffre coordonne la retraite qu'il n'a
pas commandée et prescrit au général Lanrezac de prendre
son appui de gauche sur Maubeuge tout en restant lié
à la 3e armée de Langle ; le 25, la 5e armée Lanrezac a
pu traverser la difficile forêt d'Ardenne ; une initiative
opportune a utilisé des unités de réserve pour couvrir
son flanc droit et arrêter les têtes de colonnes de l'armée
saxonne von Hausen qui ont franchi la Meuse vers Givet,
et la 5e armée se trouve sur la ligne Rocroi-Hirson-
Avesnes.

Dans une note adressée le 24 août aux armées françaises, le général Joffre a condensé les enseignements qui
résultent des premiers combats et signalé à tous les fautes
qui ont amené de graves mécomptes ; il a rappelé la
nécessité de la liaison entre l'infanterie et l'artillerie, la
préparation des attaques par le canon, les formations
diluées que doit prendre la troupe assaillante, l'organisation de la position après sa conquête, l'appui d'infanterie
à donner à la cavalerie, qui doit savoir ménager ses chevaux. Il a pris des sanctions malheureusement nécessaires
en changeant le commandement de certaines grandes

unités et il continuera. Le 25, son instruction générale n° 2 oriente les commandants d'armée. En précisant l'axe de retraite assigné à chaque armée, il indique nettement son intention de constituer à sa gauche, au moyen des 3e, 4e et 5e armées et de l'armée anglaise, une masse capable de reprendre l'offensive dès que les circonstances le permettront ; une 6e armée Maunoury va se former vers Amiens avec les divisions venant de l'armée de Lorraine, de l'armée d'Alsace et du camp retranché de Paris (7 divisions, qui seront ensuite renforcées de 3 autres divisions). Une instruction particulière du 27 prescrit à la 6e armée une offensive sur la droite ennemie, afin de l'envelopper. Le général Joffre pense que cette armée pourra prononcer son mouvement vers le 2 septembre, quand le reste des armées françaises sera vers la ligne Reims-Verdun. Car la droite (1re et 2e armées) doit tenir ses positions.

La 3e et la 4e armée arrivent sur la Meuse. La 3e armée y combat le 28, avec succès dans l'ensemble, particulièrement vers sa gauche. Elle pourrait sans doute rejeter l'ennemi sur la rive droite dans la journée du lendemain, mais le moment n'est pas venu d'une offensive générale, et le général Joffre maintient l'ordre de retraite pour le lendemain.

La 5e armée, qui a sa gauche vers Avesnes, donne la main à la 4e entre Rocroi et Mézières.

L'armée anglaise est le 24 vers Maubeuge ; sa gauche parvient le 25 vers le Cateau, renforcée d'une division qui vient de débarquer. Mais sa droite, qui retraite sur Landrecies, y est attaquée violemment dans la soirée ; la cavalerie anglaise montre sa supériorité sur la division de cavalerie de la garde allemande, et deux divisions de réserve françaises dégagent la droite britannique. Le 26, la gauche anglaise et le centre (40 000 hommes) sont menacés d'être coupés et enveloppés par le gros de l'armée von Klück (180 000 hommes) ; deux divisions de réserve de l'armée d'Amade et le corps de cavalerie

Sordet les dégagent, et le 28 l'armée anglaise occupe la ligne la Fère-Noyon. Elle a échappé à l'emprise allemande et ne sera plus sérieusement menacée.

Le général Joffre est venu conférer avec sir John French le 26 à Saint-Quentin et le 27 à Noyon. Il l'a remercié officiellement le 27 « pour les inappréciables services rendus par l'armée britannique pendant les derniers jours » ; il l'a assuré qu'à sa droite la 5ᵉ armée recevra des ordres pour le délivrer de la pression exagérée de l'ennemi, en même temps qu'une 6ᵉ armée va se former à sa gauche.

En effet, vers Amiens les divisions de l'armée Maunoury commençaient à arriver, mais l'avance ennemie les obligeait à reporter plus au sud leurs gares de débarquement. Cette armée Maunoury se formait cependant et son chef annonçait qu'il serait prêt à attaquer dès le 1ᵉʳ septembre si la situation le commandait.

Le 28, un nouvel entretien réunit à Compiègne le général Joffre et les chefs de l'armée anglaise. Les pertes subies à Landrecies et surtout au Cateau sont enfin connues (environ 15 000 hommes) et ont vivement frappé le commandement, un commandant de corps d'armée propose la retraite vers la mer et le rembarquement pour l'Angleterre. Ce « conseil du désespoir » est écarté, mais la base navale sera reportée de la Manche sur l'Océan.

Les 28 et 29, l'armée Lanrezac fait front pour ralentir l'avance allemande. Malgré quelque flottement vers la gauche, les trois corps de droite remportent à Guise un beau succès et regagnent du terrain. Mais cette avance ne pouvait être maintenue ; la droite de l'armée Lanrezac était trop éloignée de l'armée de Langle, et à sa gauche l'armée anglaise continue à battre en retraite. Sur place, les combattants s'entendaient, mais dans les états-majors le particularisme continuait à sévir ; le 28, sir Douglas Haig, commandant le 1ᵉʳ corps, avait promis l'appui de son artillerie pour le 29, de son infanterie pour le 30 au soir, sous réserve de l'approbation du maréchal French ; mais dans la nuit il était obligé de retirer cette promesse : « en raison des instructions générales de l'armée, il ne pouvait, à son grand regret, participer à cette opération. »

Ce recul de l'armée anglaise entraînait le reste de la ligne, et il devenait impossible de s'arrêter à hauteur de Reims. Sur les instances du général Joffre, le maréchal French dirige sa retraite vers l'est de Paris au lieu de l'ouest, renonçant à se rapprocher de ses bases maritimes : sir John French a refusé de s'arrêter le 31, malgré la demande pressante du président de la République, de lord Kitchener et du gouvernement britannique, « parce que, dit-il, aucun signe d'arrêt ne se manifestait sur la ligne des Alliés. » La droite française tient ferme en Lorraine avec les armées Dubail et Castelnau ; afin de combler le vide qui se creuse entre les 4e et 5e armées, le général Joffre y forme un détachement qui va s'appeler 9e armée sous les ordres du général Foch. Les transports de troupes sont incessants de la droite vers la gauche pour la formation de cette nouvelle armée et le renforcement de la 6e armée Maunoury. A l'extrême gauche, les divisions de territoriale du général d'Amade couvrent Rouen contre les entreprises de la cavalerie ennemie.

Le 1er septembre, le général Joffre oriente ses commandants d'armée sur ses intentions par son instruction générale du 1er septembre. Il constate la nécessité de prendre du champ en pivotant autour de sa droite pour échapper au mouvement débordant qui menace sa gauche et pour regrouper et reconstituer ses forces ; « dès que la 5e armée aura échappé à la menace d'enveloppement, les armées reprendront l'offensive. » Au centre, le mouvement de repli des armées pourra se prolonger jusqu'au sud de la ligne Bray-Nogent-sur-Seine-Arcis-sur-Aube-Vitry-le-François-nord de Bar-le-Duc, « sans que cette indication implique que cette limite doive forcément être atteinte ». Les 1re et 2e armées participeront à l'offensive dans la mesure où les circonstances le permettront, de même que les troupes mobiles du camp retranché de Paris.

Le 2, les in‘ tions du généralissime français se confirment et se précisent ; le maréchal French a proposé de s'arrêter sur la Marne avec les armées françaises, et il convient de signaler cette intention de couvrir Paris, cette aide effective et cordiale qui s'offre spontanément ; elle montre que l'idée de la manœuvre exposée dans les instructions du 25 août et du 1er septembre a été comprise. Mais le géaéral Joffre estime que le moment de l'offensive n'est pas encore venu et demande seulement à l'armée anglaise de tenir quelque temps sur la Marne comme elle offre de le faire, tout en se déclarant très éprouvée, puis de se replier sur la Seine, où elle s'établira de Melun à Juvisy en participant à la défense du camp retranché de Paris. Il préviendra le maréchal French de la date de l'offensive, à laquelle il lui demandera de prendre part, « dans un délai assez rapproché ». Et sir John French répond sur le ton le plus amical qu'il a parfaitement compris la manœuvre et il promet « une cordiale coopération en toutes choses ».

- Cependant le 2 septembre, sur l'avis du généralissime, le gouvernement a quitté Paris et s'installe à Bordeaux. Le général Galliéni avait été nommé le 25 août gouverneur et commandant en chef des armées de Paris, mais à cette date Paris est dans la zone des armées et sous le commandement du général Joffre. En lui demandant ses instructions le 3 au matin, le général Galliéni indique son intention de se défendre à outrance, mais ne parle pas de prendre l'offensive. Le général Joffre lui répond dans la nuit du 3 au 4 en lui faisant prévoir la coopération des troupes actives de Paris dans la direction de Meaux lors de l'offensive prévue par son instruction du 1er septembre, sans préciser de date ; dans la journée, il lui indique l'utilité de faire appuyer la gauche anglaise par une partie de l'armée Maunoury, mais l'offensive générale n'apparaît pas comme imminente.

C'est dans la journée du 3 cependant que les avions de reconnaissance ont commencé à signaler le mouvement des colonnes allemandes, qui s'infléchit vers le sud-est, contournant le camp retranché. Les renseignements de la cavalerie et des avant-postes confirment ce mouvement. Aussi le général Galliéni prescrit, le 4 au matin, au général Maunoury de se préparer à attaquer vers l'est, dans le flanc des colonnes allemandes, en liaison avec les troupes anglaises, et le mande près de lui. Les deux généraux se rendent à Melun, quartier général anglais, et, en l'absence du maréchal French, confèrent longuement avec son chef d'état-major pour obtenir la coopération britannique à l'offensive de la 6° armée française. Ils n'y réussissent pas, et il fallut l'action personnelle du général Joffre pour convaincre sir John French, qui dans la soirée promit son concours sans réserve. De retour à Paris, le général Galliéni confère avec le général Joffre par téléphone et signe aussitôt son ordre d'attaque à l'armée Maunoury pour la journée du lendemain 5 ; la bataille de l'Ourcq va s'engager.

Mais ce n'est là qu'un commencement, qui pouvait se limiter à l'effort de l'armée Maunoury et de l'armée britannique, coup de boutoir à peine plus important et mieux ajusté que celui de Guise le 29 août. Est-ce vraiment le moment de l'offensive générale? Faut-il arrêter les armées françaises avant la fin du repli primitivement envisagé pour les jeter toutes ensemble en avant? Faut-il attendre un ou deux jours que la droite allemande avec von Klück soit encore plus avancée dans la poche qu'elle ne soupçonne pas et livrer bataille sur la Seine? Mais les circonstances seront-elles alors aussi favorables et la gauche de l'armée Lanrezac ne sera-t-elle pas compromise, ainsi que la droite de l'armée anglaise?

A son quartier général de Bar-sur-Seine, à la fin de la journée du 4, au milieu des officiers qui lui apportent à tout instant les renseignements sur l'immense front de ses armées, le général Joffre pèse toutes ces raisons. L'occasion passe, que les anciens représentaient sous la figure d'une femme chauve, n'ayant qu'un cheveu... De sa forte main, il saisit le cheveu et, se levant, il dit : « Eh bien ! messieurs, on se battra sur la Marne ! »

Cette parole, qui a décidé du sort de la guerre, est traduite aussitôt en ordres que le télégraphe et le téléphone transmettent aux armées. Et le lendemain, de l'Ourcq aux Vosges, les soldats vibreront en écoutant la parole immortelle de leur général en chef : « Au moment où s'engage une bataille d'où dépend le salut du pays, il importe de rappeler à tous que le moment n'est plus de regarder en arrière ; tous les efforts doivent être employés à attaquer et à refouler l'ennemi. Une troupe qui ne peut plus avancer devra, coûte que coûte, garder le terrain conquis et se faire tuer sur place plutôt que de reculer. Dans les circonstances actuelles, aucune défaillance ne peut être tolérée. »

CHAPITRE III

BATAILLE DE LA MARNE ET COURSE A LA MER

Le général Maunoury et le maréchal French vainqueurs sur l'Ourcq.
— Bataille de la Marne. — La 5ᵉ armée d'Espérey victorieuse
sur la Marne. — La 9ᵉ armée Foch victorieuse aux marais de
Saint-Gond. — La 4ᵉ armée de Langle soutient le choc des Alle-
mands et passe la Marne — Ordre du jour du 12 septembre.
— Le pivot est de la manœuvre. — La 3ᵉ armée Sarrail garde
Verdun. — La 2ᵉ armée Castelnau garde le Grand-Couronné de
Nancy. — La course à la mer : le front s'étend vers le nord.
— Le général Foch prend le commandement des armées alliées
du nord. — Chute d'Anvers. — Les Alliés victorieux sur l'Yser.
— La guerre de positions commence.
Utile diversion des Russes en Prusse orientale. — Gumbinnen
et Tannenberg. — Opérations en Galicie et en Pologne. —
Le front se fixe.
Invasion et délivrance de la Serbie.
Coup d'œil d'ensemble. — Le plan 17 et sa variante. — Erreur
du commandement français sur les projets de l'ennemi. —
Défaut de préparation et d'instruction de l'armée française.
— Fautes de commandement — Nécessité de la retraite. —
Rôle du général Galliéni et du général Joffre dans la bataille
de la Marne. — Erreurs et fautes du commandement allemand.

Bataille de l'Ourcq. — C'est le 5 que la 6ᵉ armée Maunoury, sur l'ordre du général Galliéni, approuvé par le
général Joffre, engage la bataille de l'Ourcq. Elle couvre
Paris en faisant face au nord et au nord-est ; elle se redresse
dans cette journée autour de sa droite pour faire face à
l'est, en bousculant devant elle les arrière-gardes de von
Klück. Le lendemain 6 est le jour fixé pour l'attaque générale. Von Klück rappelle vers le nord deux corps d'armée

qui faisaient face à l'armée anglaise dans la région de Coulommiers ; il a une forte supériorité numérique devant la gauche du général Maunoury, qui plie légèrement, et il a échappé au danger de l'enveloppement. Le 7 et le 8 la lutte devient très rude sur cette partie du champ de bataille ; le général Galliéni y envoie des renforts en utilisant les auto-taxis réquisitionnés dans Paris ; des alternatives de succès et de revers, des mouvements inquiétants de va-et-vient font envisager au général Maunoury la nécessité d'organiser une position de repli derrière la gauche, pour ne pas être tourné à son tour. Le 9, trois nouveaux corps d'armée allemands l'attaquent avec violence ; une colonne de 15 000 hommes débouche sur ses arrières et va forcer sa gauche à se replier. Mais le général Joffre lui annonce le succès des autres armées et le général Maunoury ordonne de reprendre l'attaque, coûte que coûte. Il progresse, surtout par sa droite, en liaison avec l'armée britannique, et il lance dans la nuit un ordre d'offensive générale pour la journée du lendemain.

Von Klück n'avait attaqué que pour masquer sa retraite, car le maréchal French, marchant du nord au sud, menaçait de tourner sa gauche : l'avance française ne rencontre plus que les arrière-gardes allemandes, et la poursuite commence pour ne s'arrêter qu'au nord de l'Aisne.

L'aile droite de l'armée anglaise était reliée à la 5e armée d'Espérey par le corps de cavalerie Conneau, qui n'avait pas de force offensive suffisante pour entamer l'action. On ne peut s'étonner que le débouché de sir John French ait été un peu lent au début. Les Allemands, en jetant devant lui les corps de cavalerie de von der Marwitz et de Richthofen, avaient réussi à ralentir sa marche. Pourtant, le 6, il était à Coulommiers ; le 7, il bousculait toute cette cavalerie ; le 8, le 1er corps sir Douglas Haig atteignait et accrochait les arrière-gardes ; le 9, les trois corps britanniques passaient la Marne et

prenaient à revers l'armée von Kluck qui devait battre
en retraite en pleine nuit. La grande poursuite commença le 10 et continua jusqu'au Chemin-des-Dames,
infligeant dès le début à l'ennemi de lourdes pertes,
capturant prisonniers, canons et matériel.

Bataille de la Marne. — La façon vigoureuse dont entra
dans la bataille la 5e armée d'Espérey fut certainement
l'une des causes les plus importantes de la victoire.
Dès le 6, cette armée avançait résolument en repoussant
une violente contre-attaque. Le 7, elle franchissait le
Grand-Morin et atteignait le Petit-Morin. Le 8, elle dépassait la ligne Vauchamps-Montmirail-Marchais. L'ennemi,
très éprouvé, cessait de résister sérieusement à partir
du 9 où elle franchit la Marne. Von Bülow tenta de faire
tête au sud et à l'ouest de Reims, mais il fut bousculé le
11 à Thillois et ne se ressaisit que le 13 sur les positions
au nord du camp retranché (Berru, Brimont, Chemin-
des-Dames).

Dans la matinée du 6, les Allemands attaquaient la
9e armée Foch en même temps qu'elle prenait l'offensive ; vraisemblablement, ils cherchaient à percer le front
français dans les plaines champenoises pour répondre à
l'action de la 6e armée française sur leur droite ; quoi
qu'il en soit, leur pointe était là, avec une densité de
troupes plus forte que sur le reste de leur ligne, et très
supérieure à celle que leur opposait la 9e armée. La droite
du général Foch résiste énergiquement et sa gauche progresse ; la situation reste stationnaire le 7, malgré des
efforts vigoureux des deux côtés ; mais le 8, la progression
de la gauche ne reprend que faiblement, tandis que la
droite cède. La situation paraît sérieuse, mais le général
Foch répond de tout, et d'ailleurs l'avance du général
d'Espérey doit fatalement le soulager, puisqu'il a tenu ;
car, à la rigueur, il suffisait qu'il tînt sur ses positions sans
se laisser couper d'avec l'armée placée à sa gauche ;
mais le général Foch veut davantage : il ose, en pleine

bataille, enlever la division Grossetti de sa gauche pour
la porter à sa droite, qu'il dégage ainsi. L'armée d'Espérey est en mesure de lui prêter un corps d'armée
qui déborde les marais de Saint-Gond par le nord et il
enlève le château de Mondement qui commande le plateau de Sézanne. Ces belles manœuvres amènent la retraite de l'ennemi. Le général Foch passe la Marne le 12
et donne la main à l'armée d'Espérey à l'est de Reims.

A sa droite, la 4e armée de Langle de Cary avait été
très éprouvée par ses rudes batailles dans le Luxembourg et sur la Meuse ; son débouché est particulièrement difficile. C'est surtout l'avance de sa gauche
qui importe à l'ensemble du mouvement ; le général
de Langle y dirige donc un corps d'armée que lui envoie
le général Dubail, puis deux divisions prises à sa droite,
qui se contentera de résister. Cette gauche progresse
faiblement les 6, 7, 8 ; la bataille, les 9 et 10, se concentre
au milieu de sa ligne, autour de Vitry-le-François. Enfin
le général de Langle est dégagé par l'avance du général
Foch, comme le général Foch l'avait été par l'avance
du général d'Espérey. Il occupe Vitry et Sermaize le 11,
sa gauche passe la Marne le 12 et suit la retraite de
l'ennemi.

C'est le 12 que le général Joffre peut affirmer sa victoire
dans un ordre du jour :

« La bataille qui se livre depuis cinq jours s'achève
en une victoire incontestable ; la retraite des Ire, IIe et
IIIe armées allemandes s'accentue devant notre gauche
et notre centre. A son tour, la IVe armée ennemie commence à se replier au nord de Vitry et de Sermaize. Partout l'ennemi laisse sur place de nombreux blessés et des
quantités de munitions. Partout on fait des prisonniers :
en gagnant du terrain nos troupes constatent des traces
de l'intensité de la lutte et de l'importance des moyens
mis en œuvre par les Allemands pour essayer de résister
à notre élan. La reprise vigoureuse de l'offensive a déter-

miné le succès. Tous, officiers, sous-officiers et soldats,
avez répondu à mon appel. Vous avez bien mérité de
la patrie. »

Le pivot est de la manœuvre. — Le 31 août, le général
Sarrail avait remplacé le général Ruffey dans le commandement de la 3ᵉ armée. L'ordre du général Joffre avait
suspendu l'offensive qu'il comptait prendre le 3ᵉ septembre, et qui malheureusement n'était plus compatible
avec la situation générale. Le 2, pour éviter un trop
grand allongement du front, il fallait se replier pour rester
en liaison avec la 4ᵉ armée qui retraitait, et le général
Joffre a déterminé les troupes dont il doit renforcer la
garnison de Verdun, envisageant ainsi la nécessité où se
trouverait le général Sarrail d'abandonner la défense de
cette place à ses propres forces. Le général Sarrail use
résolument de la latitude qui lui est laissée et s'accroche
à Verdun, allongeant sa gauche pour rester en liaison
avec l'armée de Langle et faisant en même temps face
au nord pour défendre la place, et face à l'est pour menacer
de flanc l'armée du kronprinz qui marche vers le sud.
Il reçoit le 4 la directive suivante : « La 3ᵉ armée, dont
la mission est d'opérer à la droite du groupement principal de nos armées (4ᵉ, 9ᵉ et 5ᵉ), se repliera lentement,
en se maintenant, si possible, sur le flanc de l'ennemi et
dans une formation lui permettant à tout instant de
passer facilement à l'offensive, face au nord-ouest. »

Les prélèvements forcés sur la droite française ont
réduit la 3ᵉ armée à deux corps actifs et un groupe de
divisions de réserve. Le 6 septembre, l'un de ces corps
attaque vers le nord et l'autre vers l'ouest avec une division de cavalerie pour relier les deux attaques. Mais
c'est le moment que le kronprinz a choisi pour couper
la 3ᵉ armée de la 4ᵉ et encercler Verdun. Il enlève Revigny,
et déjà sa cavalerie tente le passage de cette brèche
qui doit l'amener sur les arrières de nos 1ʳᵉ et 2ᵉ armées,
quand elle se heurte à un corps que le général Joffre

a enlevé au général de Castelnau pour combler le vide croissant entre les armées Sarrail et de Langle. L'artillerie de ce corps d'armée fait merveille et rétablit la situation. Le 10, le kronprinz échoue dans une violente attaque contre le 6e corps à la ferme de Vaux-Sainte-Marie, tandis qu'un corps allemand, parti de Metz pour prendre notre ligne à revers, échoue dans la Woëvre.

L'ensemble de la situation dégage entièrement la 3e armée le 12 et elle suit la retraite de l'armée du kronprinz.

A l'extrême droite, la 1re armée Dubail et la 2e Castelnau ne cessaient de s'affaiblir par les prélèvements incessants qu'exigeait le renforcement du centre et de la gauche français, tandis qu'au contraire l'armée du kronprinz Ruprecht de Bavière et l'armée von Heeringen se renforçaient par des formations nouvelles. L'offensive entamée par les armées françaises après la victoire de la trouée de Charmes s'arrête peu à peu, à cause de cette disproportion de forces, des organisations défensives de l'ennemi qui se perfectionnent et de son artillerie lourde qui se met en batterie ; du 24 août au 2 septembre on s'enterre des deux côtés.

La ligne française tient le Grand-Couronné de Nancy avec un groupement de divisions de réserve, puis la Mortagne, et rejoint les Vosges par le col de la Chipotte au sud de Saint-Dié, qui a été pris le 27 par les Allemands. Les deux partis attachent une égale importance à la position de Nancy, dont la prise ouvrirait une large brèche dans la ligne française et ferait sauter un large pan de la défense, en produisant un grand effet moral. Le 4, l'attaque se prononce sur un large front, avec quelques succès locaux ; le 5, la ligne tient bon au sud de Nancy ; l'ennemi débouche des bois au pied du Grand-Couronné ; les 6 et 7, la bataille s'acharne autour du mont d'Amance et de la montagne Sainte-Geneviève ;

l'ennemi avance au prix de pertes considérables; la question de l'évacuation de Nancy se pose : ne vaut-il pas mieux se replier derrière la Meurthe et la Mortagne, où la position Saffais-Belchamp offre une bonne ligne de résistance? Le général Joffre prescrit de garder à tout prix le Grand-Couronné et, peu à peu, la bataille languit. L'empereur Guillaume II, qui a préparé son entrée théâtrale dans la capitale lorraine, doit retourner à Metz avec son escorte triomphale. Vaincu sur la Marne, l'ennemi ne peut continuer son attaque contre la droite française. Le 12, il bat en retraite et les troupes françaises rentrent dans Pont-à-Mousson, Nomény, Lunéville, Saint-Dié, Baccarat.

La course à la mer. — Au milieu de septembre, l'armée allemande fait front, les deux armées se fixent de plus en plus à l'est et au centre et cherchent à déborder réciproquement l'aile nord de leur adversaire. La 5e armée d'Espérey et l'armée anglaise disputent le Chemin-des-Dames. La 6e armée Maunoury s'étend entre l'armée anglaise et l'Oise vers Noyon, et à sa gauche quatre divisions territoriales et un corps de cavalerie sont sur la Somme.

Le 18 septembre, la 2e armée Castelnau quitte la Lorraine et vient débarquer ses trois corps d'armée entre l'Oise et la Somme, et la lutte devient très rude dans la région Roye-Lassigny, avec des oscillations dont l'amplitude va en diminuant. Mais les armées allemandes tirent de leur front convexe une plus grande facilité de transport vers la gauche française et le général Joffre, qui la sent de plus en plus menacée, crée vers Arras le 30 septembre une nouvelle armée sous les ordres du général de Maud'huy. La situation était si grave au commencement d'octobre que le commandement local envisageait la retraite sur la Somme, qui eût livré à l'ennemi la côte de la Manche jusqu'à l'embouchure de cette rivière. Repoussant cette proposition, qui pourrait avoir sur la suite des opérations les conséquences les plus graves, le général Joffre envoya sur place le général Foch, avec le titre d'adjoint au commandant en chef, et la mission de commander les opérations dans la région nord et de coordonner l'action des troupes françaises avec celle des alliés anglais et belges.

Car l'armée britannique, sur l'instance très raisonnable du maréchal French, était transportée dans le nord vers Hazebroucq du 5 au 20 octobre ; sir John French avait bien voulu admettre que les divisions pourraient être engagées en cas d'urgence dès leur arrivée, sans attendre le rassemblement général de ses forces. La confraternité d'armes s'établissait de plus en plus. Anvers, où s'était repliée l'armée belge à partir du 13 septembre, était bombardé depuis le 28, et tomba le 9 octobre. La retraite de l'armée belge sur l'Yser fut protégée par une division anglaise et la brigade de fusiliers marins français qui avaient pris position en avant de Gand. Le général d'Urbal prit le commandement de l'armée française de Belgique que des renforts portèrent bientôt à cinq corps d'armée et deux divisions de cavalerie. Le front des Flandres était constitué et la gauche des Alliés s'étendait jusqu'à la mer.

Sur l'Yser, des combats s'engagèrent à partir du 16 octobre et durèrent jusqu'au 10 novembre. La division Grossetti rétablit la situation à Nieuport et soutint l'armée belge exténuée et manquant de munitions, jusqu'à ce qu'elle pût border la rivière à Dixmude ; la brigade de fusiliers marins, commandée par l'amiral Ronarch, se couvrit de gloire, avec les bataillons sénégalais, trop oubliés. Plus au sud, vers Ypres, la ligne des Alliés formait un saillant difficile à tenir et violemment attaqué, parce qu'il barrait la route entre l'Yser et la Lys. La bataille y fit rage du 25 octobre au 13 novembre.

Les armées allemandes du duc de Wurtemberg et du prince Ruprecht de Bavière, chacune de cinq corps d'armée, sont venues soutenir les quatre corps de cavalerie de von der Marwitz et sont à pied d'œuvre le 21 octobre ; cinq corps d'armée nouveaux les renforcent en pleine bataille avec des unités d'*Ersatz*. L'empereur Guillaume II est à Courtrai, animant de sa présence les 800 000 Allemands qui se heurtent au nouveau front d'Arras à Nieuport et, concentrant bientôt leur effort dans la région d'Ypres, veulent percer pour rejeter à la mer les forces alliées.

Mais les Belges se battent pour conserver à leur pavillon le dernier lambeau de territoire qui leur reste, les Anglais pour protéger les ports de la Manche contre l'établissement des bases sous-marines et aériennes qui menaceraient directement leur île, les Français pour sauver leur patrie.

Les inondations se tendent sur l'Yser ; les défenses s'organisent ; l'ordre se met dans la confusion inévitable du début ; cavaliers pied à terre et fantassins, Français avec Anglais et Belges cessent de combattre pêle-mêle. Le général Foch, sans avoir le commandement effectif, sait inspirer à tous la confiance qui l'anime, la ténacité dans la résistance, l'ardeur dans la contre-attaque ; un prestige croissant donne à ses conseils l'autorité qui emporte les états-majors alliés vers les solutions viriles.

Aux moments les plus graves, où la volonté du chef pourrait vaciller, le général Foch arrive avec son optimisme serein et communicatif, un clair résumé de la situation ponctué de gestes expressifs, une décision énergique qu'il condense parfois en une courte note laissée à portée de la main : le général Foch ne commande pas, il persuade et cet avis n'est nullement un ordre ; mais il reste là, écrit, suggestionne la volonté, prolonge et matérialise la parole du général français, après que d'autres devoirs ont appelé son action sur d'autres points du champ de bataille.

Partout où il est besoin, les troupes françaises arrivent en renfort ou agissent par des attaques latérales : les

Alliés constatent de leurs yeux que c'est à tous que le
général Foch demande le maximum d'effort, et ils le
donnent.

Le point critique de l'action fut dépassé le 31 octobre.
Mais l'arrivée de la garde allemande fut le signal d'une
violente attaque les 10 et 11 novembre. Puis la lutte
s'amortit, les défenses s'établirent des deux côtés, et
au milieu de novembre le front se fixa. Dans les deux
camps, on s'était enterré de plus en plus dans des organisations qui se perfectionnaient chaque jour. Les lignes
de tranchées se doublaient, se triplaient, réunies par des
boyaux et par des bretelles permettant de cloisonner
toute avance de l'adversaire. Des nappes de fil de fer
s'étendaient en avant des fronts, toujours plus denses et
plus compliquées ; les abris souterrains se perfectionnaient ; les deuxièmes positions se créaient, puis les positions de repli, les centres de résistance, dotés d'enceinte
continue. L'attaque recherchait en même temps les procédés nouveaux contre cette débauche imprévue de
moyens défensifs et de nouveaux engins s'improvisaient.
Les Allemands mettaient en batterie des lance-mines
de divers calibres ; les Français exhumaient du fond
des arsenaux les mortiers lisses des anciens sièges. Les
modèles de grenades variaient à l'infini, les charges
allongées et les brouettes blindées se préparaient à détruire les réseaux de fils de fer. De la Suisse à la mer du
Nord, la guerre de mouvement était terminée et la
guerre de positions commençait.

Le plan de campagne allemand comportait des opérations très rapides en France, puis, l'ennemi de l'ouest
hors de cause, une offensive contre la Russie. Il était
basé sur les lenteurs de la mobilisation et de la concentration de l'armée russe, qui se heurtaient à l'immensité

des distances à parcourir dans un pays où les voies ferrées étaient insuffisantes. Malgré ces difficultés, et contrairement à toute vraisemblance, les armées russes entrent en Prusse orientale dès le 15 août. Le général Rennenkampf part de Vilna et menace Königsberg ; le général Samsonof marche de Varsovie pour le rejoindre sur l'Alle ; les marais de la Narew et les lacs Mazurie séparent les deux groupements. Le 20 août, près de Gumbinnen, trois corps d'armée allemands sont battus par Rennenkampf et doivent se replier. Mais Hindenburg est investi du commandement ; Lüdendorff, qui lui est donné comme chef d'état-major, a fait donner l'ordre d'arrêter la retraite, qui devait se continuer jusqu'à la Vistule ; laissant un rideau de troupes devant Rennenkampf inerte, les Allemands attaquent Samsonof et l'écrasent à Tannenberg, où ils prennent 90 000 hommes du 26 au 29 août. Ils se retournent ensuite sur Rennenkampf.

Cependant trois armées autrichiennes sont entrées en Pologne. Elles sont refoulées par les armées russes de Rousski et de Broussiloff, qui prennent Lemberg et Przemyszl le 12 septembre et entrent en Hongrie. Hindenburg, qui est entré en Pologne en poursuivant les envahisseurs de la Prusse orientale, est battu à Augustovo après des combats acharnés du 25 septembre au 3 octobre, et le grand-duc Nicolas inflige aux Autrichiens une sanglante défaite sur la Bzoura à la fin d'octobre.

Après la bataille des Quatre-Rivières, qui se termine par une longue suite de combats acharnés où Hindenburg essaie en vain de rompre la ligne russe, le front se fait continu du Niémen à la frontière roumaine, passant entre Lodz et Varsovie.

Les Alliés ne devront jamais oublier le service que la Russie leur a rendu en entrant en campagne avec une rapidité inattendue, pour envahir la Prusse orientale pendant que la Pologne russe était elle-même menacée.

Grâce à cette action, non seulement les onze corps d'armée de la couverture allemande étaient maintenus sur le
front russe, mais deux autres devaient être enlevés au
front français, où ils ont fait défaut pendant la bataille
de la Marne ; toutes les réserves allemandes étaient
attirées vers l'est, et en particulier quatre corps de nouvelle formation.

En même temps, les armées autrichiennes éprouvent
en Serbie les revers les plus humiliants. Sous les ordres
du prince régent Alexandre et du maréchal Putnik,
l'armée serbe avait battu en retraite au début des hostilités, puis infligé aux envahisseurs une sanglante défaite
vers le mont Tser. Une nouvelle invasion motiva une
nouvelle retraite, puis un nouveau mouvement en avant
des Serbes, qui se termina par la belle victoire de Roudnik
où elles firent 62 000 prisonniers. En Serbie, comme en
Galicie et en Pologne, l'armée austro-hongroise avait
éprouvé des échecs qui révélaient son peu de cohésion
et lui enlevaient toute confiance dans la victoire. Dès
ce moment, elle aura besoin d'être appuyée de troupes
allemandes pour l'attaque comme pour la défense.

Ce rapide exposé permet de saisir les conditions qui
ont présidé au début de la grande guerre et d'expliquer
les premiers revers des armées françaises et les succès
qui les ont suivis.

En 1911, le plan 17 avait avancé la zone de concentration des armées françaises parce qu'une étude plus serrée
des transports avait permis de gagner plusieurs jours
sur les premiers calculs ; ce changement couvrait contre
l'invasion ennemie une notable partie du territoire français et donnait satisfaction au principe de l'offensive
qui régnait alors dans tous les états-majors. La violation
du territoire belge par les armées allemandes était prévue,

par une variante qui portait en ligne l'armée gardée en réserve. Cette variante joua dès le 2 août, étendant jusqu'à Mézières le front qui s'arrêtait primitivement à Longwy. Mais le commandement français ne pensait pas que le mouvement débordant à travers la Belgique dût s'étendre sur la rive nord de la Meuse, parce qu'il ne croyait pas que les Allemands emploieraient leurs divisions de réserve en première ligne dès le début des opérations.

Confirmé dans cette idée par les premiers renseignements sur l'ennemi, malheureusement très incomplets, le général Joffre indique le 8 août son intention de livrer la bataille sur tout son front, la droite au Rhin ; dans son instruction générale n° 1, le rôle de sa gauche reste encore indécis et dépendra des circonstances. Par suite de l'importance des forces allemandes qui s'engagent en Belgique, il est amené en effet à l'étendre un peu tardivement vers le nord jusqu'à la Sambre et à donner la main à l'armée anglaise.

La bataille s'engage le 20 en Lorraine avec les armées Dubail et Castelnau, le 21 en Luxembourg avec les armées Ruffey et de Langle, qui toutes ont l'ordre d'attaquer. L'armée Lanrezac, qui a le même ordre, n'est en mesure de l'exécuter que le 23, parce que ses renforts ne sont pas arrivés, mais elle est elle-même attaquée dès le 21. Dans cette bataille des frontières, les troupes françaises éprouvent un grave échec parce que leur instruction a été poussée uniquement dans le sens d'une offensive brutale, que leur armement est insuffisant en mitrailleuses et en canons lourds, que leur règlement ne leur permet pas de profiter de la supériorité de leur canon de campagne dans la préparation des attaques, et que des fautes de commandement viennent exagérer encore les insuffisances de matériel et les défauts de l'instruction.

C'est dans les raisons techniques qu'il faut chercher

avant tout les causes de ces premiers revers. Sans doute, l'organisation des réserves était insuffisante dans l'armée française ; leur encadrement était négligé, et l'effectif du temps de paix ne permettait pas de donner aux corps de réserve un certain nombre de régiments actifs, comme dans l'armée allemande. Sans doute, la variante prévue pour l'invasion de la Belgique était insuffisante et il eût fallu une deuxième variante admettant le mouvement à large envergure prévu par Falkenhausen avec une large utilisation des réserves, par Bernhardi avec un sacrifice vers l'est. Mais si le groupe des armées Ruffey et de Langle avait remporté un véritable succès, les armées von Bülow et von Kluck eussent été singulièrement compromises, toutes leurs communications resserrées, puis menacées. Et les armées du Luxembourg, même en cas d'action indécise, auraient vu leurs adversaires reculer si les armées de Lorraine avaient avancé. Tel était l'avantage de l'offensive que le général Joffre prenait résolument toutes forces réunies, la droite au Rhin.

La retraite s'imposait sur tout le front par suite de nombreux échecs locaux, dont quelques-uns étaient d'importance. Elle s'accompagna de coups de boutoir vigoureusement portés qui facilitèrent le regroupement des unités, leur remise en mains, leur renforcement. L'instruction générale n° 2 du 25 août avait prévu une nouvelle offensive vers le 2 septembre, menée par la gauche alliée convenablement renforcée ; les circonstances reculèrent l'exécution de ce projet, mais il resta dans l'idée de tous. La nécessité de prendre du champ s'étant imposée, l'instruction générale n° 4 du 1er septembre indiqua une nouvelle limite beaucoup plus éloignée « sans que cette limite doive forcément être atteinte »; en reculant le général Joffre pivote autour de sa droite, mais il ordonne : « Dès que la 5e armée aura échappé à la menace d'enveloppement, les armées reprendront l'offensive. » Tous ses subordonnés immédiats connaissent donc l'intention du commandant en chef de passer à l'offensive dès que les circonstances le permettront.

Le général Galliéni constate le 3 le mouvement de glissement des armées allemandes vers l'est de Paris. Le 4 au matin, il prend d'initiative toutes ses dispositions pour porter dans le flanc de l'ennemi la 6ᵉ armée Maunoury, qui devra être prête à attaquer le 5 septembre. Il présente alors au général Joffre un ensemble de renseignements concordants et de dispositions heureuses qui détermineront la décision du général en chef d'avancer l'heure de l'offensive. Le général Galliéni a donc une part des plus grandes dans la victoire de la Marne, et sa gloire laisse entière celle du maréchal Joffre.

La faute de l'ennemi, qui se présentait tête baissée dans une souricière, s'explique par bien des raisons ; l'état-major allemand n'avait pas échappé à la déformation des travaux sur la carte, qui schématisent la guerre et en exagèrent le caractère géométrique. L'état des troupes, le caractère des chefs, les mille impondérables qui décident du succès ne trouvent point de place dans les études théoriques, très utiles, mais auxquelles il ne faut pas demander plus qu'elles ne peuvent donner.

Une armée qui bat en retraite doit être poursuivie à marches forcées, c'est pour l'adversaire une proie facile à laquelle il ne faut pas laisser le temps de souffler. Un camp retranché se présente, il faut le négliger, car sa garnison, surtout s'il s'agit de la capitale d'un grand État, est fixée par la défense des organisations fortifiées, et son gouverneur ne saurait l'aventurer sans engager gravement sa responsabilité. Telles furent les premières réponses des états-majors allemands aux questions indiscrètes que, longtemps après l'événement, leur posèrent quelques journalistes neutres. Le général Galliéni, en jetant toutes ses forces actives dans la mêlée, n'avait pas joué selon les règles du jeu et il aurait été fort mal noté dans un *Kriegspiel* du grand état-major. Von Klück dit à l'un, pensivement : « Nous avons peut-être été trop savants. » Et à un autre, suédois : « Si vous voulez les raisons matérielles de l'échec, reportez-vous aux journaux du temps : ils vous parleront du manque de munitions, du ravitaillement défectueux ; tout ceci est exact. Mais il y a une raison qui prime les autres, une raison qui, à mon avis, est entièrement décisive, car elle a permis aux autres de se manifester... Eh bien ! — dit von Klück en appuyant sur chaque syllabe et en me regardant attentivement, — c'est l'aptitude tout à fait extraordinaire et particulière au soldat français de se ressaisir rapidement. C'est là un facteur qui se traduit difficilement en chiffres et qui, par conséquent, déroute le calculateur le plus précis et le plus prévoyant. Que des hommes se fassent tuer sur place, c'est là une chose bien connue et escomptée dans chaque plan de bataille ; on prévoit que les compagnies X. Y. Z. doivent se faire tuer sans reculer à tel endroit précis pendant tant et tant de temps et on en tire des conclusions utiles. Mais que des hommes ayant reculé pendant dix jours, — et la voix de von Klück semble s'altérer, — que des hommes couchés par terre à demi morts de fatigue puissent reprendre le fusil et attaquer au son du clairon, c'est là une chose avec laquelle nous n'avons jamais appris à compter ; c'est là une possibilité dont il n'a jamais été question dans nos écoles de guerre... »

Ni la victoire de la trouée de Charmes, ni celle de Guise, ni les actions vigoureuses qui s'étaient produites au cours de cette longue retraite, n'avaient ouvert les yeux des états-majors allemands sur l'état réel des armées françaises ; sur cette ligne immense, certains corps avaient dû se replier sans avoir combattu, d'autres n'avaient eu que des actions heureuses, et ceux-là même qui avaient le plus souffert brûlaient de se venger. La faculté de rebondissement que possède la nation française et dont elle a donné tant de preuves au cours de sa longue histoire paraît inconnue de ses ennemis. On l'a dit très justement, c'est le soldat français qui a vaincu sur la Marne. Oui, c'est bien la race qui a fait le miracle, et cette vérité ne fait qu'accroître la gloire du chef qui a cru en elle.

La fatigue générale et la pénurie de munitions dans les deux camps provoqua une accalmie ; l'attaque française était en infériorité matérielle par son insuffisance en artillerie lourde et en mitrailleuses ; on s'enterra. La lutte se transporta vers le nord, en terrain encore libre, mais les mêmes causes y produisirent les mêmes effets. La bataille de la Marne était pour les Alliés une grande victoire, complétée par le coup d'arrêt qui maintenait les Allemands loin des côtes de la Manche. Cet ensemble fixait le sort de la guerre, mais les conditions de la lutte retardaient la décision finale ; en 1914, les moyens de défense paraissaient supérieurs aux moyens d'attaque et, dans ce duel fameux entre la cuirasse et l'obus, la cuirasse était momentanément la plus forte.

LIVRE II
1916

CHAPITRE PREMIER
PRÉPARATIFS D'ATTAQUE EN 1916

Les Alliés décident une offensive générale. — Mais les Allemands
les devancent. — Choix du point d'attaque. — Opinions
sur le rôle et la défense des places fortes. — Préparatifs de
défense à Verdun.

C'est à l'unité de commandement que les Empires
centraux devaient leurs victoires en Russie et en Serbie ;
M. Aristide Briand, président du Conseil depuis le 30 octobre 1915, avait lancé une formule heureuse qui la préparait pour l'Entente : *L'unité d'action sur l'unité de
front.* Évidemment, les armées alliées ont déjà bénéficié
d'une certaine solidarité ; l'avance russe en *Prusse* orientale en août 1914 a eu son influence sur la victoire de la
Marne, et réciproquement les offensives d'Artois et de
Champagne ont limité les progrès allemands en Pologne
et en Livonie. Mais il fallait établir une coordination
permanente entre des actions très éloignées, menées
par des gouvernements bien différents et avec des moyens
bien dissemblables. Le 6 décembre, les généraux Joffre,
Haig, Alexeieff et Cadorna se réunirent à Chantilly sous la
présidence du généralissime qui venait de recevoir le

commandement de toutes les armées françaises, y compris celle de Salonique. Une offensive générale fut décidée, qui devait commencer simultanément sur tous les fronts, dès que l'armée anglaise serait pourvue des renforts qu'elle attendait, et que l'armée russe, très éprouvée, aurait pu se reconstituer ; si l'ennemi attaque le premier sur un point du front, l'assailli sera secouru par ses alliés dans toute la limite du possible.

Mais déjà, au milieu de novembre 1915, le haut commandement germanique avait pris la décision d'attaquer à Verdun en hiver 1916 et en Italie au printemps, avec le Tyrol comme point de départ. La préparation de ces deux offensives soulageait d'autant les fronts de Russie et de Serbie en artillerie lourde d'armée et en divisions d'infanterie. Quelques actions locales occupent le début de l'hiver et attirent l'attention des Alliés vers la Champagne d'abord, à Tahure, du 8 au 12 janvier ; vers les Flandres, à Nieuport et Hetsas, le 24 janvier ; vers l'Artois, à Thélus, le 23 janvier, et à Givenchy, le 28 ; vers la Picardie, le 29, à Frise ; vers l'Alsace, à Seppois, le 13 février. Il s'agit moins d'atteindre des objectifs limités que de rechercher par des expériences pratiques dans quelles conditions il est possible de raccourcir beaucoup la préparation d'artillerie nécessaire aux attaques en augmentant le nombre des batteries en action ; on se contente alors de réglages sommaires, on tire sur zones étroites, et la destruction est moins complète qu'avec le même nombre de projectiles tirés à loisir ; mais l'effet moral et l'ébranlement physique produits par les détonations répétées et incessantes, par l'avalanche de fonte et d'acier qui ravage le terrain en quelques heures au point de rendre le paysage méconnaissable, par les pertes qui font tomber brusquement l'effectif des défenseurs sans possibilité de renforcement, voilà les facteurs nouveaux dont on étudie l'efficacité, et qui permettront d'enlever la position avant que l'adversaire ait eu le temps d'amener ses renforts en artillerie et en infanterie.

Le choix de Verdun s'explique par sa situation en saillant dans le tracé général du front français : c'est de ce fait un point faible. En outre, ce saillant est coupé par la Meuse, et dans sa pointe le défenseur aura à livrer bataille avec une rivière à dos. Cette pointe est la tête de pont d'une attaque française qui aurait comme objectif le bassin de Briey et Metz ; en la faisant sauter, on ferme la porte, on rectifie la ligne et on consolide en même temps la position à Saint-Mihiel où la ligne allemande est bien aventurée. C'est là un minimum de succès, mais on peut bien espérer la prise de tout le camp retranché, qui sera d'un considérable effet moral et qui ouvrira dans la ligne française une brèche permettant tous les espoirs. Des deux voies qui permettaient le ravitaillement de Verdun, l'une est coupée, l'autre le sera dès le début de l'attaque, et le camp retranché ne disposera plus que d'un petit chemin de fer à voie d'un mètre, le « Meusien », tandis que sur le front allemand qui lui fait face viennent aboutir quatorze voies normales ; les transports de troupes, de vivres et surtout de munitions sont donc tout en faveur de l'attaque, qui en outre aura pu préparer ses ravitaillements à l'avance, tandis que la défense devra tout improviser.

Les industriels allemands ont attiré l'attention du haut commandement sur la nécessité d'annexer le bassin de Briey, dont les mines de fer complètent si bien les houillères de Sarrebrück et si, par épuisement des deux partis, les négociations s'engagent sur les positions de combat, sans qu'une action décisive ait culbuté l'un des deux adversaires, on tiendra forcément compte de ces positions et il y a grand intérêt à gagner du terrain autour des mines convoitées. Enfin Verdun, pris par les Prussiens en 1792 et en 1870, est l'un des trois évêchés (Metz-Toul-Verdun) donnés à la France par Henri II au seizième siècle et où fut signé le traité de 843 qui a partagé l'Empire de Charlemagne entre ses trois petits-fils ; cité gauloise, oppidum romain, citadelle du roi Très Chrétien, camp retranché de la République française, Verdun a toujours exercé une fascination singulière sur les imaginations germaniques et sa prise, qui apparaissait comme relativement facile, pouvait être célébrée en elle-même comme une grande victoire en Allemagne et dans tous les pays neutres.

Le général von Falkenhayn, qui, comme chef d'état-major des armées en campagne, a exercé en fait le commandement des armées allemandes après le général von Moltke et avant le maréchal Hindenburg, cite dans son livre : *le Commandement suprême des armées allemandes, 1914-1916*, un mémoire adressé au kaiser fin décembre 1916, qui explique le choix de l'ennemi et le choix du point d'attaque. Il considère que l'Angleterre est l'âme de l'Entente et l'ennemi inexorable de l'Allemagne ; mais l'offensive d'hiver ne peut réussir dans les Flandres marécageuses, et en Artois il faudrait pouvoir attaquer avec des forces très considérables.

Il renonce donc à attaquer directement le front anglais. « Évidemment, cela est attristant au point de vue de nos sentiments pour l'ennemi principal dans cette guerre. » Mais il faut se résigner et enlever à l'Angleterre ses armes en mettant hors de cause les armées française, russe et italienne.

Mais la guerre sous-marine s'impose ; il faut la faire à outrance, en bravant au besoin l'hostilité des États-Unis, dont l'intervention est problématique et serait inefficace : « A cause du fort courant politique favorable à l'Allemagne, il est douteux que les États-Unis se décident à agir activement sur le continent européen. Il est encore plus douteux qu'ils puissent intervenir à temps avec des forces suffisantes. »

D'autre part, un succès sur la Russie ne serait pas décisif, « une marche sur Moscou nous conduirait dans le vide ». Il faut écarter également les propositions des Autrichiens, qui voudraient attaquer à fond l'Italie, mais sa mise hors de cause serait sans conséquence sur le résultat de la guerre : « Même si l'Italie abandonnait l'Entente, ce qu'il est difficile d'admettre, cette défection ne produirait pas sur l'Angleterre un effet sensible. Le rendement militaire des Italiens est si faible, et ces derniers restent, dans tous les cas, si fortement sous la férule des Anglais, qu'il serait étrange qu'on se trompât dans cette appréciation. » Et puis l'état intérieur de l'Italie l'empêchera bientôt de continuer la lutte.

Par éliminations successives, Falkenhayn arrive à prendre la France comme objectif de son attaque principale : « La France est arrivée très près de la limite de son effort militaire, avec un dévouement d'ailleurs admirable. Si l'on parvient à faire comprendre à son peuple qu'il n'a plus rien à espérer au point de vue militaire, la limite sera franchie et l'Angleterre se verra privée de sa meilleure épée. La trouée exécutée par des masses, opération douteuse et au-dessus de nos forces, n'est pas nécessaire pour obtenir ce résultat. » Il suffira d'infliger à l'armée française une usure violente en attaquant sur un front assez étroit, devant un objectif que les Français auraient un intérêt capital à conserver. Les Allemands seront maîtres de leur action, la suspendant ou l'activant selon leurs disponibilités et les résultats obtenus.

Falkenhayn, après avoir hésité entre Belfort et Verdun comme objectif, choisit Verdun, qui garde en saillant une position menaçante pour les communications allemandes et même pour tout le front.

L'attention particulière du commandement et même du gouvernement français avait été attirée sur Verdun.

A la suite de la prise de Liége, de Namur, d'Anvers et de Maubeuge et de plusieurs forts d'arrêt en France, l'importance de la fortification permanente — même la plus moderne — avait semblé bien diminuée. On pensait que les obusiers de gros calibre avaient la puissance de détruire ou de rendre intenable en quelques heures l'ouvrage le mieux organisé, et que par conséquent les camps retranchés devaient se transformer complètement si on voulait leur permettre de jouer leur rôle protecteur ; il fallait en reporter la défense très en avant des anciens ouvrages et empêcher l'ennemi d'entreprendre un siège qui ne pouvait se prolonger au delà de quelques jours, de quelques heures peut-être : le temps de mettre en batterie l'artillerie à grande puissance et de régler son tir sur des objectifs connus longtemps à l'avance. En conséquence, un décret du 3 août 1915 avait supprimé « les places fortes » avec leur organisation autonome dans un périmètre étroitement limité, et elles avaient été remplacées par des « régions fortifiées » beaucoup plus étendues. L'application de ce décret avait donné lieu à de fâcheuses exagérations ; il fallait éloigner de la place les ouvrages de défense, puisque la portée des canons avait augmenté, mais c'était une erreur de croire, comme conclusion d'expériences encore mal connues, à l'inefficacité complète de la fortification, et il fallait simplement admettre que la protection des ouvrages devrait croître, comme toujours, avec la puissance des projectiles. A Verdun en particulier, ce fut une faute de négliger leur entretien et leur défense. Les tourelles cuirassées n'ont subi que des avaries réparables ; les abris profonds ou suffisamment bétonnés sont restés constamment utilisables ; les forts et les ouvrages modernes ont été tels quels d'un très précieux secours malgré leurs avaries ; les forts plus anciens ont nécessité des travaux d'approfondissement assez considérables, mais ont pu servir utilement. Les troupes ont trouvé par instants un abri sûr, des repas chauds, des approvisionnements certains en vivres et en munitions, et, grâce à cet ensemble, elles ne sont jamais arrivées au dernier degré d'épuisement.

On peut prévoir que, dans l'avenir, la cuirasse et le béton continueront à jouer leur rôle ; les abris se feront plus profonds, avec des communications enterrées dont certaines auront des amorces de dégagement à ouvrir au dernier moment, selon plusieurs variantes étudiées à l'avance ; réseaux téléphoniques et aqueducs à l'épreuve s'imposeront ; protection perfectionnée contre les gaz toxiques, ouvrages permanents à compléter en cas d'attaque par des abris de mitrailleuses en quinconces, etc., les moyens de la défense continueront vraisemblablement à se perfectionner en même temps que les engins de l'attaque. Gagner du temps, garder un point d'appui important, économiser les effectifs, tel a toujours été le rôle de la fortification, qui ne donne jamais la décision, mais qui peut permettre de la préparer.

La région fortifiée de Verdun était sous le commandement du général Herr, qui avait à organiser sa défense. Il établit le tracé et l'amorce de trois positions successives, de quatre sur certaines parties de son front, et demanda la main-d'œuvre et les matériaux nécessaires à leur création. Mais les moyens étaient limités pour l'ensemble du front et le général Herr ne put qu'ébaucher sa tâche. Le colonel Driant, député de Nancy, commandait un groupe de bataillons de chasseurs dans la région fortifiée de Verdun. Depuis longtemps inquiet de la situation, il en entretint la Commission de l'armée de la Chambre, dont il faisait partie, et le président de la Commission signala cette inquiétude au ministre de la Guerre, le général Galliéni, qui demanda des éclaircissements au général Joffre le 16 décembre 1915. Dès le surlendemain, le général Joffre fit connaître les dispositions générales qu'il avait prises sur tout son front, affirma — un peu rapidement — qu'elles étaient réalisées à Verdun, et se plaignit que le gouvernement eût accueilli des plaintes ou réclamations de ses subordonnés. Le général Galliéni répondit, au nom du Conseil des ministres, que le gouvernement gardait toute sa confiance au général en chef et écarta ainsi tout conflit d'autorité.

A la fin de 1915, la construction de voies étroites, de dépôts de munitions et de nombreuses batteries se révélaient en Champagne en même temps qu'en Lorraine, puis les indices se multiplièrent dans la région de Verdun. Le 20 janvier, le général Joffre y envoya en mission le général de Castelnau, qu'il avait nommé major général des armées françaises après entente avec le gouvernement. Le général de Castelnau insista pour que des moyens d'action plus considérables fussent mis en œuvre dans cette région et l'obtint. A partir du 1er février, les travaux furent poussés très activement grâce à deux divisions territoriales de renfort, mais il était bien tard. En même temps, une armée se rassemblait sur les arrières de la région qui apparaissait comme de plus en plus menacée : la valeur de quatre corps d'armée et une importante artillerie lourde. Mais la menace sur le front de Champagne n'était pas écartée, et il eût été imprudent de fixer ces réserves en les introduisant prématurément sur le front même. Comme on prévoyait que l'unique voie normale de ravitaillement — Verdun-Sainte-Menehould — serait coupée en cas d'attaque, la route Verdun-Bar-le-Duc fut chargée sur une largeur de sept mètres pour permettre une circulation intense des camions automobiles ; d'autre part, le Meusien, chemin de fer à voie étroite, avait été amélioré. En fait, toutes les précautions étaient prises par les états-majors pour approvisionner largement l'armée toute prête à secourir Verdun, qui va se porter en ligne et qui ne manquera jamais ni de vivres, ni de munitions. Mais le général Herr, qui commande la région fortifiée, n'a à sa disposition sur les deux rives de la Meuse que neuf divisions d'infanterie et six régiments d'artillerie lourde.

Il y a devant lui en première ligne dix-sept et bientôt dix-neuf divisions, appuyées d'un déploiement d'artillerie jusqu'alors inégalé. Le front allemand reste inerte depuis de long mois. A cette période de la guerre et pendant longtemps encore, on considérait comme nécessaire de placer la troupe d'attaque à distance d'assaut, 200 mètres ou 250 mètres, abritée dans des parallèles de départ, afin de raccourcir le plus possible l'espace à parcourir en terrain découvert, tout en lui évitant les coups trop courts de son artillerie pendant la destruction des tranchées et des défenses ennemies ; l'assaillant a pris soin de ne pas révéler ses intentions par l'établissement de ces parallèles, et il reste dans sa ligne, éloignée parfois de 800 mètres de la ligne française, car aucun défenseur n'y sera en état de tirer après le bombardement inouï qui est préparé, et les batteries françaises, détruites ou désorganisées, ne seront plus à craindre.

CHAPITRE II

L'OFFENSIVE ALLEMANDE A VERDUN

Les Allemands attaquent le 21 février. — Abandon de la Woëvre par les Français. — Prise du fort de Douaumont par les Allemands. — Le général Joffre envoie à Verdun le général de Castelnau et ordonne de tenir sur la rive droite de la Meuse. — Le général Pétain prend le commandement de l'armée de Verdun. — L'attaque allemande s'étend à la rive gauche de la Meuse. — La 5e division française reprend le bois de la Caillette. — Puis le fort de Douaumont qu'elle ne peut garder. — Les Allemands prennent le fort de Vaux. — Le général Nivelle nommé au commandement de l'armée de Verdun. — Attaque allemande du 23 juin. — Situation critique. — Le général Mangin contre-attaque.

Le 21 février à 7 h. 15, le bombardement commençait contre tout le front nord de la région fortifiée, de Malancourt aux Éparges — 22 kilomètres — sur les deux rives de la Meuse. La destruction de la première et des deuxièmes positions et celle des batteries se poursuivent simultanément par les calibres moyens (150 et 210), celle des ouvrages fortifiés par les gros calibres (280, 305, 380, 420) ; le tir est particulièrement intense entre la Meuse et la Woëvre. Les tranchées et les boyaux sont à peu près nivelés, les fils de fer ont disparu. Les cratères creusés par l'explosion des gros projectiles donnent à tout le paysage un aspect lunaire, nouveau à ce moment, et qui deviendra vite familier. A 16 h. 45, entre le bois d'Hautmont et Herbebois, sur un front de 4 kilomètres, l'attaque d'infanterie sort par trois vagues successives, très denses, et pénètre dans la position française. Elle

y rencontre des difficultés imprévues ; quelques éléments
de tranchées subsistent avec leurs défenseurs ; des groupes
sortent de rares abris épargnés, qui luttent bravement,
à peine abrités, en infligeant à l'assaillant groupé des
pertes sensibles ; sur un front aussi restreint, ces résistances locales suffisent à retarder beaucoup l'avance allemande, très faible à sa gauche, un peu plus forte à sa
droite. Mais le 22, le village de Hautmont est enlevé, qui
prend à revers la ligne française jusqu'à la Meuse, ainsi
que le bois des Caures, où le colonel Driant et le commandant Renouard sont tués après une défense héroïque.
Le 23, la percée continue et sa progression fait tomber
d'autres positions sur ses deux flancs.

Pendant les trois journées, deux divisions françaises,
fortement diminuées par le bombardement, ont lutté
contre cinq divisions allemandes. Le 24, la bataille
continue, les Français renforcés de deux divisions, les
Allemands de six régiments. La défense, tout en reculant,
contient l'attaque en avant des villages de Samogneux,
Beaumont et Ornes. Le recul est lent, mais c'est le recul.
Chaque mètre de terrain est chèrement payé, mais l'attaque progresse et l'arrivée des renforts n'a pas suffi
à l'arrêter. Le général de Langle de Cary, commandant le
groupe des armées du centre, envisage la nécessité du
repli sur la rive gauche de la Meuse, qui doit se faire
posément, sous peine de devenir un désastre ; en tout
cas, les troupes restées dans la Woëvre vont se trouver
très éloignées des ponts et sont menacées d'être coupées :
leur repli sur les Côtes-de-Meuse lui paraît s'imposer.
Le général de Langle expose ses vues au général en chef
qui lui donne toute latitude sur ce dernier point et le
laisse seul juge des nécessités du combat, et il ajoute :
« Mais vous devez tenir face au nord entre la Meuse
et la Woëvre par tous les moyens dont vous disposez. »
En conséquence, le général de Langle donne l'ordre aux
troupes de la Woëvre de se replier sur le pied des Hauts-

de-Meuse, comme il en a la latitude, et continue le combat sur son front nord, comme il en a l'ordre formel. Le général de Castelnau, qui a obtenu du général Joffre de retourner à Verdun, voit le général de Langle à son quartier général le 25 à 4 heures du matin ; il confirme les ordres du général Joffre, et le général de Langle télégraphie au général Herr : « La défense de la Meuse se fait sur la rive droite, il ne peut donc être question d'arrêter l'ennemi que sur cette rive. » Le général de Castelnau arrive à 7 heures du matin à Verdun, où sa seule présence apporte du calme et du réconfort. Sans intervenir directement dans la bataille, il règle l'arrivée des renforts, qui arrivent maintenant nombreux, et veille à leur utilisation.

Les renseignements qui viennent de la ligne de feu sont confus et très inquiétants. Une 7e division de renfort, qui se battait très énergiquement depuis la veille, sa gauche à la Meuse, se replia dans la journée sur l'ordre de son général et s'établit sur la côte de Belleville. Une initiative heureuse arrêta l'ennemi par un infranchissable barrage d'artillerie et permit à une autre division de reprendre une partie du terrain abandonné. Mais il semble bien que si l'ennemi s'était acharné ce jour-là, s'il eût engagé au bon moment des réserves fraîches, il serait parvenu à tout le moins sur la côte de Belleville, et ce progrès eût rendu bien difficile notre maintien sur la rive droite. Mais il attaquait sur un trop petit front, se limitant entre la Meuse et la Woëvre, et dans ces conditions l'arrivée de renforts restreints suffisait à fermer la brèche et à limiter le recul.

Au centre, on s'est battu toute la journée autour du fort de Douaumont, dont la tourelle de 155 a tiré à peu près constamment depuis quatre jours ; le fort n'a aucune garnison, sauf l'équipe de vingt-trois canonniers qui sert cette pièce et qui, à bout de forces, dort au petit jour. Une patrouille du 24e brandebourgeois, trouvant baissé le pont-levis, pénètre dans le fort et s'y installe sans tirer un coup de fusil. Tel est le résultat du décret mal compris qui transformait les *camps retranchés* en *régions fortifiées* et peut-être aussi d'une insuffisance de liaison entre deux unités de première ligne qui auraient dû se souder étroitement dans le fort de Douaumont au lieu de s'y appuyer toutes deux, l'une à l'est, l'autre à l'ouest du fort. L'important ouvrage d'Hardaumont, qui complétait la défense des forts de Douaumont et de Vaux, n'avait pas de garnison et il fut abandonné à l'ennemi sans un simulacre de résistance.

La journée était mauvaise. La prise de Douaumont fut annoncée au monde entier dans un communiqué triomphal : « A l'est de la Meuse, devant Sa Majesté l'Empereur et roi qui était sur le front, nous avons remporté des succès importants... Dans une vigoureuse poussée en avant, des régiments de Brandebourg sont arrivés jusqu'au village et au fort de Douaumont qu'ils ont enlevé d'assaut. »

Cette transposition de la vérité était un peu hardie ; dans une guerre de peuples, où l'opinion jouait un rôle encore plus important que dans le passé, elle servait certainement la cause allemande en donnant à ce nom de Douaumont, jusqu'alors inconnu, la valeur d'un symbole, et sa possession apparaissait comme l'enjeu de la bataille engagée. Mais quand, relevant le défi, les Français reprendront Douaumont, le prix que les Allemands ont donné à sa possession mesurera leur défaite.

Le général Joffre mande à Chantilly le général Pétain, qui dirigeait à l'arrière l'instruction des divisions mises successivement au repos : « Ça ne va pas mal », lui dit-il dès l'abord avec son robuste optimisme, et il l'envoie prendre le commandement de l'armée en formation sur la rive gauche de la Meuse, qui devra intervenir au moment utile. Le général de Castelnau pensa que cette heure avait sonné dès que le général Pétain fut arrivé sur les lieux et lui conféra le commandement, car les événements dépassaient le cadre de la « région fortifiée de Verdun », dont l'état-major, d'ailleurs, n'était pas outillé pour diriger des opérations de l'importance présente.

Renseigné sommairement sur les opérations du 24 et du 25, le général Joffre télégraphie dans la soirée du 25 aux généraux de Castelnau, Pétain et Herr : « J'ai donné hier, 24 février, l'ordre de résister sur la rive droite de la Meuse au nord de Verdun. Tout chef qui, dans les circonstances actuelles, donnera un ordre de retraite, sera traduit en conseil de guerre. » Il avait paru au général en chef que certains replis avaient été prématurément ordonnés ; sans condamner les auteurs de ces ordres avant de les avoir entendus, il assumait virilement la responsabilité de la résistance, avec le risque des pertes en matériel et en prisonniers sur la rive droite de la Meuse et, par un ordre formel, il abolissait toute velléité de retraite. Certes la gloire est grande de ceux qui ont exécuté cet ordre, et qui, par leur science militaire, leur esprit d'organisation, leur connaissance de la troupe et leur action personnelle ont gagné cette grande bataille. Mais l'acteur principal, dont le rôle est trop peu connu, qui, de la première scène jusqu'au dernier acte de ce grand drame, n'a cessé de les décharger du lourd fardeau des responsabilités en cas de revers, c'est le général Joffre.

Au télégramme du général en chef, il faut ajouter une constatation ; la conduite des généraux qui l'avaient motivé a été l'objet d'une enquête approfondie ; l'opportunité du repli reste discutable, mais tout soupçon de défaillance a été nettement écarté. L'heure est venue où toute vérité peut et doit être dite ; s'il y avait quelques ombres à ce magnifique tableau, elles ne sauraient lui nuire, mais il n'y en a pas. Certes, tous les traits ne s'y présentent point sur le même plan ni avec la même valeur, mais tous ont leur place dans l'ensemble.

Le général Pétain prend le commandement le 26 février. Aussitôt le front s'organise pour la défense pied à pied, accompagnée de vigoureuses contre-attaques ; il est divisé en secteurs, entre lesquels se répartit l'artillerie lourde qui arrive ; pour l'approvisionnement, les études antérieures encore un peu théoriques sont réalisées ; la route entre Bar-le-Duc et Verdun, qui craque sous le poids sans cesse croissant des camions automobiles, est réparée par des équipes de territoriaux et doublée par des pistes latérales. La situation reste très confuse, à tel point que le 26 le général Pétain ignore la prise de Douaumont et craint pour les forts de Vaux et de Souville, peu rapprochés de Verdun, et qui ne sont pas encore menacés. Il engage ses renforts et la lutte est très vive sur le sommet de Douaumont. Notre ligne dépasse le fort à l'est et à l'ouest, et l'enserre ; sur ce point devenu capital, la bataille fait rage. C'est seulement le 4 mars que le front français se fixe pour quelques semaines à 200 mètres du fort. Sans doute, les contre-attaques prescrites procurent rarement un gain de terrain appréciable, mais elles brisent l'offensive allemande, déconcertée par cette nouvelle figure de la résistance. Le général Joffre ne cesse de rappeler leur nécessité ; il écrit au général Pétain le 27 février : « Au point où en est la bataille, vous sentez comme moi que la meilleure manière d'enrayer l'effort que prononcera l'ennemi est de l'attaquer à notre tour. » Et le 1er mars : « Vous disposez maintenant de forces plus nombreuses que celles qui vous sont opposées... Il faut surtout que vous preniez l'initiative d'actions offensives visant des buts définis. » Il faut le dire, cette volonté d'agression n'est pas comprise de tous. Le réflexe ne s'est pas encore créé de rendre le coup instinctivement, sitôt reçu, et de reprendre la tranchée, sitôt perdue, quand tranchée il y a.

Les attaques antérieures ont donné naissance à des études fort utiles, qui ont servi de base à de véritables règlements, bien conçus ; mais un certain formalisme en est résulté, qui pèse sur la décision, et surtout sur l'exécution ; on croit encore nécessaire l'établissement des divers plans qui règlent le rôle de chacun dans l'attaque, et surtout la réunion de moyens puissants comme s'il s'agissait d'enlever une position organisée à loisir. Le vieux principe a été perdu de vue de songer à l'ennemi en se disant toujours : « Il pleut dans mon camp, mais il pleut dans le sien. » Cette comparaison naturelle amènerait souvent des réflexions consolantes : « Il vient de me bousculer, mais il ne sait plus où est sa ligne ; son artillerie tire au hasard et la mienne a ses objectifs précis. Il marche en terrain inconnu, dont je connais chaque motte de terre. Mon tir va couper ses ravitaillements, et mes hommes se sont rapprochés de tous leurs dépôts. » La méthode s'enseigne, mais seule la pratique développe le sens de l'improvisation quand il n'est pas inné, et, toutes choses étant égales d'ailleurs, il sera toujours plus facile d'attaquer que de contre-attaquer.

L'attaque allemande ne progressait plus sur la rive droite qu'avec une extrême lenteur. Le long de la Meuse elle était gênée par les feux de la défense qui la prenaient d'écharpe et même de revers. Le kronprinz se décida enfin à élargir son front d'attaque sur la rive gauche de la Meuse, essayant trop tard de réparer le vice initial de son offensive. Le 4 mars, il demanda à son groupe d'armées le suprême effort pour prendre Verdun, « le cœur de la France ». Après deux jours de bombardement, il attaque avec deux divisions le 6 mars. Mais les Français l'attendaient là depuis quinze jours ; ils cédèrent avec une médiocre résistance le passage du ruisseau de Forges et la partie de leur ligne qui était dominée par les feux de la rive droite et qu'ils ne tenaient plus que par de gros avant-postes. Le lendemain, les Allemands continuèrent à avancer, achetant leurs progrès de plus en plus cher, mais ils durent s'arrêter devant le Mort-Homme.

Du 8 au 11, la bataille s'étendit simultanément sur

les deux rives. Il y eut quelques progrès insignifiants sur la rive gauche, mais le Mort-Homme tint bon, de même que la côte du Poivre sur la rive droite. Les Allemands s'avancèrent jusqu'aux abords du fort de Vaux, dont ils annoncèrent la prise dans un nouveau communiqué retentissant : « Le fort de Vaux ainsi que les nombreuses fortifications voisines ont été enlevés dans une brillante attaque de nuit par les régiments de réserve de Posen... » On peut supposer que des prisonniers allemands amenés dans le fort et traversant sa superstructure ont été pris pour une victorieuse troupe d'attaque. Il fallut démentir le surlendemain en déclarant que le fort cuirassé était devenu « un monceau de ruines sans valeur » et avait été évacué. Le premier communiqué semble bien le résultat d'une erreur, mais le second est un mensonge. Tous les témoignages dans les deux camps, et notamment la correspondance des soldats, témoignent de l'acharnement de la lutte dans ces journées et de la vaillance déployée par les deux adversaires. Les Français ont remarqué particulièrement parmi leurs ennemis les troupes bavaroises, dont le sang était répandu sans compter par le commandement prussien.

Le général Joffre avait senti qu'il avait gagné la première manche de cette terrible partie. Bien que sobre de paroles, il remercia les soldats de Verdun : « L'Allemagne espérait, leur dit-il, que la prise de Verdun raffermirait le courage de ses alliés et convaincrait les pays neutres de sa supériorité. Elle avait compté sans vous... La lutte n'est pas terminée, car les Allemands ont besoin d'une victoire. Vous saurez la leur arracher... Vous serez de ceux dont on dira : ils ont barré aux Allemands la route de Verdun. »

Le généralissime ose donc annoncer à ses soldats que la bataille va continuer ; il relève le défi de son ennemi, qui attache à la prise de Verdun une importance morale, à défaut d'une importance stratégique qu'elle n'a pas ;

l'Allemand n'a pas obtenu la percée rapide qu'il pouvait espérer, et son but se limite à la prise des forts sur la rive droite de la Meuse, rectification de front d'une importance toute locale ; il en est réduit à donner à cet objectif une importance factice : Verdun « citadelle principale du principal ennemi, tête et cœur de la France, etc. »... Le général Joffre tiendra donc, et sa victoire sera rehaussée des déclarations mêmes de l'ennemi. Il vient fréquemment sur place, pour deux ou trois jours. Il garde la 2º armée du général Pétain sous son commandement immédiat, s'allégeant ainsi de l'intermédiaire « groupe d'armées », organe souvent inutile, parfois nuisible, toujours pesant et retardataire quand il n'est pas tenu par une personnalité puissante ; tant que Verdun sera le seul théâtre d'opérations, le général Joffre y exercera une action directe. Il peut ainsi y calculer strictement l'emploi de ses forces, car il doit réserver les moyens d'action nécessaires à l'offensive franco-anglaise qui se prépare dans la Somme, selon le plan d'opérations arrêté en décembre 1915, dont il poursuit imperturbablement l'exécution. Sir Douglas Haig a bien voulu étendre son front et libérer ainsi la 10ᵉ armée française, dont les forces pourront être employées en renforts à Verdun ; le général anglais offre de contribuer directement à la bataille qui s'y est engagée ; le général Joffre décline ses propositions, voulant laisser toutes les forces britanniques à l'offensive projetée.

Les 12 et 13 mars, le bombardement allemand reprit sur les deux rives de la Meuse avec une extrême violence ; le 14, une petite avance rapprocha du Mort-Homme la ligne assaillante arrêtée par quelques contre-attaques heureuses. Le 16, le village et le fort de Vaux résistèrent avec succès à de violents assauts répétés jusqu'à cinq fois. Mais le 20 à la nuit, après une furieuse préparation d'artillerie, les Allemands s'emparaient du bois d'Avocourt, médiocrement défendu par une troupe qui paraît s'être laissé impressionner par le jet de liquides enflammés en très grande quantité. Toutefois, les jours suivants, l'assaillant essaya vainement de déboucher du bois; une artillerie bien réglée arrêtait tout mouvement en avant. Montée à loisir, une contre-attaque française reprit le 29 ce bois qui faisait saillant dans les lignes et pouvait servir de base à une progression gênante pour l'ensemble. Une lutte violente continua pendant quatre jours pour la possession de ce terrain, qui finalement resta aux Français. Mais par contre tout le saillant de Malancourt tomba aux mains des Allemands, les Français durent évacuer Béthincourt et se replier sur la rive sud du ruisseau de Forges; ils perdirent même le sommet du Mort-Homme.

Sur la rive droite, la fin de mars avait vu la lente progression des Allemands dépasser légèrement le village de Vaux. Le 2 avril, descendant les pentes de Douaumont, ils s'emparaient du bois de la Caillette et franchissaient le ravin du Bazil; aucune ligne de défense, aucune troupe de réserve ne les séparait plus du fort de Souville. Même, ils avaient dépassé les feux de barrage de l'artillerie française. A ce moment entrait en ligne la 5e division, qui, devançant l'heure de la relève, lança d'initiative son premier régiment à la contre-attaque. L'incertitude sur le terrain cédé enlevait toute précision au tir de l'artillerie, qui ne pouvait soutenir efficacement la ligne de contre-attaque, mais cette incertitude était la même dans les deux camps.

Il fallait avant tout arrêter l'ennemi où il serait, et ensuite le repousser. Les dispositions sont prises dans la nuit et le combat s'engagea le 3 au matin par un premier succès de bon augure. Les jours suivants, l'artillerie put ajuster ses feux, le bois de la Caillette fut repris en entier, tous les abords de Souville et le nord de Vaux largement dégagés, malgré l'arrivée de renforts allemands. On remarqua que cette division avait dépensé moins de monde pour regagner le terrain que la division précédente pour le perdre.

L'idée prit corps de continuer avec la même troupe et de reprendre Douaumont. La 5e division fut mise au repos, et le plan d'attaque établi, qui escomptait une progression de la division placée à sa gauche. Or, cette division perdit du terrain au lieu d'en gagner et l'objectif à atteindre se trouva tout à fait en flèche ; les divisions voisines jugées hors d'état de participer à l'opération, la base de départ devint trop étroite.

Néanmoins, l'attaque partit le 22 vers midi, après une assez bonne préparation d'artillerie et, d'un magnifique élan, elle atteignit le fort en onze minutes et en occupait la superstructure, sauf l'angle nord-ouest. A droite et à gauche, les objectifs assignés étaient atteints presque complètement. Mais l'ennemi tenait dans l'intérieur du fort et l'extérieur fut bientôt balayé par les tirs de son artillerie ; aux mitrailleuses non démolies des tourelles s'en joignent d'autres remises en batterie peu à peu. Les renforts allemands arrivèrent dès le 23, parce qu'ils étaient prêts pour une attaque projetée ; les renforts français étaient trop éloignés et le commandant de l'attaque ne les avait pas sous ses ordres. La lutte dura deux jours, mais le fort fut reperdu le 25.

Puis la lutte se ranime autour de Vaux. Le bombardement augmente chaque jour d'intensité à la fin de mai ; Damloup est pris le 2 juin et le fort entouré de trois côtés. Les Allemands occupent enfin la superstructure, et le commandant Raynal continue la défense dans les locaux intérieurs, avec une ténacité héroïque. Le fort tomba le 7 juin. Sa chute découvrait le fort de Souville, déjà menacé par la progression allemande qui descendait de Douaumont ; la ferme de Thiaumont tombe, le bois de la Caillette est repris ; il semble que l'héroïsme du soldat français soit impuissant devant cette avance en quelque sorte mécanique.

Le général Pétain a pris le commandement du groupe des armées françaises du centre et le général Nivelle celui de l'armée de Verdun. Le général Pétain a déjà, en mai, attiré l'attention du général Joffre sur la gravité de la situation. Il y revient le 11 juin et insiste pour que l'offensive projetée sur la Somme ait lieu le plus tôt possible. Dès le lendemain, le général Joffre répond que toutes les dispositions sont prises dans ce but, mais qu'il faut à tout prix continuer la lutte sur la rive droite et risquer même la perte des batteries qui se replieraient bien difficilement.

Pourtant l'avance allemande continue sur la rive droite, malgré l'énergie du général Nivelle, qui ne cesse de prescrire la contre-attaque instinctive, immédiate. C'est sur ce terrain que se concentre tout l'effort de l'agresseur, qui monte une grande opération ayant pour premiers objectifs l'ouvrage de Froide-Terre, le village de Fleury et le fort de Souville. Cette ligne atteinte, les anciens forts de la côte Saint-Michel-Belleville seront facilement enlevés et les Français seront acculés à la Meuse, les ponts sous le tir de l'artillerie allemande. Dix-neuf régiments, appartenant à sept divisions différentes, vont s'engager, les renforts et les réserves très approchés de la première ligne pour profiter des premiers succès et assurer la puissance et la continuité de l'effort. C'était l'attaque la plus importante et la plus massive que Verdun eût jamais supportée.

L'artillerie a été très renforcée et commence sa préparation dès le 20 juin avec une intensité jusqu'alors inouïe. Le 23 au matin, les tranchées de première ligne sont littéralement retournées et l'infanterie allemande ne trouve presque aucun défenseur dans le commencement de son attaque. Elle atteint le ravin du Bazil, Fleury, l'ouvrage de Thiaumont, et pénètre même dans les fossés de l'ouvrage de Froide-Terre, où les éléments avancés sont faits prisonniers. Mais les contre-attaques

françaises l'arrêtent. Le général Mangin, qui commande
le secteur à cheval sur la Meuse, les lance sans répit.
Elles se heurtent aux attaques allemandes, et leur progression est au début très lente. Mais celle de l'ennemi
est arrêtée et sa volonté sera bientôt dominée. L'acharnement des deux adversaires s'équilibre et le cours de
la bataille est à un point mort, mais on sent déjà que le
mouvement est près de changer de sens.

Cependant, le soir du 23, la situation était grave,
car la vague allemande était bien près de battre cette
côte de Belleville, dernière digue qui la séparait de Verdun.
Elle atteignait la tête des ravins descendant de Froide-
Terre vers la Meuse, et la côte du Poivre était menacée
d'être submergée avec ses défenseurs pris à revers.

Le général Nivelle, commandant l'armée, confère avec
le général Mangin. Tous deux sont d'accord pour penser
qu'il faut contre-attaquer à outrance ; le front menacé
est dans une position d'équilibre instable et ne peut
trouver son salut que dans le mouvement en avant ;
le général Nivelle approuve les ordres donnés en conséquence. En rentrant à son quartier général, il trouve le
général Pétain qui s'assure que toutes les mesures sont
prêtes pour l'évacuation de la rive droite, préparée
dans le moindre détail quand il commandait l'armée de
Verdun, et c'est de toute prudence ; les positions de repli
par échelons sont fixées à l'avance, de façon que cette
savante retraite ne laisse aucun trophée à l'ennemi.
Mais à cette disposition d'esprit qui lui fait envisager
le pire, le général Pétain joint une admirable fermeté
d'âme. Sauf le général Nivelle, aucun de ses subordonnés
ne se doute de ses inquiétudes. Quand il demande qu'on
prépare l'opinion publique à la nouvelle de la retraite
sur la rive gauche, c'est à l'arrière qu'il pense ; à ses soldats et à leurs chefs il montre un visage impassible et
continue à dire : « On les aura ! »

Pour la troisième fois, le général Pétain expose au

commandant en chef le danger de la situation. Le tiers de l'artillerie française est sur la rive droite et serait perdu en cas de revers si elle n'est pas repliée avant que l'artillerie allemande batte les ponts de la Meuse, et trois jours sont nécessaires à l'exécution de ce repli ; il serait prudent de le commencer.

Mais le général Joffre est imperturbable. Il répond le 26 que la préparation de l'offensive franco-anglaise est commencée et répète que Verdun doit se défendre sur la rive droite ; s'il résulte de cette résolution une perte de matériel,, le général en chef en prend toute la responsabilité. En lui présentant le télégramme qu'il a fait rédiger dans ce sens, l'aide-major général attire son attention sur cette décision et sur la responsabilité qu'il assume ainsi : « J'en ai pris bien d'autres ! » répond placidement le général en signant. Au ministre de la Guerre qui l'invitait à hâter l'attaque franco-anglaise, il exposa la situation générale ; le déclenchement de l'offensive projetée avait été subordonné au renforcement des armées anglaise et russe en hommes et en matériel ; l'heure était venue, et le canon de la Somme faisait entendre son grondement.

CHAPITRE III

L'OFFENSIVE FRANCO-ANGLAISE SUR LA SOMME

Préparatifs d'une attaque franco-anglaise sur la Somme. — Elle part le 1ᵉʳ juillet. — Les Allemands résistent. — Les Alliés progressent lentement, mais continûment. — Usure allemande. — Le front d'attaque s'étend au sud. — Le mauvais temps ralentit les opérations en automne. — Le général Joffre voudrait les reprendre au printemps. — Résultats de l'offensive franco-anglaise.

L'offensive admise par tous les alliés le 6 décembre 1915 dans les conférences de Chantilly avait été concertée entre le général Joffre et sir Douglas Haig au cours de l'hiver. Les Anglais avaient une tendance naturelle à prononcer leur principal effort vers la côte afin de menacer les bases navales qui servaient aux attaques des sous-marins allemands ; sir Douglas entra néanmoins dans les vues du général en chef français, et à la fin de février 1916, à la veille de l'offensive contre Verdun, les deux chefs s'étaient mis en complet accord pour exécuter jointivement une attaque décisive à cheval sur la Somme. Elle devait commencer vers le 1ᵉʳ juillet.

Le général Foch, commandant le groupe des armées du Nord, devait exécuter cette attaque avec 39 divisions, réparties entre 3 armées sur un front de 50 kilomètres, et disposerait d'une importante artillerie lourde. L'armée britannique prolongerait le front d'attaque de 20 kilomètres vers le nord , la bataille de Verdun eut comme seule conséquence de faire relever la 10ᵉ armée française par l'armée britannique, et le général Joffre, voulant la laisser tout entière à la préparation de son offensive, déclina l'offre de sir Douglas Haig de la faire coopérer à la défense de Verdun. Ces troupes toutes nouvelles, auxquelles la conscription votée en janvier 1916 venait de donner enfin une base de recrutement solide, avaient besoin d'un certain temps pour s'organiser et s'instruire. Les 4 divisions du combat de Mons — 70 000 hommes — qui composaient « la méprisable petite armée du maréchal French » s'étaient successivement augmentées, et les forces britanniques en France comprenaient 54 divisions, plus d'un million de combattants. Leur artillerie et leurs munitions, par suite d'une fabrication activement poussée sous la direction de M. Lloyd George, donnaient enfin satisfaction à tous leurs besoins dans la bataille moderne, méconnus au début de la campagne. Sur tout le front anglo-français, la préparation du champ de bataille fut menée avec la plus grande activité.

Mais la bataille de Verdun usait les réserves françaises et le front d'attaque dut être réduit peu à peu. Pour son offensive, le général Foch ne dispose plus le 1er juillet que de 16 divisions, formant la 6e armée sous les ordres du général Fayolle ; en revanche, l'artillerie est formidable : 900 pièces lourdes, 1 100 canons de tranchée, 6 millions et demi de projectiles pour un mois de bataille.

Sir Douglas Haig attaque sur 25 kilomètres de front, de Serre à Gommécourt, avec 15 divisions en première ligne, 4 en deuxième ligne, 2 en réserve (4e armée général Rawlinson, 5e armée général Gough).

L'entente entre les deux généraux en chef était parfaite. A la fin de mai, sir Douglas écrivait au général Joffre : « La question doit être considérée comme s'il n'y avait qu'une seule armée sur le front anglo-français. » Déjà le général Alexcieff avait télégraphié : « Je me range sous le commandement du général Joffre. » Et il l'avait prouvé par la magnifique offensive de Broussiloff. La confiance de ses pairs créait des devoirs nouveaux au général

Joffre, avec des responsabilités nouvelles. Il était en son pouvoir de hâter l'attaque anglaise ; le gouvernement français le désirait beaucoup, afin de dégager Verdun le plus tôt possible ; mais la hâter c'était la compromettre, et le général Joffre resta imperturbable.

Le 21 juin, sa directive pour les deux armées disait : « Il faut s'attendre à livrer une longue et dure bataille... Le but essentiel des opérations est de porter une masse de manœuvre sur le faisceau des lignes de communications de l'ennemi que jalonnent Cambrai-le Cateau-Maubeuge. La route Bapaume-Cambrai devra donc être l'axe de la progression initiale. » Il demande que la situation soit envisagée d'un regard viril, et néanmoins il reste plein d'espoir, envisageant des objectifs éloignés.

Ce n'est pas d'un seul bond que le général Joffre comptait les atteindre. Après les expériences de 1915, la percée à travers les organisations fortifiées n'était plus envisagée que comme le résultat d'une lutte d'usure, méthodiquement poursuivie ; des attaques successives à objectifs limités devaient rejeter peu à peu l'ennemi de la zone où il s'était fortifié, tout en lui infligeant des pertes supérieures à celles de l'assaillant ; enfin il serait obligé de livrer bataille en rase campagne, après un nombre de semaines ou de mois qu'on ne pouvait calculer, et après l'avoir ainsi dominé, on en aurait raison. Son front sans cesse pressé et reculant sans cesse finirait par s'effondrer.

Cette méthode très sage visait à l'économie de l'infanterie : l'artillerie conquiert, l'infanterie occupe. L'ennemi est forcé de tenir constamment la position avec des forces assez denses, puisqu'il ignore le moment de l'attaque : l'assaillant au contraire ne fait entrer en ligne ses troupes d'attaque qu'au moment choisi par lui et jusque-là il n'offre que le minimum de troupes aux coups du défenseur. Les longues et minutieuses préparations que nécessite l'attaque et surtout les tirs de destruction prolongés indiquent à peu près à coup sûr le front menacé, mais l'assaillant garde encore le bénéfice de la surprise tactique et l'instant choisi reste inconnu de l'ennemi. Le calcul s'est vérifié et les pertes allemandes ont été sur la Somme incomparablement plus fortes que les françaises. Mais les pertes françaises ont été très lourdes, la progression en terrain bouleversé était coûteuse. Puis on ne peut compter que l'attaque réussira à tout coup ; quelles que soient les précautions prises, le hasard jouera toujours son rôle à la guerre et on ne peut l'écarter entièrement en affirmant qu'on emploie une méthode scientifique. Or, une attaque qui échoue est toujours très coûteuse, même si on n'a mis en ligne que le nombre d'hommes strictement nécessaire. Dans la lutte au milieu des positions fortifiées, le terrain s'achète au prix de beaucoup de vies humaines, d'autant plus que le temps laissé à l'ennemi pour se rétablir après chaque affaire et pour reconstituer son système d'artillerie augmente les pertes de l'attaque suivante ; il faut évidemment s'avancer méthodiquement, mais avec toute la rapidité que permet la situation.

Il aurait donc fallu méditer — et appliquer — les recommandations du général Foch dans l'une de ses instructions : « Il reste entendu d'ailleurs que la poursuite méthodique d'objectifs déterminés n'exclut pas l'exploitation immédiate aussi étendue que possible, dans une direction quelconque, d'une défaite ou même d'un désarroi de l'ennemi se produisant au cours des opérations, éventualité à laquelle doit être préparée l'initiative de tous les commandants de grandes unités. »

Dès 1915, l'éventualité qu'envisageait le général Foch s'était produite, en Artois le 9 mai devant la division marocaine et le 25 septembre devant la 5e division, en Champagne le 25 septembre devant le 1er corps colonial ; l'éloignement des réserves avait empêché d'en profiter. Il en fut de même par deux fois en 1916 sur la Somme. La formule de l'attaque s'était faite trop rigide et c'est en vain que le général Foch s'efforçait de l'assouplir.

La préparation d'artillerie avait été fixée à cinq jours et commença le 24 juin. Mais les journées des 27 et 28 ayant été médiocres par suite du mauvais temps, le tir de destruction fut prolongé de deux jours et l'attaque partit le 1er juillet.

Les Allemands croyaient que l'armée française était hors de cause, épuisée par la bataille de Verdun, et incapable d'une attaque sérieuse. La préparation d'artillerie leur avait semblé une simple diversion, destinée à détourner leur attention du front britannique. Les trois lignes de leur première position furent enlevées d'un seul élan, avec les villages solidement fortifiés qui la jalonnaient et que l'artillerie lourde avait consciencieusement démolis. Sur la rive droite le 20e corps, parti deux heures avant, s'était avancé à la même allure et avait obtenu les mêmes résultats.

Plus à gauche, le 13e corps anglais avait débouché aussi brillamment, ainsi que le 15e qui contournait la position de Fricourt, qu'on comptait faire tomber par débordement. Mais au nord de Fricourt, la progression fut plus difficile et ce redoutable point d'appui restait intact. La gauche anglaise était partie d'un élan impétueux ; elle avait rapidement progressé, mais le magnifique courage de ces jeunes troupes manquait d'expérience ; de toutes parts, derrière la ligne d'attaque, des îlots de résistance s'étaient révélés, dont les mitrailleuses prenaient de flanc et de dos les assaillants ; les défenseurs sortaient des abris laissés intacts ; il fallut reculer, après une lutte acharnée qui causa de lourdes pertes, et dans la nuit, sur la moitié du front, l'attaque anglaise avait dû regagner les tranchées de départ.

Sir Douglas Haig prit la décision de recommencer, sur le front confié au général Gough, la préparation d'artillerie, en prolongeant l'attaque avec sa droite par l'armée Rawlinson en liaison avec l'armée Fayolle, qui continuait ses succès, particulièrement rapides sur la rive gauche de la Somme. Le 5, les Allemands ne se défendaient plus que sur la ligne Biaches-Villers-Carbonnel ; il n'y avait plus rien entre le 1er corps colonial et Péronne. A sa gauche, le 20e corps, rencontrant une plus grande résistance, mettra de longs jours pour arriver à sa hauteur. Les exécutants, et particulièrement la 2e division coloniale Mazillier, sentaient parfaitement la portée du succès qu'ils venaient d'obtenir et qu'ils demandaient à exploiter.

La résistance allemande se concentrait sur Biaches et la Maisonnette qui, pris les 9 et 10, changèrent quatre fois de maître du 15 au 17 pour rester finalement aux Français.

Sur la rive droite, le 20e corps continuait son attaque méthodique et dès le 2 au soir emportait la deuxième position allemande, bombardée pendant toute la journée. Le même jour, l'armée anglaise s'emparait de Fricourt, et dans la journée du 3, ses progrès très notables lui furent en partie enlevés par les contre-attaques allemandes. La lutte se poursuivait avec un acharnement terrible de part et d'autre ; chaque point d'appui, village ou lacis de tranchées, est le théâtre de bombardements violents, puis d'attaques et de contre-attaques.

Le 14 juillet, l'armée britannique attaqua sur un front de six kilomètres, enlevant les trois lignes de tranchées qui constituaient la deuxième position allemande, et elle continua le même jour de progresser sur Orvillers et Bazentin, faisant 2 000 prisonniers ; malgré les violentes contre-attaques allemandes, son avance continua jusqu'au 20. Après une courte accalmie, la lutte reprit pour la possession de Pozières, qui resta aux Australiens le 25, et de Longueval, définitivement aux Britanniques le 27.

Les troupes françaises appuyaient solidement ces attaques et en même temps s'avançaient sur la rive gauche vers Soyécourt et Estrées.

Mais les deux généraux en chef jugèrent ces actions un peu trop dispersées et s'entendirent de nouveau pour une action en commun. Le 30 juillet, la 4ᵉ armée Rawlinson et la 6ᵉ armée Fayolle attaquèrent ensemble avec succès pendant les premiers jours d'août. En août, la ligne anglaise s'avançait autour de Guillemont et de Thiepval, la française vers Maurepas, que le 1ᵉʳ corps Guillaumat enleva brillamment le 24.

Dès la fin d'août, l'usure allemande était visible ; en deux mois, les Allemands avaient perdu sur la Somme autant d'hommes qu'en six mois à Verdun et fait passer sur les deux terrains à peu près le même nombre de divisions, 40 sur la Somme, 43 à Verdun. Les pertes des Alliés étaient loin d'être aussi grandes. L'armée française en particulier comptait 28 000 morts et 40 000 évacués. Il y avait donc un intérêt de plus en plus évident à augmenter ce front d'attaque et à revenir dans la mesure du possible à la conception primitive en l'étendant vers le sud.

La 10ᵉ armée a sa gauche liée à la 6ᵉ vers Barleux, et sa droite s'étend vers le sud à mesure qu'arrivent les disponibilités du front français. Son front forme un angle obtus orienté à gauche N.-E.- S.-O., puis à droite N.-S. C'est surtout par sa gauche qu'agira son chef le général Micheler, qui doit tout d'abord faire tomber le saillant allemand de Vermandovillers ; il compte atteindre la Somme vers Saint-Christ et doit couvrir ensuite vers le sud la droite de la 6ᵉ armée, opérant dans la direction Bapaume-Cambrai.

Chacune des deux armées a 13 divisions ; la 6ᵉ, qui fait l'effort principal sur la rive droite de la Somme, en a 4 en première ligne sur son front de 8 kilomètres. La 10ᵉ en a 9 en première ligne sur un front de 18 kilomètres. Le 3 septembre, après une préparation d'artillerie qui dura cinq jours, la 6ᵉ armée enlève toute la première ligne allemande, dans un élan superbe ; vers 17 heures, les villages de Fleury et de Forest étaient atteints, ainsi que les tranchées à l'est de Combles. L'armée anglaise dépassait Guillemont et atteignait la partie sud de Ginchy. Le 4, l'avance de la 6ᵉ armée continua sur la rive droite ; les Britanniques, violemment contre-attaqués, ripostèrent. L'armée Micheler entra vigoureusement en action sur la rive gauche et s'empara de toute la première position allemande, faisant tomber Vermandovillers débordé. Les jours suivants, la progression s'y ralentit. Mais elle continue sur la rive droite, malgré les violentes contre-attaques allemandes. Le 14, Bouchavesnes fut pris par la 6ᵉ brigade de chasseurs Messimy, et la rapidité de ce succès surprit l'ennemi, mais ne fut pas exploitée. La brèche fut d'ailleurs bouchée le lendemain, avant que les Français eussent eu le temps de l'élargir.

Du 15 au 26, les deux armées progressèrent le long du ravin de Combles, qui formait leur limite, et cette position, couverte par des tranchées à contre-pente que l'artillerie ne pouvait atteindre que difficilement, tomba. Alors sir Douglas Haig lança en avant sa 6ᵉ armée Gough, maintenue dans l'attente depuis son échec du 1ᵉʳ juillet ; elle emporta Thiepval le 26. Mais après ces deux beaux succès, le mauvais temps ralentit de nouveau les opérations ; la pluie est un ennemi très redoutable dans un terrain crevé de trous d'obus qui se transforment en cuvettes et où toutes les voies de communication ont disparu. Pourtant les deux armées progressaient et dépassaient ensemble la route de Bapaume à Péronne au nord de Bouchavesnes au milieu d'octobre ; les armées françaises resserraient le cercle autour de Péronne, pendant que les armées anglaises élargissaient leur terrain d'action vers le nord dans la vallée de l'Ancre, par une belle offensive de sept divisions qui, du 11 au 15 novembre, firent 7 200 prisonniers.

Le général Joffre proposait au général sir Douglas Haig de continuer l'action et de préparer par une pression continue une grande offensive pour le printemps de 1917. Mais le général en chef anglais estima que ses troupes avaient besoin d'un repos prolongé afin de se reformer et de compléter l'instruction des renforts ; les troupes britanniques s'arrêtaient devant Bapaume et les troupes françaises devant Péronne. La convention conclue à Chantilly le 15 novembre 1916 entre les généraux alliés décida la continuation des attaques sur tous les fronts pendant l'hiver, et les armées britanniques eussent certainement repris, après une pause nécessaire, leur attitude agressive. Mais le général Nivelle, en prenant le commandement des armées françaises, insista vivement, comme son prédécesseur, auprès du maréchal Haig, pour obtenir une large extension du front britannique : il pourrait ainsi placer en réserve des divisions françaises pour augmenter la masse de manœuvre destinée à l'offensive du printemps. Et il ajoutait le 20 décembre : « L'extension du front que je vous demande dispenserait dans une certaine mesure vos armées de poursuivre l'exécution des opérations offensives qu'elles devaient entreprendre au cours de l'hiver conformément aux décisions prises à la conférence de Chantilly le 15 novembre dernier. » Pratiquement, les nouvelles dispositions arrêtaient les opérations actives sur la Somme.

Dans cette bataille, qu'ils appelaient *the big push* (la grande poussée), les Britanniques avaient fait le véritable apprentissage de la guerre. Le rapport officiel de sir Douglas Haig récapitule les résultats obtenus par la bataille de la Somme, qui sont : Verdun dégagé, l'offensive russe libérée par la fixation des divisions ennemies sur le front occidental, l'usure de 127 divisions allemandes, et il ajoute : « En ce qu'ils sont dus aux forces britanniques, ils furent atteints par des troupes dont la très grande majorité avait été levée et instruite pendant la guerre. Beaucoup d'entre elles, et surtout les relèves, comptaient par mois leur temps de service et eurent sur la Somme leur première leçon de la guerre. Nous étions contraints d'employer hâtivement des officiers et des soldats inexpérimentés, ou de retarder l'offensive jusqu'à leur complète instruction. Que de telles troupes aient tant fait, et contre une armée et une nation dont le principal souci était depuis tant d'années la préparation à la guerre, c'est un exploit sans précédent dans aucune histoire. »

CHAPITRE IV

LA CONTRE-OFFENSIVE FRANÇAISE A VERDUN

Sur le champ de bataille de Verdun, la fin du mois
de juin avait vu l'arrêt de la progression allemande par
les contre-attaques françaises. Le terrain gagné d'un seul
coup le 23 juin était repris pied à pied ; aux abords de
l'ouvrage de Thiaumont, la lutte restait toujours aussi
rude ; les oscillations du front diminuaient d'amplitude,
mais le sens du mouvement s'établissait vers le nord, au
détriment de l'assaillant. L'ouvrage — ou plutôt la
petite bosse qui marquait l'emplacement de l'ouvrage —
était pris et repris au point qu'il changea seize fois de
maître au cours de l'été ; les légères avances que la ligne
allemande avait poussées au delà des crêtes étaient
réduites peu à peu et, de ce côté, l'initiative de l'attaque
appartenait aux Français.

Vers Fleury-Souville au contraire, l'offensive allemande
continuait à progresser légèrement. Les Français avaient
été rejetés presque complètement du village, qu'ils avaient
repris en partie le 27 juin. Le kronprinz remonta une
forte attaque contre le fort de Souville ; le 11 juillet,
après une violente préparation d'artillerie et une projection d'obus asphyxiants qui encageait le terrain d'at-

taque, il lança treize régiments appartenant à cinq divisions différentes, depuis les pentes est de Thiaumont jusqu'au bois de Vaux-Chapitre. L'attaque progressa un peu le 11 ; très peu le 12 ; pourtant un petit détachement fut capturé sur la superstructure du fort de Souville. Quelques contre-attaques montées à l'improviste avaient limité le gain de cette puissante offensive, très coûteuse en hommes, à une profondeur de 400 mètres au sud de Fleury sur une largeur de 800 mètres. A force de ténacité, une contre-attaque bien montée reprit tout le terrain perdu en faisant des prisonniers. A partir du 20 juillet, ce sont les Français qui attaquent, devant Souville comme autour de Thiaumont.

Depuis le 11, le commandement du général Mangin s'est étendu sur ce secteur, et cette unité d'action permet de puissantes concentrations de feux. Les attaques locales peuvent être précédées de préparations sur un grand front, qui laissent l'ennemi indécis sur le point précis où l'action va se dérouler. Souvent plusieurs attaques se produisent en même temps à plusieurs kilomètres de distance.

Ces petites opérations sont organisées dans le détail, et les nombreux prisonniers faits sur tout le front renseignent sur l'effectif des troupes allemandes, sur leur état moral et physique, sur la marche des relèves et des ravitaillements qui fournissent des objectifs aux tirs de harcèlement exécutés pendant la nuit.

La tranchée à attaquer est encagée par des tirs de 75 qui se fixent derrière elle et empêchent les défenseurs de fuir ; en même temps, elle est pilonnée par l'artillerie lourde qui tue ou enterre ses défenseurs ; avant l'attaque, il arrive souvent que des groupes entiers viennent se rendre en déclarant la position intenable. La progression des attaques est précédée à 70 ou 80 mètres d'un tir d'artillerie de campagne qui se déplace devant elle à son allure ; c'est le barrage roulant qui fait son apparition dès la fin de juin.

Les Français obtiennent ainsi un maximum de résultats avec un minimum de pertes. Pendant les mois de juillet et d'août, ils font 3 500 prisonniers et leur avance est continue. Le village de Fleury, repris et reperdu au commencement d'août, reste aux Français à partir du 17 août, reconquis par le régiment colonial du Maroc. Toute la crête Fleury-Thiaumont est française et les abords de Souville sont bien dégagés vers le nord-est.

Mais l'ennemi attaque maintenant Souville par l'est, en partant du fort de Vaux. Il gagne environ 1 200 mètres et sa pression est gênante. Alors l'unité de commandement se fait entre la Meuse et la Woëvre, et elle produit tous ses résultats ; au début de septembre, l'ennemi est rejeté des positions qu'il venait de prendre et confiné aux abords du fort de Vaux de l'autre côté d'une crête dont la contre-pente donne une bonne position à la défense de Souville.

Devant Souville et la ligne des forts, une barrière solide avait été reconstituée, comprenant plusieurs positions bien organisées ; la bataille s'était assoupie sur la rive droite et les Français avaient repris l'offensive de la Meuse à la Woëvre, puis la supériorité sur leurs ennemis. Le 13 septembre, le Président de la République était venu apporter à la ville martyre la croix de la Légion d'honneur et les décorations que les souverains des pays alliés lui avaient conférées ; dans les casemates de la citadelle, pendant une cérémonie d'une émouvante simplicité, il avait prononcé un éloquent discours qui consacrait la victoire. Mais il fallait garder tout son prestige à ce mot qu'on osait enfin prononcer. Les événements avaient prouvé que toute attaque bien préparée commence toujours par réussir et qu'il est bien difficile de limiter une avance victorieuse ; les Français n'avaient pu le faire qu'en attaquant eux-mêmes. Donc, il fallait avant tout éloigner l'ennemi de la barrière enfin reconstituée. L'heure était passée des petites attaques visant à la reprise de quelques centaines de mètres ; elles avaient

permis de faire disparaître successivement les petites
ou grandes poches que la ligne allemande avait creusées
dans la française, mais c'était seulement en portant d'un
seul bond toute la ligne en avant qu'on pouvait gagner
utilement du terrain. Une opération de grande envergure
s'imposait.

Le général Nivelle en prescrivit l'étude au général Mangin qui envisagea la reprise de Douaumont comme conséquence possible du succès ; ce projet fut adopté après
discussion, et le fort n'entra qu'ensuite parmi les objectifs de l'attaque. De même pour le fort de Vaux. Le but
devint alors de reconstituer dans son intégrité la barrière
des forts autour de Verdun.

La général Mangin disposait de tous les moyens nécessaires pour mener à bien cette opération ; d'abord une
artillerie très puissante : 289 pièces de campagne et de
montagne (calibres 65 à 95 $\frac{m}{m}$), 314 pièces lourdes (100 à
400 $\frac{m}{m}$). Trois divisions attaquaient en première ligne
avec deux bataillons sénégalais et un bataillon somali ;
trois divisions étaient sous ses ordres immédiats en seconde ligne ; en outre, les divisions voisines du front d'attaque mettaient chacune un régiment en ligne.

L'ennemi lui opposait 7 divisions en première ligne,
mais disposées très en profondeur ; 16 bataillons en première ligne, 6 en soutien immédiat dans la zone à conquérir,
11 en soutien à proximité qui seront tous engagés le
soir de l'attaque, 25 en réserve, qui viendront ensuite
boucher les trous. Les Français ont repéré 209 batteries
allemandes (environ 800 pièces) susceptibles d'entrer
en action lors de leur offensive. Après trois jours de tirs
de destruction, ils simulèrent une attaque générale:
cette ruse eut plein succès et 158 batteries se révélèrent
(soit environ 630 pièces) et furent contre-battues le surlendemain, jour de l'attaque, si bien que 90 batteries
allemandes seulement ouvrirent le feu ce jour-là, et dans
des conditions assez défavorables dont leur tir se ressentit.

La supériorité initiale de l'artillerie allemande avait donc disparu par l'action de son ennemie, mieux organisée et mieux commandée. Cette action était escomptée dans la conception de l'attaque ; le commandement français savait qu'il disposerait de moyens qui, au début, seraient inférieurs à ceux de la défense et qu'il prendrait la supériorité au cours de l'action.

Les effectifs d'infanterie étaient sensiblement égaux dans les deux camps. Le dispositif des divisions allemandes accolées sur de très petits fronts se prêtait moins bien à la manœuvre que celui des divisions françaises dont le front était sensiblement double ; mais surtout l'expérience des actions antérieures avait montré l'efficacité des procédés employés sur ce terrain ; un barrage de projectiles de campagne tombant derrière les tranchées y clouait le défenseur, que l'artillerie lourde et les engins de tranchée mettaient hors d'état de combattre. En même temps, le tir d'autres pièces lourdes bouchait l'orifice des abris profonds du temps de paix qui servaient de places d'armes à la défense ; quand la vague d'assaut se mettrait en route, précédée à 70 ou 80 mètres de son barrage d'accompagnement, elle ne trouverait plus que de rares résistances locales et s'avancerait jusqu'aux abris profonds dont les défenseurs seraient faits prisonniers. Le général Mangin put affirmer au général Joffre et au général Nivelle, deux heures avant l'attaque, que 22 bataillons allemands allaient être entièrement anéantis. Quant aux forts, ils étaient éventrés ; on ne pouvait calculer leur prise avec la même certitude que la conquête du terrain, mais l'occupation de la superstructure était certaine et la prise totale paraissait une question d'heures, de deux ou trois jours au plus.

Si un pareil succès pouvait être escompté avec une telle certitude, ce n'était ni grâce à l'accumulation des moyens matériels, puisqu'au début de la lutte l'artillerie allemande était indiscutablement très supérieure en nombre, en portée, en rapidité de tir, et même en calibres (sauf pour quelques pièces françaises de 400 et 370 ‰ dont le tir est localisé contre les forts), ni grâce à l'action de masses d'infanterie qui submergeraient l'adversaire sous le nombre, puisque la densité de l'attaque sera faible afin de n'exposer aux pertes que le nombre d'hommes exactement suffisant pour obtenir le résultat ; c'est grâce à l'emploi de méthodes logiques, de procédés de tir bien conçus qui assurent la supériorité sur l'artillerie ennemie et qui permettent de compenser dans une large mesure l'infériorité en nombre et en matériel ; c'est grâce à l'élan des troupes, à leur confiance dans leurs chefs ; et ce sont là des facteurs de succès qui se retrouveront dans l'avenir.

Mais c'est grâce aussi à une parfaite union dans le commandement, le commandant de l'armée fournissant à son subordonné qui attaque tous les moyens en son pouvoir et les demandant à l'arrière quand ils ne sont pas à sa disposition ; c'est grâce aussi à une connaissance parfaite d'un terrain spécial, à l'expérience d'une très âpre lutte de plusieurs mois sur ce terrain où les mêmes chefs et les mêmes états-majors ont été maintenus ; c'est grâce encore aux fautes de l'ennemi, qui n'a presque partout qu'une seule ligne de défense devant laquelle il n'a pu établir que des obstacles rudimentaires. Ces conditions se retrouveront sur le même terrain deux mois plus tard ; mais elles étaient exceptionnelles et pesaient d'un poids très lourd en faveur des Français. C'était aller trop loin que de tirer de ces deux expériences des déductions d'ordre absolument général et d'en extraire une formule rigide, la recette de la victoire. Mais la tendance à généraliser est bien dans le caractère national, et d'ailleurs elle donne souvent d'excellents résultats ; le système et la formule satisfont à ce besoin ; ils épargnent la discussion, et même la réflexion.

Commencée le 20 et poursuivie jusqu'au 24 avec une

intensité croissante, la préparation d'artillerie a produit
ses effets habituels. Les Allemands sont venus se rendre
isolément ou par petits groupes ; un pigeon voyageur
égaré a apporté le message de détresse d'un commandant
de bataillon qui déclare ses troupes hors d'état de combattre. Enfin, à 11 h. 40, l'artillerie allonge son tir et
l'infanterie française sort des parallèles de départ. Un
brouillard intense a caché son mouvement à l'ennemi,
qui n'ouvrira le feu que douze minutes après l'instant
de l'assaut, alors que les deux premières vagues ont
franchi ses premières tranchées. Elle atteint en une heure
son premier objectif. Elle s'y organise très rapidement.
Dans l'ordre initial, cette pause devait être d'une demi-
heure ; le commandant du groupe d'armées, jugeant prudent de s'asseoir fortement sur la position dont la conquête était à peu près certaine, avait insisté pour qu'elle
fût beaucoup plus longue et l'avait fait, après discussion,
fixer à deux heures. Mais le bombardement du fort avait
été très efficace ; un projectile de 420 avait déterminé une
explosion suivie d'incendie ; on pouvait penser qu'il y
avait grand avantage à se hâter pour profiter du désarroi :
aussi le général Mangin avait-il fixé à une heure le temps
de l'arrêt et en rendit compte. La 38e division Guyot
de Salins forme la gauche. Son régiment colonial du Maroc
pénètre dans le fort de Douaumont, évacué la veille
sous la menace d'explosion, et où les Allemands commençaient à revenir et à installer leurs mitrailleuses ; mais la
marée montante des assaillants les submergea. Au centre,
l'élan de la 133e division Passaga — la Gauloise — avait
enlevé tous les obstacles et elle s'était établie entre l'angle
N.-E. de Douaumont et l'étang de Vaux. A droite, devant
le front de la 74e division Lardemelle, la préparation d'artillerie avait été insuffisante sur certains centres de
résistance et la progression était plus difficile. Une
artillerie plus puissante, devenue disponible, écrasa la
calotte du fort ; des pièces longues enfilèrent les case-

mates, dont la face tournée vers Verdun était simplement maçonnée au lieu d'être bétonnée ; enfin l'avance dans la direction de Douaumont permit de mettre des pièces de campagne en batterie au seul emplacement d'où elles pouvaient battre les pentes très raides à l'est du fort, dont elles coupaient ainsi les communications. La pression de l'infanterie continuait après la relève de la division Lardemelle par la 9ᵉ division Andlauer ; l'ennemi évacua le fort où le général Andlauer s'installa le 3. Il occupa les villages de Vaux et de Damloup, donnant de l'air autour de l'ouvrage.

La reprise des forts de Douaumont et de Vaux était un événement considérable, qui consacrait aux yeux du monde entier la Victoire de Verdun ; 6 000 prisonniers la soulignaient. Mais ce grand succès réclamait un complément.

Dès le 21 octobre, le **général Mangin** avait signalé au général Nivelle la nécessité qui s'imposerait, après l'enlèvement des objectifs assignés à l'opération du 24, de s'emparer de la crête Douaumont-Hardaumont et de la côte du Poivre, qui toutes deux avaient des vues dans l'intérieur des positions à conquérir, et de donner de l'air autour du fort de Douaumont. Le général **Nivelle** donc envisageait une opération d'ensemble, mais il était très limité par les moyens mis à sa disposition : « Le front d'attaque ne devra pas dépasser celui de trois divisions, dût-il y avoir une solution de continuité au centre. Les munitions seront celles que nous économiserons sur nos allocations journalières. » Mais le général **Mangin** insista sur les avantages d'une attaque s'étendant de la Meuse à la Woëvre, même s'il fallait attendre d'avoir des troupes et des munitions disponibles. C'est à cette idée que s'arrêta le commandement. Devant le groupement Mangin, le front allemand était tenu par cinq divisions en première ligne et quatre en deuxième ligne pouvant intervenir en une nuit, et 247 batteries étaient signalées en action (960 pièces environ). L'attaque française disposa de 4 divisions en première ligne, 4 en seconde ligne et de 740 canons. Elle était donc en infériorité vis-à-vis de la défense. Mais elle pouvait tabler sur les résultats obtenus le 24 octobre. Son artillerie prit en effet rapidement l'avantage sur l'artillerie allemande ; grâce à la progression plus profonde, il y eut parmi les prisonniers 13 officiers d'artillerie dont le témoignage confirma en détail cette incontestable supériorité. Quant à l'infanterie, l'effondrement des premières lignes amenant à coup sûr la destruction complète des 13 bataillons qui les défendaient et partiellement celle des 13 bataillons en soutien sur le terrain à conquérir, l'attaque pourrait donc affronter la légère disproportion numérique du départ.

Instruit par l'expérience du 24 octobre, l'ennemi avait organisé trois lignes de résistance, munies de réseaux de fil de fer ; en outre, l'éloignement de l'objectif final introduisait une part plus grande de hasard ; il fallait donc mettre plus de souplesse dans le mécanisme du barrage roulant et en varier la nature. L'ordre d'attaque du groupement Mangin spécifiait : « Chaque objectif devra être atteint d'emblée et d'un seul élan à l'allure de 100 mètres en quatre minutes. L'infanterie sera précédée à 70 ou 80 mètres, par des obus percutants et à 150 mètres par des obus explosifs fusants et percutants.

« Toutefois, quand les circonstances l'exigeront et que ce sera possible, grâce aux observations à vue étendue, les tirs d'artillerie seront conduits à la demande de la marche de l'infanterie ; les généraux commandant les divisions organiseront à cet effet une liaison aussi intime que possible entre l'infanterie et l'artillerie. »

Le grand obstacle dans l'organisation de l'attaque était l'état du terrain, affreusement bouleversé par dix mois de luttes incessantes ; dans l'argile détrempée où l'eau sourd à toutes les altitudes, les trous d'obus, presque jointifs, étaient en cette saison pleins d'eau glacée. Sans un aménagement complet du terrain, toute attaque faisait naufrage dans la boue. Il fallut construire 25 kilomètres de routes, dont plusieurs en madriers, 10 kilomètres de voie Decauville et de très nombreux réseaux téléphoniques, créer partout des dépôts de vivres et de munitions, des emplacements de batteries camouflés, aménager des sources et des conduites d'eau, etc...

La rigueur de la saison, très âpre sur les Hauts-de-Meuse, rendait ces travaux particulièrement pénibles. Mais tous les soldats les sentaient nécessaires, et ils furent exécutés en cinq semaines avec une abnégation complète et un entrain merveilleux par les divisions qui se succédèrent sur ce terrain jusqu'à l'entrée en ligne des divisions d'attaque.

Le 15 décembre, vers 10 heures, après une préparation d'artillerie aussi complète que possible, les régiments français sortent des tranchées, attaquant de la Meuse à la Woëvre. A gauche, la 126⁰ division Muteau enlève Vacherauville et la côte du Poivre, où elle s'établit ; la 38ᵉ Guyot de Salins, revenue sur le terrain de ses exploits, s'empare de Louvemont ; la 37ᵉ Garnier-Duplessis s'avance jusqu'au bois des Caurières où elle lutte pied à pied ; la 133ᵉ Passaga — la Gauloise — prend l'ouvrage d'Hardaumont et le village de Bezonvaux. La progression, ralentie sur certains points, amène l'attaque sur son 2ᵉ objectif le 18. En même temps, dès le 15, des reconnaissances offensives sont allées bien au delà de leurs objectifs et, protégées par leur barrage roulant, ont détruit des canons et ramené des prisonniers, qui sont au nombre de 11 387, dont 284 officiers. En y ajoutant le chiffre des tués et des blessés graves, on ne peut évaluer les pertes de l'ennemi à moins de 25 000 hommes, sur un front de 10 kilomètres. Cent quinze canons ont été pris et détruits, et la défense de Verdun est établie sur la partie la plus étroite des Côtes-de-Meuse, dans une excellente position.

L'effet moral produit par cette victoire fut considérable dans les deux camps. Les Allemands en tirèrent fort prudemment beaucoup d'enseignements utiles et reconnurent notamment l'impossibilité de réduire la défense à des lignes de tranchées régulières, objectifs trop visibles pour l'artillerie ennemie. Les Français y virent une éclatante confirmation des méthodes employées le 24 octobre ; sans diminuer ce succès, il eût fallu remarquer que les objectifs les plus éloignés (3 kilomètres) qui, d'après l'horaire fixé, devaient être atteints en quelques heures, n'avaient été conquis que le quatrième jour. Assurément, ce n'eût pas été la condamnation des procédés employés, et en particulier de l'horaire fixé à l'avance ; mais c'eût été établir la nécessité de prévoir que cet horaire pourrait ne pas être suivi et qu'il faudrait manœuvrer, car l'avance ne se produit pas toujours avec une exactitude mécanique.

Le 12 décembre, l'Allemagne avait fait pour la première fois des ouvertures de paix qui paraissaient destinées à détendre les énergies dans les gouvernements, les armées et les peuples de l'Entente. En remerciant ses troupes victorieuses, le général Mangin constatait les résultats obtenus, les espérances qu'ils faisaient concevoir pour l'avenir, et il ajoutait :

« Mes amis,

« S'avouant incapables de nous vaincre sur les champs de bataille, nos sauvages agresseurs osent nous tendre le piège grossier d'une paix prématurée. Tout en ramassant de nouvelles armes ils crient *kamerad*. Vous connaissez ce geste.

« Nos pères de la Révolution refusaient de traiter avec l'ennemi tant qu'il souillait le sol sacré de la Patrie, tant qu'il n'était pas repoussé hors des frontières naturelles, tant que le triomphe du droit et de la liberté n'était pas assuré contre les tyrans. Nous, nous ne traiterons jamais avec les gouvernements parjures pour qui les traités ne sont que des chiffons de papier, et avec les assassins et les bourreaux de femmes et d'enfants. Après la victoire finale qui les mettra hors d'état de nuire, nous leur dicterons nos volontés.

« A leurs hypocrites ouvertures, la France a répondu par la gueule de vos canons et la pointe de vos baïonnettes. Vous avez été les bons ambassadeurs de la République ; elle vous remercie. »

CHAPITRE V

COUP D'ŒIL SUR L'ANNÉE 1916. — RÉSULTATS

Coup d'œil d'ensemble sur l'année 1916. — Bataille de Verdun.
  — Offensive austro-hongroise contre l'Italie. — Offensive de
  Broussiloff. — Bataille de la Somme. — Entrée en guerre de la
  Roumanie. — Sa défaite. — Prise de Monastir par l'armée
  d'Orient.
Résultats. — Échec allemand à Verdun. — Usure allemande sur la
  Somme. — Changement dans le haut commandement allemand.
  — Infériorité des Empires centraux. — En continuant par
  les mêmes procédés, les Alliés pouvaient obtenir la victoire
  au printemps de 1917. — Mais en France la situation n'est pas
  comprise. — D'où une crise du haut commandement.

Un coup d'œil d'ensemble sur l'année 1916 permet de
se rendre compte de la répercussion réciproque des événements militaires qui se sont déroulés sur les divers
théâtres d'opérations.

La scène s'ouvre le 21 février par l'offensive allemande
contre Verdun. A la fois terrible et mesquine, elle se prononce sur un front trop étroit, qui s'élargit un peu,
mais pour se rétrécir de nouveau ; malgré la formidable
artillerie dont elle dispose et l'emploi sans compter
de l'infanterie en formations profondes, elle n'avance que
péniblement et ne sait pas profiter du vide qui se trouve
devant elle certains jours. Quand elle se décide à s'étendre
sur la rive gauche de la Meuse, il est trop tard ; la défense
s'est ressaisie et organisée. Sa progression se réduit donc
à une avance très lente, précédée d'une sorte de broie-
ment mécanique des organisations françaises avec leurs
défenseurs sous des tirs d'une intensité croissante ; mais

l'avance est continue et les Alliés peuvent craindre la chute de la citadelle française.

L'attaque préventive sur le front français s'accompagne bientôt d'une opération analogue sur le front italien. Le 15 mai, l'armée austro-hongroise attaque dans le Trentin sous les ordres de l'archiduc Eugène avec 38 divisions appuyées d'une très forte artillerie. Son avance de 12 à 20 kilomètres rejette les Italiens sur les dernières pentes des montagnes qui dominent la plaine de l'Adige, menaçant tous les arrières de la défense sur la rive gauche de l'Adige. Les Italiens se ressaisissent et contre-attaquent sur certains points. En même temps, l'offensive russe de Galicie ramène vers le nord toutes les forces autrichiennes disponibles.

Devançant l'heure fixée afin de secourir l'Italie menacée, le général Broussiloff attaque le 4 juin du Pripet à la frontière roumaine, sur un front de 350 kilomètres. A la fin de juin, il atteint le Stockod en Volhynie et les Carpathes au sud de la Galicie, et s'est avancé à plus de 100 kilomètres de sa base de départ, ayant capturé plus de 200 000 prisonniers. L'offensive austro-allemande en Italie est arrêtée, 4 divisions allemandes sont appelées du front de France au commencement de juin, 4 autres à la fin du mois. Coupée d'arrêts forcés par la nécessité de rétablir les voies ferrées et d'organiser son ravitaillement, l'offensive de Broussiloff ne s'arrête qu'en septembre, ayant capturé 420 000 prisonniers, 2 500 mitrailleuses et lance-bombes et 600 canons.

Dans le Trentin, le commandement autrichien se voit forcé à battre en retraite à la fin de juin pour raccourcir son front, ne disposant plus des forces nécessaires à sa défense contre l'attitude agressive qu'a prise son ennemi. La pression des Italiens s'exerce sur les nouvelles positions, puis en août et septembre ils attaquent sur l'Isonzo. Gorizia tombe entre leurs mains et ils prennent pied sur le plateau du Carso.

Cependant l'offensive de la Somme se préparait à partir à la date prévue le 6 décembre 1915. La sentant venir, le haut commandement allemand déclenche contre Verdun la plus forte attaque qu'il ait jamais montée. Elle obtient des succès notables, mais les contre-attaques françaises commencent enfin à regagner du terrain. L'offensive anglo-française se déclenche le 1er juillet, les Allemands ripostent sur Verdun le 11 par une attaque contre Souville presque aussi importante que celle du 23 juin. Le gain de terrain qu'elle obtient est très faible, et il est perdu les jours suivants, malgré l'arrivée de troupes fraîches le 21 juillet. Dès ce moment, l'attaque a changé de sens et les Français en ont pris l'initiative. Ils reprennent la crête de Fleury et les abords de Thiaumont au commencement d'août, le village de Fleury le 17 août.

Mais la bataille de la Somme se fait de plus en plus rude et nécessite des renforts continuels. L'attaque progresse méthodiquement sans que les Allemands puissent l'arrêter par les contre-attaques où pourtant ils s'acharnent. A Verdun, ils renoncent à attaquer entre la Meuse et Souville, mais essayent encore, à la fin d'août et dans les premiers jours de septembre, de tourner Souville en partant de Vaux ; ils échouent de nouveau. C'est alors que Hindenburg et Lüdendorff, qui ont pris le commandement le 29 août, constatent l'impossibilité de mener activement la lutte sur les deux théâtres d'opérations et renoncent à celui de Verdun. Comme une première barrière a été reconstituée en avant de la citadelle française et que le commandement français prépare une offensive d'ensemble et cesse les actions de détail, une accalmie se produit à Verdun.

Elle coïncide avec un redoublement d'activité sur la Somme par l'entrée en action de la 10e armée Micheler, qui étend le front français vers la droite et augmente l'usure allemande. La 6e armée Gough joue le même rôle à la gauche anglaise.

La Roumanie est entrée en ligne le 28 août et envahit la Transylvanie où l'appellent ses fils soumis au joug de l'Autriche, dont les troupes sont promptement refoulées. En même temps elle avance en Dobroudja, qu'elle libère des Bulgares.

Mais cette intervention était bien tardive, et particulièrement au point de vue militaire ; car l'offensive de Broussiloff touchait à sa fin ; en outre, c'était contre la Bulgarie qu'il eût fallu marcher, afin de donner la main aux armées de l'Entente débarquées à Salonique. Mais le président du conseil des ministres russe Stürmer insistait pour qu'on ménageât la Bulgarie, et promettait un important concours militaire qui ne vint pas. Les Empires centraux virent la nécessité de mettre hors de cause ce nouvel adversaire et de s'assurer les ressources roumaines en blé et en pétrole. Avec le concours effectif des troupes allemandes et de leurs états-majors, les armées roumaines furent refoulées de Transylvanie en septembre ; en novembre, Falkenhayn passait les Carpathes, puis Mackensen le Danube. Le 7 décembre, Bucarest était pris après une grande bataille et l'armée roumaine devait retraiter sur le Sereth, où elle se reforma.

L'armée alliée d'Orient, sous les ordres du général Sarrail, avait recueilli l'armée serbe ; elle ne put entrer en action qu'au milieu de septembre pour une avance qui l'amena à Monastir.

Les troupes turques étaient attirées en Asie par l'avance du grand-duc Nicolas en Arménie et par la marche des Anglais vers Bagdad, et leur action en Europe se trouvait diminuée de beaucoup.

Pour la scène finale, le rideau se relève sur le décor de Verdun, où les victoires du 24 octobre et du 15 décembre consacrent la ruine des espérances allemandes de l'année 1916, qui s'était annoncée si belle pour les Empires centraux.

***

Si nous cherchons à établir le bilan de cette année 1916, nous constatons d'abord que, pour prévenir l'offensive générale de l'Entente, l'armée allemande attaquait Verdun en février et l'armée austro-hongroise attaquait le Trentin en mai. Pour prévenir la même offensive en 1917, le commandement allemand ne trouve d'autre précaution qu'un vaste repli abandonnant aux armées anglo-françaises un terrain étendu préalablement dévasté.

L'échec des attaques contre Verdun et l'usure qui résulte de l'offensive sur la Somme déterminent à la fin d'août le changement dans le commandement allemand ; au général de Falkenhayn succèdent le maréchal Hindenburg et le général Lüdendorff. Leur premier soin est d'arrêter l'offensive contre Verdun au commencement de septembre ; ils décident en même temps de soutenir l'armée austro-hongroise qui cède devant l'avance des Roumains en Transylvanie. Mais cette résolution a été prise au pied levé, sous la pression immédiate des événements. Lüdendorff, qui est le cerveau des deux Dioscures, le directeur de la raison sociale Hindenburg-Lüdendorff, nous dit qu'il n'eût jamais osé pareille entreprise s'il eût connu la situation réelle du front occidental. Et pourtant le fait qu'on l'appelait au commandement effectif aurait pu lui ouvrir les yeux : « La situation sur le front ouest était tendue à un point que je n'aurais pas imaginé, dit-il, mais je ne vis pas du premier coup d'œil toute sa gravité. La résolution importante de retirer du front ouest, engagé dans de si rudes combats, plus de divisions encore et de les envoyer à l'est, pour y rétablir la situation par une offensive et porter à la Roumanie un coup décisif, eût été trop difficile à prendre. » C'est seulement à Cambrai, pendant une conférence qui s'ouvre le 7 septembre, qu'il commence à comprendre la situation et l'abîme qui sépare le front français du front russe où il vient de diriger les opérations pendant deux ans ; il faut s'arrêter sur ce passage de ses *Souvenirs de guerre* et constater une fois de plus la difficulté extrême pour le commandement de reconstituer, à travers le papier, la réalité des faits. « L'image que je m'étais faite de ce qui se passait à Verdun et sur la Somme prit à mes yeux des couleurs plus sombres après ce que j'eus à entendre. » Et il comprend la puissance matérielle de l'Entente. Il ne faut pas lui demander s'il comprend sa puissance morale, qui est hors de portée de ses facultés : « La puissance défensive de notre infanterie s'usa à tel point que l'attaque en masses de l'ennemi put réussir. Nous ne perdions pas seulement notre ressort moral, mais nous perdions aussi sans compter le sang répandu en abondance, un nombre important de prisonniers et beaucoup de matériel de guerre. » Il enregistre les demandes de renforts de toute sorte en hommes et en matériel. » Il nous était plus facile de satisfaire aux demandes par suite de l'arrêt de l'attaque sur Verdun ; il fallait cependant que nous continuions d'escompter là-bas une forte consommation de forces, ne fût-ce que par suite des conditions locales. Il était possible que les Français attaquassent eux-mêmes en partant de la forteresse. Verdun devenait comme un ulcère toujours ouvert qui dévorait nos forces. Il eût été plus raisonnable de ramener nos positions vers l'arrière, en deçà du champ d'entonnoirs. Je n'avais pas, à cette époque, une idée exacte des difficultés locales que présentait la lutte devant Verdun. » Il tient sur la Somme, parce qu'aucune position n'a été aménagée à l'arrière, et fait flèche de tout bois : économies sur les autres armées, formation de divisions nouvelles. Mais il reste très préoccupé de la question des munitions et de tout le matériel de guerre, qui s'affirme très inférieur à celui de l'Entente. Le mois de septembre, calme à Verdun, lui apparaît comme effroyable : « L'ennemi prit Ginchy et Bouchavesnes. Le 17 vit un grand combat sur la rive sud ; nous perdîmes Berny et Deniécourt. Au sud de la Somme, la bataille diminua d'intensité, mais le feu roulant d'artillerie continua. Au nord de la Somme, les combats se poursuivirent ; le 25 commença la lutte la plus terrible de cette bataille de la Somme, si fertile en rudes combats. Grandes furent nos pertes ; l'ennemi prit Raucourt, Morval, Gueudecourt et Combles qu'on se disputa chaudement. Le 26, le coin de Thiepval tomba. De nouvelles attaques ennemies, le 28, échouèrent. Les demandes qu'on nous adressait, tant en officiers qu'en troupes, étaient extraordinairement élevées. Les relèves qu'on avait prévues à Cambrai et tout le plan de relèves projeté pour le front occidental ne suffiraient bientôt plus. Des divisions et d'autres troupes durent être jetées en toute hâte sur le front de la Somme et y tenir très longtemps. Le temps consacré au repos ou à l'intruction sur un front calme se réduisait de plus en plus. Les troupes s'usaient. Nous étions toujours à la veille d'une catastrophe. » On ne saurait assez insister sur cet aveu, criant de sincérité.

Les indiscutables succès remportés sur la Roumanie, malgré la vaillance des soldats roumains, ont délivré les Empires centraux d'un grand péril et leur ont procuré des ressources importantes ; mais Lüdendorff, qui a décidé et poursuivi cette offensive, en résume les résultats : « En dépit de la victoire sur l'armée roumaine, nous étions plus faibles en ce qui concerne la conduite générale de la guerre. »

Il est très facile aujourd'hui de constater cette situation, et elle apparaîtra encore plus clairement quand l'ensemble des témoignages en aura précisé le contour et les dimensions. Le général Joffre s'en rendait compte dès ce moment et, le 16 octobre, il écrivait au général Foch en remarquant que l'attitude de l'ennemi ne présentait plus, dans la résistance, le même caractère d'acharnement : « Son organisation en profondeur ne permet d'obtenir, dans nos attaques locales, que des succès de peu d'importance. Il faut revenir aux procédés du début de la bataille de la Somme : chaque attaque, exécutée sur un front aussi étendu que possible, doit viser à conquérir tous les objectifs que le canon aura pu battre, et être suivie d'une exploitation à fond. » Le 18 octobre, il insistait auprès de sir Douglas Haig sur la nécessité *d'actions offensives larges et profondes* et de « ne pas s'arrêter au moment où la résistance de l'ennemi va en diminuant et où la situation d'ensemble de l'Entente exige que nous développions les succès déjà obtenus. » Le général Foch était en parfait accord avec le général Joffre sur tous ces points.

Il est permis aujourd'hui de l'affirmer, si la pression des armées alliées se fût continuée pendant l'hiver, la situation au printemps 1917 eût été la même qu'en juillet 1918 au moment où la première offensive menée à fond commençait contre une avance arrivée à la limite de son effort.

Sans doute, en 1916, il eût été souhaitable qu'à Verdun la formule entre « camp retranché » et « région fortifiée » eût été trouvée, mais il s'agit là d'un point de détail ; que sur la Somme, entre le commandement suprême, qui concevait juste, et les exécutants, qui comprenaient bien, l'intermédiaire eût compris aussi bien qu'à Verdun, mais c'était là question accessoire de personnes, qui se fût réglée sur le terrain au cours de l'action.

Aujourd'hui il est permis de l'affirmer, la victoire finale pouvait être obtenue dès le printemps 1917 par les procédés employés en 1916, quelle que soit par ailleurs la rigidité dans l'emploi d'une formule nouvelle de l'offensive, que le général Foch eût assouplie, que les exécutants eussent élargie, et que les intermédiaires appliquaient aveuglément. Les Français sont frondeurs, en même temps que très suffisamment disciplinés, et on se répétait un propos attribué à une personnalité militaire : « En 1915 nous avons marché comme des enfants, en 1916 comme des vieillards, il faut enfin marcher comme des hommes. » Ces propos, et d'autres plus légers, qui n'étaient point négligeables et qui se répétaient un peu partout, s'aggravaient du chiffre des pertes, qu'on exagérait d'ailleurs, et qui paraissait démontrer que l'action menée par les procédés qualifiés de scientifiques était encore plus coûteuse que les attaques de l'année précédente, jugées inconsidérées. En fait, l'offensive de la Somme coûtait en cinq mois sensiblement moins que celle de Champagne en deux semaines, et le commandement français avait grandement profité de l'expérience. On lui reprochait de ne pas assez tenir compte des leçons de la guerre nouvelle, et bien au contraire, le défaut que les événements paraissaient faire constater chez lui, c'est de tomber dans l'empirisme et de varier trop vite ses méthodes en attri buant trop de valeur aux résultats immédiats.

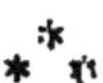

L'échec de Verdun avait fait disgracier le général von Falkenhayn qui, le 29 août 1916, avait été remplacé par le maréchal Hindenburg dans son poste de chef d'état-major général des armées allemandes avec le général Lüdendorff comme premier quartier-maître général.

La bataille de la Somme avait été parfaitement appréciée en Angleterre ; l'armée anglaise avait subi de lourdes pertes et sa progression était plus lente dans l'ensemble que celle de l'armée française, mais ce n'est pas la topographie qui permet de déterminer la valeur respective en pareil cas et les comparaisons étaient oiseuses ; sir Douglas Haig avait compris, utilisé et développé les magnifiques qualités de ténacité que possédaient ses troupes. Il fut très justement élevé à la dignité de Field Marshall, la plus haute du Royaume Uni.

En France, l'opinion publique, souveraine maîtresse, se réduisait, par suite des nécessités de la censure, au milieu parlementaire, dont le gouvernement dépendait immédiatement. Or, le Parlement ne disposait que de renseignements fragmentaires, qui ne lui permettaient pas de se rendre compte du rôle du commandement dans les opérations. On exagérait les pertes françaises sur la Somme et celles de l'ennemi étaient inconnues ; la lutte essentiellement ingrate qui s'y poursuivait n'avait pas amené les résultats immédiats qu'on avait escomptés. Il fut donc admis que la responsabilité du général Foch était engagée et qu'il convenait de le sacrifier ; enlevé à son commandement, il fut placé dans une demi-disgrâce. Par répercussion, l'autorité du généralissime se trouvait atteinte. Résolument optimiste, ayant foi en une prompte victoire, le général Joffre avait tardé à réclamer du gouvernement l'effort matériel nécessité par la forme, imprévue pour tous, que la guerre avait prise ; notamment une augmentation considérable de l'artillerie lourde demandait au préalable la construction d'usines et par conséquent un laps de temps devant lequel il avait reculé. On était surpris de son calme imperturbable dans les circonstances extrêmes et cette qualité maîtresse se retournait contre lui ; il apparaissait comme « installé dans la guerre », état pour lui normal et qui par conséquent ne devait jamais prendre fin. Il avait poursuivi ses desseins avec une fermeté inébranlable et il s'était soustrait résolument à toute influence extérieure, confiné strictement dans sa lourde tâche militaire.

On songea donc qu'un autre chef ayant le commandement sur le front occidental trouverait le procédé nouveau qui permettrait d'arriver à une solution plus rapide. Le général Joffre prendrait le commandement de toutes les armées françaises et aurait sous ses ordres ce nouvel organe. Une discussion pénible s'ensuivit. Finalement le maréchal Joffre fut élevé à la dignité de maréchal de France, sans rôle bien défini.

Le général Nivelle, qui avait commandé avec éclat l'armée de Verdun, lui succéda. Mais il n'aura pas la même indépendance que son prédécesseur : il devra tenir compte des influences qui ont provoqué la crise d'où est sortie son élévation, et apporter dans la guerre une formule nouvelle.

LIVRE III
1917

CHAPITRE PREMIER
AVANT L'OFFENSIVE

Les Alliés décident une offensive d'ensemble pour février 1917.
— Plan de campagne. — Instruction du 16 décembre 1916 du
général Joffre. — Le général Nivelle commandant en chef des
armées françaises. — Il modifie un peu le plan de campagne.
— Choix des généraux qui commanderont l'attaque. — Genèse
et principes du plan. — Caractère de l'attaque.
Le recul allemand. — Ses causes, ses effets. — Son interprétation
en Allemagne et en France. — Les Alliés pressés d'attaquer.
— Le commandement unique. — L'entrée en guerre des États-
Unis. — La révolution russe. — Changement de ministère en
France. — Action de M. Painlevé contre l'offensive. — Le
Conseil de guerre extraordinaire de Compiègne du 6 avril.

Le plan de campagne des Alliés pour 1917 fut arrêté,
comme le précédent, dans une conférence qui réunit à
Chantilly, le 18 novembre 1916, autour des généraux en
chef Joffre et sir Douglas Haig, tous les chefs de mission
de la Grande-Bretagne, de l'Italie, de la Russie, de la
Belgique, de la Serbie, de la Roumanie.

La formation de nouvelles divisions allemandes faisait
penser à la répétition d'une attaque dans les premiers
jours du printemps, vraisemblablement sur le front occi-

dental. Il fut donc décidé que les opérations offensives seraient poursuivies dans toute la mesure compatible avec les conditions climatériques de chaque front. « Pour interdire à l'ennemi l'initiative de la reprise des opérations, les armées de la coalition seront prêtes à entreprendre des offensives d'ensemble dès la première quinzaine de février 1917, avec tous les moyens d'action dont elles disposeront. »

La date sera fixée suivant les circonstances et d'un commun accord entre les commandants en chef, qui conserveront entre eux un « contact étroit ».

Le haut commandement russe affirmait sa volonté de poursuivre la mise hors de cause de la Bulgarie, à laquelle devait contribuer l'armée alliée de Salonique, portée à vingt-trois divisions. L'appui mutuel que les Alliés s'étaient prêté au cours de l'année précédente devait continuer, et dans ce but des études de transport et d'emploi des forces combinées devaient être entreprises entre les états-majors franco-anglais et l'Italie.

En conséquence, le général Joffre rédigeait dès le 27 novembre un plan général d'offensive. A partir du 1er février, les armées françaises devaient être prêtes à attaquer entre la Somme et l'Oise, en même temps que les armées anglaises entre Bapaume et Vimy ; à partir du 20 février, le groupe des armées du centre attaquerait à son tour en Champagne entre Pontavert et Reims.

La forme de ces attaques est définie dans une instruction du 16 décembre, basée sur les expériences de Verdun et de la Somme. Elles devront s'effectuer sur un front aussi large que possible, viser l'enlèvement de la ligne d'artillerie ennemie afin de désorganiser la défense par la prise de ses canons, se succéder dans le plus court délai afin de profiter entièrement des résultats obtenus. Le combat de rupture est suivi d'une exploitation énergique et audacieuse ; c'est la puissance et la vitesse qui assurent le succès. L'idée de manœuvre, qui doit être indiquée dans le plan d'opérations, est réalisée par la répartition des moyens selon le terrain, les plus puissants étant réservés aux zones où la progression peut être la plus rapide. La préparation des attaques et son accompagnement par l'artillerie est d'ailleurs étudiée à fond dans cette instruction ; mais elle indique nettement un changement de méthode et envisage la possibilité de parvenir à la rupture du front ennemi par l'action brutale, rapide, soigneusement étudiée et préparée dans les moindres détails. L'exploitation du succès est prévue, et sa rapidité doit déconcerter l'ennemi et devancer l'arrivée de ses réserves ; les attaques ont un objectif déterminé, mais elles ne sont plus contraintes de s'y limiter.

Le gouvernement de M. Briand était énergiquement partisan d'une offensive décisive pour le printemps de 1917 ; les milieux parlementaires s'y ralliaient. On y exagérait l'effet produit sur l'esprit public par la prolongation des hostilités, par la guerre d'usure ; on craignait que les sous-marins allemands empêchassent le ravitaillement de la France en vivres et en matières premières ; enfin l'entretien des effectifs de combat devenait, disait-on, difficile. A la Chambre des députés, la Commission de l'armée transmettait en décembre au gouvernement un rapport de M. Violette dont elle appuyait les conclusions : « Si nous sommes prudents, c'est dès la fin de février que nous reprendrons les opérations actives... L'initiative de la grande bataille est une question de vie ou de mort pour la France. »

C'est dans ces conditions que le général Nivelle prit le commandement des armées françaises, pour exécuter les opérations décidées par les gouvernements alliés, concertées par les états-majors de l'Entente, et dont la forme avait été déterminée par une instruction générale de son prédécesseur. Il jugea que le front d'attaque pouvait être légèrement étendu, et qu'il y aurait grand avantage pour la progression de l'offensive en Champagne à s'emparer du Chemin-des-Dames, position formidable qui avait des vues sur toute la plaine et lui assurait une tête de pont sur la rive droite de l'Aisne. En outre, l'attaque de la Somme et celle de l'Aisne devaient être simultanées et non successives, comme dans le plan précédent.

L'offensive anglo-française dans le nord devait commencer par une large rectification du front anglais. Sir Douglas Haig devait attaquer sur Vimy avec sa 1re armée, en même temps que les 3e et 5e réduiraient la poche laissée entre Arras et Bapaume par les succès de 1916. Puis une action d'ensemble serait prononcée en liaison avec le groupe des armées françaises du nord, qui devait opérer entre la Somme et l'Oise ; le général d'Espérey avait remplacé le général Foch dans ce commandement.

Sur l'Aisne, l'offensive française devait s'étendre de Vailly à Reims ; consulté par le nouveau général en chef au sujet de l'offensive projetée, le général Pétain avait formulé très franchement des critiques qui rendaient difficile son emploi dans la réalisation du projet ; le général Nivelle en confia la préparation au général Micheler, qui se montrait à ce moment très partisan d'une offensive rapide et brutale. La 5e armée Mazel, qui occupait le front d'attaque depuis 1914, se resserra sur sa droite pour faire place à la 6e armée, dont le général Mangin venait de prendre le commandement ; la 10e armée Duchesne était maintenue en réserve pour l'exploitation du succès après la rupture du front.

Les plans d'opérations furent établis aux divers échelons du commandement selon la méthode normale ; le général en chef Nivelle donnait des directions et indiquait la forme de l'attaque ; le commandant du groupe d'armées Micheler fixait les objectifs ; les commandants des armées,

Mazel et Mangin, répartissaient la tâche entre leurs corps d'armée, et les indications qui leur étaient données étaient strictement limitées au rôle de leurs armées dans la bataille. Il ne saurait en être autrement, et seul le général en chef est en mesure de concevoir et de rédiger le plan d'une offensive à grande envergure qui suppose une connaissance complète de la situation générale, de la coopération possible des armées alliées, des forces et des ressources des armées nationales et des armées ennemies, des instructions données par les divers comités de guerre, enfin des intentions du gouvernement.

Le général Nivelle avait décidé une attaque violente, visant du premier coup la conquête des positions ennemies et de toute la zone occupée par son artillerie, et cette conception était conforme à l'instruction du 16 décembre signée par son prédécesseur ; exécutée par deux fois sous ses ordres à Verdun, une pareille opération apparaissait comme parfaitement réalisable et aucune objection ne lui fut opposée par personne. Il voyait ensuite une exploitation rapide, succédant immédiatement à la rupture ; la brèche ouverte est aussitôt élargie aux deux ailes et l'armée de manœuvre entre en ligne : « Le développement ultérieur des opérations ayant pour but de porter *aussi rapidement que possible* le gros des forces vers le nord : axe général *Craonne-Guise.* »

En transmettant ces directives, le général Micheler ajoutait que l'ensemble des opérations pouvait, à son avis, être réalisé soit le jour de l'attaque, soit au plus tard dans la matinée du lendemain, et indiquait comme objectif à atteindre une ligne passant au delà des collines qui dominent la rive nord de l'Ailette, atteignant la plaine de Laon au nord et poussant vers l'est au delà du fort de Brimont.

Les premiers projets d'opérations donnèrent lieu à des observations et à des échanges de vues, ainsi qu'il arrive toujours en pareil cas. Les seules réserves furent faites par le général Mangin, qui demandait des préparations d'attaque suivies d'exécution sur plusieurs autres points du front, afin d'obtenir la surprise, tout au moins relative ; il réclamait une artillerie exceptionnellement puissante, afin de pouvoir raccourcir la durée de la préparation sans compromettre l'exécution des destructions ; et il ajoutait : « Le choix de la saison a une grande importance ; la rapidité dans la marche demande un bon terrain praticable en dehors des routes ; le développement de l'opération serait favorisé par les journées longues et les nuits claires. Il est à espérer que des opérations antérieures à la principale auront enlevé à l'ennemi la liberté de ses mouvements et l'initiative des attaques, et que nous pourrons attendre les belles journées qui nous permettront de faire entrer en ligne nos contingents indigènes coloniaux. » Il exposa directement au général en chef que sur un terrain d'attaque aussi difficile, dépourvu d'observatoires terrestres, il fallait presque nécessairement attendre les beaux jours, où l'observation aérienne est facile et le sol ferme. Ces demandes et ces remarques étaient soumises au commandement comme éléments d'appréciation pour être mises en balance avec tous les autres et entrer dans la décision à prendre, dont le chef est seul responsable.

Le général Nivelle ne cessa de répéter qu'il fallait aller « le plus loin possible » dès le jour de l'attaque ; le général Micheler fixa une première ligne à atteindre en trois eures et une seconde ligne trois heures après. Il entra dans des détails trop minutieux qui ne laissaient aucune initiative à ses subordonnés et il s'ensuivit quelques dissentiments que le général Nivelle eut à apaiser. Mais c'étaient là des détails.

Aller le plus loin possible, c'est progresser jusqu'à ce que l'attaque rencontre un obstacle qu'elle ne puisse vaincre sans le secours d'une nouvelle préparation méthodique ; ce n'est pas par les ordres qu'elle sera arrêtée, c'est par le fait de l'ennemi ; le commandement se met en mesure de profiter du désarroi constaté si souvent sur certains points du champ de bataille devant l'attaque et, dans ce but, il monte tous ses subordonnés en indiquant des objectifs très éloignés. Le principe est mieux qu'irréprochable, et son application en 1918 a donné la victoire aux Français après avoir valu aux Allemands leurs succès de mars et de mai.

La nécessité de prévoir l'exploitation du succès après la rupture est évidente ; elle s'imposait particulièrement en 1917. Il fallait obliger les états-majors et les cadres, à tous les échelons, à réfléchir sur les nécessités de la guerre de mouvement, perdues de vue depuis longtemps, à prévoir l'équipement du fantassin et l'allègement des équipages, la formation des colonnes, leur marche, leur ravitaillement, à déterminer les groupements d'artillerie lourde qui rejoindraient successivement chaque corps d'armée et l'armée, à étudier les obstacles naturels et les réseaux routiers, etc. Évidemment, le général Micheler allait un peu loin en envisageant une menace sur les communications ennemies « qui seraient alors resserrées entre les Ardennes et la pointe méridionale de la Hollande » mais cette anticipation, qui s'est d'ailleurs réalisée l'année suivante, s'arrêtait aux états-majors d'armée.

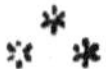

L'offensive était en pleine préparation sur tout le front, mais la rigueur de la saison ralentissait les travaux ; le général Franchet d'Espérey, commandant le groupe des armées du nord, signala le 4 mars qu'à n'en pas douter l'ennemi préparait un repli sur une position à une vingtaine de kilomètres en arrière ; il en concluait la nécessité, soit d'attaquer le plus tôt possible, soit de modifier la forme de l'offensive, qui prévoyait une préparation de cinq jours au courant de laquelle l'ennemi aurait eu le loisir de se retirer. Sceptique, le général Nivelle décida d'abord de ne rien changer à son plan d'opérations. Mais le général d'Espérey, de plus en plus convaincu, donna l'ordre de garder le contact de l'ennemi en le suivant dans sa retraite et le général Nivelle prescrivit alors de fréquents coups de main pour s'assurer de sa présence, et en cas de repli une poursuite devait être menée avec le minimum de forces. Le général d'Espérey prévoit une attaque pour le 17 mars, mais dès le 14 la poursuite commence et le général en chef ne pense plus qu'à la pousser. Le général d'Espérey s'y emploie avec toute l'activité de son tempérament. Il doit réagir contre les habitudes de prudente lenteur qu'a invétérées la guerre de tranchées et contre l'appréhension d'une savante manœuvre pour attirer ses corps d'armée en plaine, à la merci d'une contre-attaque.

Au début, la progression de l'infanterie fut un peu hésitante, sauf au premier corps colonial, qui partit à belle allure. Mais tous comprirent bientôt la situation ; pour la première fois depuis la bataille de la Marne, les soldats français voyaient l'ennemi céder devant eux ; leur entrain activait leur marche, malgré les difficultés du ravitaillement. Par contre, l'artillerie, obligée de traverser la double zone des tranchées bouleversées par plusieurs mois de travaux et par le tir incessant des deux artilleries, mit quelque lenteur à se déplacer. La résistance de l'ennemi fut au début insignifiante ; elle ne consista d'ailleurs qu'en un mince rideau d'infanterie à très faible effectif.

Le 19 mars, le repli allemand s'étendait au front entre l'Oise et l'Aisne. Mais cette fois les Français s'y attendaient et la poursuite commença aussitôt et très vigoureusement. Sur une ligne préparée pour limiter le recul et permettre d'organiser à loisir la position Hindenburg, les Allemands furent bousculés et l'achèvement de leurs travaux, gêné par des tirs d'artillerie, leur coûta des pertes sensibles.

Le repli allemand avait été longuement médité et préparé. Il ne laissait au groupe d'armées d'Espérey qu'un butin insignifiant. La zone évacuée avait été systématiquement dévastée. Que toutes les voies de communication fussent détruites, on ne peut s'en étonner, c'était de bonne guerre ; la destruction des lieux habités pouvant servir d'abri aux troupes peut s'admettre à proximité de la ligne de feu, quoique cette pratique pousse bien loin les rigueurs de la guerre. Mais consacrer une grande quantité d'explosifs à faire sauter des ruines imposantes, et une main d'œuvre considérable à raser tous les arbres fruitiers, c'est le fait d'une sauvagerie perfectionnée. Il est essentiel de remarquer que d'importants moyens de destruction étaient ainsi détournés du but militaire ; en faisant sauter des parties de routes plus étendues et en abattant un plus grand nombre des arbres plantés sur leur parcours, les Allemands eussent gêné davantage la progression des troupes françaises et leur ravitaillement. Mais ce n'était pas seulement aux armées alliées que les Allemands faisaient la guerre, c'était au peuple de France, atteint dans son passé comme dans son avenir, dans toutes ses richesses artistiques, industrielles et agricoles.

Le nouveau front allemand passait en avant et près de Lens, Saint-Quentin, la Fère, Vailly. La nouvelle ligne, dite « Hindenburg », appuyée à droite à la falaise de Vimy, à gauche au Chemin-des-Dames, s'étendait en ligne presque droite sur de bonnes positions qui résultaient d'une étude du terrain et non du hasard du combat ; des abris bétonnés étaient établis pour les mitrailleuses, les hommes et les postes de commandement, les communications téléphoniques étaient enterrées ; seuls étaient visibles quelques éléments de tranchées, quelques boyaux de communication. Tant par le raccourcissement du front que par les dispositions moins visibles et moins vulnérables, elle permettait une économie de forces. En outre, tous les préparatifs de l'attaque française étaient désorganisés dans la zone nord, ainsi qu'une partie des préparatifs anglais ; les deux armées alliées ne pouvaient combattre coude à coude sans des changements tels qu'on ne songea même pas à les entreprendre, et c'était là une faiblesse. La retraite allemande présentait donc des avantages évidents, sans qu'il fût besoin de l'attribuer à de profonds calculs, comme de préparer une future offensive sur le même terrain dévasté à l'avance et où les difficultés de communication étaient égales pour les deux partis. Il est fâcheux que cette retraite ait pu s'exécuter à loisir, sans être inquiétée, et qu'ait été écartée la suggestion du général d'Espérey, qui voulait attaquer dès les premiers jours de mars, en plein repli de la grosse artillerie et des immenses approvisionnements.

Dans ses *Souvenirs de guerre*, Lüdendorff explique très nettement tous ses motifs ; il comptait retarder l'offensive des Alliés prévue pour le printemps, afin de laisser à la guerre sous-marine, commencée le 30 janvier 1917, le temps de produire ses effets ; en même temps, les stocks de munitions, presque épuisés par la bataille de la Somme, pourraient se reconstituer. Lüdendorff dit que le haut commandement allemand envisagea la possibilité d'une contre-attaque sur tout le front de la nouvelle position « afin, dit-il, de compenser par un gros succès tactique l'aveu de faiblesse que constituait notre repli. Nos effectifs et l'état des troupes rendaient impossible, sur un terrain impraticable, l'entrée en action de forces suffisantes pour nous assurer un réel succès. Pendant le repli, les troupes de l'Entente suivirent de très près. Pour elles, ce mouvement représentait un gros succès ; mais nous avions travaillé la presse avec tant d'adresse que cette opinion ne put se répandre ». Cette « retraite stratégique », ce « repli élastique » contenait en germe, disaient les journaux allemands, une « manœuvre géniale » d'Hindenburg ; l'armée allemande s'était créé des disponibilités, et il semblait que son recul était destiné à lui faire prendre du champ pour bondir en avant. L'opinion était donc complètement rassurée, mais restait dans l'attente.

En fait, les disponibilités n'existaient pas encore, et l'attitude agressive des armées alliées forçait les Allemands à garder devant eux six divisions sur le nouveau front comme sur l'ancien. L'aveu de faiblesse ne fut compris ni en Allemagne ni en France, où l'on fermait les yeux sur les résultats obtenus en 1916, particulièrement sur la Somme, où l'usure allemande avait été terrible.

Mais ce repli avait une bien autre conséquence, que Lüdendorff a certainement vue sans l'avouer, et l'on conçoit qu'aux premiers renseignements du général d'Espérey du 4 mars le général Nivelle ait répondu le 7 : « Il paraît peu vraisemblable que l'ennemi abandonne sans combat ou même sans résister à outrance l'un des principaux gages qu'il tient sur notre sol, c'est-à-dire la ligne la plus rapprochée de Paris, jalonnée par Roye-Noyon-Sissonne. » Si l'attaque allemande de mars 1918 était partie de la ligne de mars 1917, il n'y a aucune raison de supposer qu'elle n'eût pas obtenu des résultats analogues, donc une progression de 40 kilomètres environ. C'était Amiens et Compiègne dépassés de beaucoup, l'armée anglaise coupée de la française et rejetée sur la côte, l'ennemi devant les forts de Paris.

Cependant le Comité de guerre français approuvait le plan d'offensive exposé par le général Nivelle et le pressait d'agir afin de devancer une attaque allemande qui eût renouvelé pour les Alliés la crise dangereuse du commencement de 1916. En janvier, le *War Comittee* avait entendu à Londres le général Nivelle et approuvé son projet. Une conférence interalliée s'était tenue à

Calais les 26 et 27 février et l'attaque avait été prévue
pour le commencement d'avril ; le gouvernement britannique admit la nécessité du commandement unique
pour l'offensive et subordonna sir Douglas Haig au général
Nivelle pendant les opérations qui allaient commencer.
C'était là un point capital ; pour la première fois, les troupes
britanniques allaient combattre sous un chef étranger :
cette décision fait le plus grand honneur à M. Lloyd
George, qui a compris et admis toutes les nécessités
de la lutte engagée, au gouvernement de M. Briand,
et enfin au général Nivelle, dont les talents et le caractère ont inspiré confiance à nos alliés.

Mais deux faits nouveaux changeaient l'équilibre général des forces en présence ; l'entrée en ligne des États-
Unis d'Amérique et la révolution russe.

La guerre sous-marine à outrance avait été décidée
par le haut commandement allemand, auquel le chancelier de l'Empire avait remis la responsabilité ; elle
entraînait la guerre avec les États-Unis, qui ne pouvaient
admettre que leurs navires fussent coulés sans autre motif
que de se trouver dans les parages de la France et de
l'Angleterre. Le calcul de cette force nouvelle avait été
établi ; étant donnés les premiers résultats obtenus par
la guerre sous-marine, il était impossible, même en supposant que les renseignements fournis par l'amirauté
allemande fussent trop optimistes, que l'Amérique pût
transporter et approvisionner une armée considérable
sur le continent européen. D'ailleurs cette armée eût
été de bien médiocre valeur.

Lüdendorff rappelle le discours prononcé au Reichstag
par le chef des socialistes majoritaires Scheidemann,
rejetant la responsabilité de la guerre sous-marine sur
l'Entente qui avait repoussé les ouvertures de paix ;
« Lloyd George est le parrain des nouvelles décisions
prises par les dirigeants de l'Empire en ce qui concerne
la guerre sous-marine. La guerre sous-marine à outrance

a été véritablement décidée par la conférence des Alliés
à Rome. Maintenant que cette décision est prise, maintenant que la chose est en route, nous ne pouvons plus
que souhaiter de tout cœur que cette guerre nous apporte
bientôt la paix. Nous nous fions à la force de notre peuple
armé jusqu'aux dents... » La décision prise par Hindenburg-Lüdendorff avec l'assentiment du chancelier était
donc approuvée par tous les partis, en entière connaissance
de cause. Elle fut notifiée le 30 janvier, et le 3 février, le
président Wilson déclara solennellement au Congrès que
les relations avec l'Allemagne étaient rompues. Les 5 et
6 avril, le Sénat et la Chambre des représentants reconnurent l'état de guerre avec l'Allemagne. Combien de
temps serait nécessaire pour qu'une armée américaine
d'effectif appréciable fût levée, équipée, transportée en
Europe et mise en état d'entrer dans la grande bataille,
c'était le secret de l'avenir ; mais dès cette heure tout
homme de sang-froid devait comprendre qu'un poids
considérable venait de tomber dans la balance du destin
du côté des Alliés, et il ne s'agissait plus que de savoir
si le fléau aurait le temps d'indiquer le juste équilibre.

Presque en même temps éclatait la révolution russe.
Le tsar Nicolas II, qui avait ouvert la conférence de la
Haye, donné à son peuple un commencement de repré-
sentation élue, supprimé l'alcool, et qui, dans la guerre,
s'était montré un allié fidèle et d'un secours souvent
précieux, était tombé sous la domination de l'impéra-
trice, allemande d'origine, elle-même dirigée par le moine
Raspoutine et les influences germaniques. Il s'était de
plus en plus séparé de son peuple. Du 7 au 12 mars, des
troubles éclatèrent, croissant d'intensité ; le gouvernement provisoire qui s'était formé s'écroula avec le trône
impérial, et la Russie tomba aux mains d'un pouvoir à
la fois violent et faible qui s'incarnait dans Kerensky.

Il proclama la fidélité à l'alliance, mais sa force militaire paraissait décroître avec la discipline de l'armée

et les Alliés ne pouvaient plus compter sur l'offensive russe prévue pour le printemps.

* *

Sur ces entrefaites, le 20 mars, un incident de séance à la Chambre des députés amena la démission du ministre de la Guerre, le général Lyautey, et celle du cabinet Briand. Son successeur M. Ribot prit comme ministre de la Guerre M. Painlevé qui, indiqué par une fraction importante du Parlement, avait refusé d'entrer dans la dernière combinaison Briand parce qu'il réprouvait la nomination du général Nivelle comme commandant en chef, non pour des raisons personnelles, disait-il, mais parce qu'il n'était pas partisan du système de guerre que représentait à ses yeux le général Nivelle.

M. Painlevé interrogea ceux des chefs de l'armée qu'il supposait capables de lui apporter des arguments contre l'offensive projetée, et pas les autres. Il accrut leurs hésitations sans même s'en rendre compte. Ces conférences avaient lieu en dehors du général en chef, prévenu par ses subordonnés, et pas par le ministre ; le général Nivelle savait en outre qu'un officier supérieur était chargé au cabinet du ministre d'ouvrir un dossier contre le projet d'offensive, et s'en inquiétait. Toutefois, aucun des généraux interrogés n'était d'avis de renoncer à l'offensive ; ils ne croyaient pas qu'elle pût amener toutes les conséquences prévues par leur chef, mais ils ne prenaient pas la responsabilité de conseiller son arrêt. Leur avis se bornait donc à une critique absolument stérile. Par ailleurs M. Painlevé consultait le 24 mars sir Douglas Haig et de nombreux officiers anglais ; sans s'embarrasser des détails d'exécution, leur avis unanime était de « frapper vite, à toute volée, un grand coup sur l'ennemi », et il acquérait la certitude qu'au début d'avril, après la révolution russe et l'entrée des États-Unis dans la guerre, le gouvernement et le haut commandement anglais étaient résolument partisans de la grande offensive.

Il semble que le ministre de la Guerre aurait pu en rester là. Mais le 3 avril une réunion eut lieu sur sa demande au ministère de la Guerre entre M. Ribot, président du Conseil, le ministre de la Guerre, le ministre de la Marine amiral Lacaze, le ministre des Armements, M. Albert Thomas, le ministre des Colonies, M. Maginot, et le général Nivelle. Il s'agissait d'examiner si l'offensive, dont la date était fixée au 8 avril, devait avoir lieu dans la situation nouvelle que créaient le repli allemand, la révolution russe et l'entrée des États-Unis dans la guerre. Cette conférence, cinq jours avant la date fixée pour l'offensive, se comprend mal ; elle ne pouvait rien décider, sinon la réunion du comité de guerre pour examiner la même question, c'est-à-dire de savoir s'il y avait lieu d'intervenir auprès de nos alliés britanniques pour modifier des projets arrêtés d'accord avec eux, et dont M. Painlevé venait d'acquérir la certitude qu'ils restaient résolument partisans. Harassé de questions sur la façon dont se déroulerait l'attaque, le général en chef affirma sa foi inébranlable dans une rupture rapide suivie immédiatement de l'exploitation prévue qui, en trois jours environ, menait le groupe d'armées Micheler sur la Serre, à 30 kilomètres de sa ligne de départ. Au cours de la discussion, la nécessité de détruire les première et deuxième lignes fut indiquée, ainsi que l'avantage d'attaquer par un temps favorable. Il fut décidé que « le général en chef attaquerait sur le front qu'il avait choisi, quand il jugerait ses préparatifs terminés, et au jour par lui désigné ». Il avait donc toute latitude.

Tout paraissait terminé et le général Nivelle laissé enfin à la préparation de l'offensive imminente, quand le général Messimy, député et ancien ministre de la Guerre, commandant une des brigades qui allaient s'engager, se présenta chez M. Ribot, président du Conseil, avec une note qui traduisait fidèlement, disait-il, « l'opinion des chefs les plus réputés de l'armée française et notamment celle du général même qui devait diriger la prochaine offensive, le général Micheler ». Cette note demandait l'envoi immédiat de huit divisions françaises et anglaises dans le Trentin et affirmait que l'offensive ne pouvait obtenir que des résultats limités et seulement au prix de pertes importantes ; il fallait donner immédiatement l'ordre d'attendre les beaux jours pour entamer les opérations offensives en France et, comme conclusion, entendre les commandants de groupes d'armées, soit ensemble, soit séparément, en commençant par le général Micheler.

Cette note ne révélait aucun fait nouveau, et il était fatal qu'à la longue les irrésolutions du gouvernement se transmissent aux états-majors subordonnés. Mais elle suffit à déterminer la réunion à Compiègne, le 6 avril, d'un conseil de guerre extraordinaire ; le président de la République, le président du Conseil et les trois ministres de la Défense nationale, le général en chef et les généraux commandants de groupes d'armées, Micheler, Pétain, d'Espérey, de Castelnau, étaient présents. Envoyé brusquement la veille en Italie, le général Foch, qui avait rang de commandant de groupe d'armées, n'y assistait pas. Le ministre de la Guerre demanda si la situation nouvelle ne modifiait pas les conditions de l'offensive. Le général Nivelle exposa la nécessité d'une prompte offensive, menée à fond ; les commandants de groupes d'armées furent tous de son avis sur ce point ; le général Micheler, en contradiction formelle avec la note qui avait motivé le conseil de guerre, débuta en disant : « Il faut attaquer le plus vite possible, dès que nous serons prêts et que le temps sera favorable. » Mais tous émettaient, à divers degrés, des doutes sur la rupture immédiate. Le général Pétain fut particulièrement formel : on avait des forces suffisantes pour la percée, non pour l'exploitation. Le général Nivelle déclara alors : « Puisque je ne suis d'accord ni avec le gouvernement, ni avec mes subordonnés, il ne me reste plus qu'à remettre ma démission entre les mains du Président de la République. » Tous alors se récrièrent sur l'impossibilité de changer le commandant en chef à la veille d'une attaque dont la nécessité était admise par tous et le général Nivelle, après quelques hésitations, n'envoya pas sa lettre de démission. Somme toute, le conseil de guerre se sépara sans rien décider, sinon la nécessité de l'offensive.

Devant la Commission d'enquête sur les opérations de l'Aisne qui fut convoquée en juillet 1917, le général Foch s'exprime ainsi : « Certes, Nivelle a agi inconsi-dérément en acceptant d'aller à la conférence de Compiègne ; mais j'en reviens au fait que le gouvernement, après avoir entendu les avis émis dans cette conférence, a invité le général Nivelle à poursuivre les opérations. » Le général Pétain, après avoir rappelé qu'il avait donné au ministre de la Guerre, puis au président du Conseil, un avis défavorable à l'offensive, conclut : « Le gouvernement, parfaitement éclairé, a passé outre. C'est donc à lui qu'incombe la principale responsabilité. »

Le rapport de la commission, qui se composait des généraux Brugère, Foch et Gouraud, est sévère pour la conférence : « Le doute entré dans l'esprit des principaux exécutants n'aura pas été dissipé par la réunion du 6 avril. Ils n'auront plus cette confiance réciproque et cette foi dans le succès qui donnent au chef l'énergie nécessaire pour dominer les événements. » Le rapport constate qu'aucune intervention ne vint contrarier l'action du général en chef ni atténuer ses instructions, que la majorité des personnages réunis à Compiègne considérait cependant comme irréalisables. Liberté était laissée au général Nivelle, mais sous réserve, exprimée du reste sans clarté, que si après vingt-quatre heures de combat les résultats étaient indécis et les pertes trop lourdes, l'opération serait interrompue. Cependant le général Nivelle, tout en affirmant sa foi en une percée rapide, avait déclaré qu'il ne voulait pas livrer une demi-bataille, et qu'il ignorait la forme que prendrait la lutte une fois engagée. Mais les deux officiers que le général Nivelle avait amenés avec lui pour rédiger le compte rendu avaient été congédiés et aucun procès-verbal n'a été rédigé.

Tout reste donc confus dans ce « conseil de guerre extraordinaire »; le motif de la réunion, les débats et la conclusion. La note du général Messimy demandait que les commandants de groupes d'armées fussent consultés « soit ensemble, soit séparément », mais elle ne demandait pas qu'ils fussent confrontés avec leur chef devant les premiers personnages de l'État, et on doit constater une contradiction fâcheuse entre cette note, basée principalement sur les déclarations du général Micheler, et son attitude à la conférence ; tous les commandants de groupes d'armées avaient été consultés par le ministre de la Guerre, à l'insu du général Messimy, qui avait reçu satisfaction sans le savoir. Le motif de la réunion s'évanouit donc.

Tous les commandants de groupes d'armées estiment l'offensive indispensable, et ils pensent que le général Nivelle en attend des résultats plus importants qu'il n'est raisonnable de l'espérer. Ils l'ont dit au ministre de la Guerre, ils le répètent à la conférence avec des variantes qui n'atteignent pas le fond de leurs déclarations. Dans quel but les leur faire recommencer? Au gouvernement appartient la conduite générale de la guerre, mais le général en chef choisi par lui a le commandement et la responsabilité des opérations. Le gouvernement estime que l'offensive est nécessaire et l'a répété le 3 avril. S'il n'a plus confiance dans le général en chef, qu'il le change. Si cette confiance persiste ou s'il recule devant un changement de commandement à la veille d'une attaque, pourquoi enlever beaucoup de ses chances de succès à une entreprise qualifiée de hasardeuse?

Réuni sans motif comme sans objet, ce conseil de guerre extraordinaire a tué la confiance entre le général en chef et ses subordonnés, déjà atteinte ; cette épreuve, qui n'avait jamais été infligée à un chef militaire, a jeté l'inquiétude dans l'esprit du général Nivelle, pourtant impassible devant l'ennemi dans les circonstances de guerre les plus graves. Il faut signaler les conséquences d'une conférence à laquelle le général Nivelle n'aurait pas dû se rendre et qui restera vraisemblablement unique dans l'histoire.

CHAPITRE II

L'OFFENSIVE

Les Anglais attaquent le 9 avril. — Confiance des troupes françaises. — Les 5ᵉ et 6ᵉ armées françaises attaquent le 16 avril. — Elles n'avancent pas autant qu'on l'avait espéré. — L'effort principal est reporté à la 5ᵉ armée. — La 4ᵉ armée attaque le 17. — Usure allemande. — En France, démoralisation factice de l'arrière. — Intervention de M. Painlevé dans la conduite des opérations.

Conformément aux ordres du général Nivelle, l'offensive anglaise partit le 9 avril sous le commandement de sir Douglas Haig, l'armée Horne au nord d'Arras, l'armée Allenby au sud. Elle se prononça sur un front de 24 kilomètres après une imposante préparation d'artillerie ; un barrage de projectiles progressait en avant de l'infanterie, réglé par un horaire établi à l'avance ; les objectifs étaient très éloignés et une exploitation rapide était prévue aussitôt après la rupture. Les procédés de combat, qui avaient assuré à l'armée de Verdun les victoires du 24 octobre et du 15 décembre 1916, avaient été minutieusement étudiés par l'armée britannique qui, à la fin de décembre, avait envoyé onze généraux avec leurs chefs d'état-major prendre contact avec l'état-major du groupement Mangin. Les deux armées avaient tiré les mêmes enseignements des mêmes faits.

Les 9 et 10 avril, les deux premières lignes allemandes furent enlevées, le corps canadien emporta l'importante crête de Vimy ; en un jour, l'armée britannique capturait 11 000 prisonniers, 100 canons et un matériel considérable, et conquérait quatre fois autant de terrain que l'année précédente sur la Somme, avec des pertes moindres de 50 à 75 pour 100.

Les 11 et 12, les troisièmes positions étaient entamées sur certains points, bien qu'elles ne fussent détruites que très imparfaitement. Le général Allenby perça le long de la Scarpe, déploya sa cavalerie en éventail sur les derrières de l'ennemi afin d'investir le bastion de Monchy. Arrêtée par les mitrailleuses dans sa progression, cette cavalerie put néanmoins enlever le village. La lutte fut particulièrement vive autour de Bullecourt ; le 13 et le 14, Givenchy-en-Gohelle, le village au pied de la falaise de Vimy, Angles et Liévin étaient emportés, Lens encerclé.

Le butin était à cette date de 14 000 prisonniers et 104 canons, et la lutte continuait.

Il est intéressant de constater la vision du haut commandement allemand sur ces opérations.

Les armées allemandes étaient préparées uniquement à la bataille défensive qui prévoyait une résistance élastique, avec peu de densité dans la première ligne ; sur de nombreux points en arrière du front, des divisions dites d'intervention étaient prêtes à contre-attaquer. « Le 9, dit Lüdendorff dans ses *Souvenirs de guerre*, quelques unes de nos divisions de première ligne furent culbutées. Les divisions voisines, en s'accrochant, subirent de fortes pertes. L'ennemi réussit, aux premières heures de la matinée, à pénétrer dans notre position d'artillerie et à conquérir les hauteurs qui dominaient le terrain, bien loin vers l'est... La situation était extrêmement critique et pouvait devenir dangereuse pour l'ensemble, au cas où l'ennemi poursuivrait son action. Mais les Anglais se contentèrent de leur grand succès et, tout au moins le 9 avril, ne continuèrent pas leur attaque...

« Ce 10 avril et les jours suivants furent des jours critiques. On ne réussit pas sans effort à boucher une brèche de 12 à 15 kilomètres de large sur 6 kilomètres et plus de profondeur. C'est une grosse dépense qui vient s'ajouter aux pertes considérables en hommes, canons et munitions qu'entraîne une pareille pénétration de l'ennemi ; c'est l'affaire du grand quartier général sans doute de veiller aux réserves. Mais la situation militaire ne nous permettait pas d'avoir, derrière chaque division défaillante, une division prête à la remplacer. Une journée comme celle du 9 avril bouleversait tous les calculs...

« La bataille d'Arras battait son plein dans la seconde quinzaine d'avril, exigeant des réserves et du matériel en grande quantité, quand le 16 avril les Français commencèrent une offensive de grande envergure, sur l'Aisne et en Champagne... »

Cependant la préparation de l'offensive française était commencée sur le front de l'Aisne ; elle était très gênée par le temps pluvieux et par une mauvaise organisation de l'aviation de combat, concentrée au groupe d'armées ; les avions de réglage, pendant leurs rares heures de vol, n'étaient pas protégés contre les attaques des appareils ennemis.

L'attaque, d'abord fixée au 14, fut reculée au 16.

Le 14, le groupe d'armées d'Espérey avait tâté la ligne Hindenburg aux abords de Saint-Quentin et avait reconnu toute sa force sans pouvoir l'entamer avec les faibles moyens d'action dont elle disposait... Devant le front de l'Aisne, les Allemands n'avaient cessé de se renforcer en infanterie et en artillerie ; il devenait évident qu'ils y résisteraient à outrance. Sans être excellente, la préparation de l'attaque, quoi qu'on en ait dit, était bonne. Toutefois, on n'avait pu donner à la 6ᵉ armée le nombre de canons lourds qu'elle avait demandés pour la destruction de la ligne Hindenburg devant sa gauche et les canons longs qu'elle jugeait nécessaire pour l'accompagnement de son attaque à droite. Le moral des troupes françaises était monté au plus haut point ; le recul Hindenburg était considéré avec raison comme un aveu de faiblesse ; la révolution russe débarrassait notre alliée d'une cour et d'un gouvernement liés à l'Allemagne ; elle apparaissait comme une explosion à la fois patriote et libérale qui rappelait l'aurore de la Révolution française. Les hésitations du gouvernement et de certains états-majors n'avaient pas eu le temps de descendre dans la troupe, où la confiance dans le succès était complète.

Le 16 au matin, l'infanterie française sort de ses tranchées, et la première ligne allemande est enlevée sur tout le front. La droite et le centre de la 5e armée progressent de 2 à 3 kilomètres. Les chars d'assaut, employés pour la première fois, étaient destinés à l'enlèvement de la troisième position ennemie ; la lenteur imprévue de la progression laissait intacts les observatoires d'où les Allemands réglèrent sur eux le tir de leur artillerie ; le trop long parcours qui leur était imposé avait amené à les surcharger de bidons d'essence qu'enflammèrent les projectiles. L'infanterie n'était pas instruite à manœuvrer avec eux et profita peu de leur avance. Ils éprouvèrent de lourdes pertes ; dans cette première expérience, l'héroïsme de leurs équipages acheta très cher de maigres résultats.

La gauche de l'armée Mazel est promptement arrêtée sur le plateau de Craonne. A la 6e armée, la 10e division coloniale Marchand enlève d'un magnifique élan la position d'Hurtebise, et quelques détachements parviennent jusqu'à l'Ailette ; mais sur le plateau de Craonne et de Vauclerc, les mitrailleuses ennemies sortent des creutes profondes où elles avaient été tenues à l'abri de l'artillerie ; la lutte se fait très dure ; les détachements qui se sont aventurés sont pris par derrière et doivent se replier. Au centre, les progression est meilleure, bien que très difficile ; l'attaque, arrêtée après un bond de 500 à 2 000 mètres, avance de nouveau ; à gauche, le débouché a été bon, mais l'avance est rapidement arrêtée, rejetée même sur certains points dans sa ligne de départ.

La bataille n'a pas pris la forme prévue, mais elle continue. Ce n'est pas le succès escompté, rapide, foudroyant même, mais c'est le succès. Comme tout le dispositif d'attaque se portait d'un bloc en avant, les réserves, en serrant sur les premières lignes arrêtées, auraient pu s'y entasser sous le feu de l'artillerie ennemie et éprouver de fortes pertes ; à la 6e armée, des dispositions prises à l'avance avaient permis de les arrêter sur la rive gauche de l'Aisne. D'ailleurs, les contre-batteries ont été très efficaces et ont amorti beaucoup les effets de l'artillerie ennemie. C'étaient les mitrailleuses qui arrêtaient l'attaque ; les procédés employés à Verdun en pareil cas furent immédiatement rappelés ; on attaquera les centres de la résistance ennemie, après avoir concentré sur eux le tir du nombre de batteries nécessaire, mais on continuera à attaquer, en s'usant beaucoup moins que le défenseur.

Mais le 16, dès 10 heures du matin, le général Micheler prenait à la 6e armée Mangin toute l'artillerie lourde d'un corps d'armée, puis 3 groupes de 155, et dans la soirée il lui enlevait toutes ses réserves et il réduisait beaucoup son ravitaillement en munitions. Le 17 dans la matinée, le général Nivelle venait au quartier général du groupe d'armées, où il était insuffisamment renseigné sur la situation, et y prenait la décision d'arrêter les attaques de la 6e armée vers le nord et de pousser au contraire celles de la 5e armée vers le nord-est. Cet ordre fut heureusement transmis avec quelque retard et, dans la journée du 17, l'attaque continuait activement au centre de l'armée Mangin, avec une progression très notable sur le front Braye-en-Laonnois-Ostel. Comme la pression continuait sur le front Vauxaillon-Laffaux, les Allemands ne pouvaient plus tenir dans la mâchoire qui se resserrait et ils cédaient du terrain. Or, l'ordre du général Nivelle commençait ainsi : « 1o La bataille engagée hier a nettement montré l'intention qu'a l'ennemi de tenir ferme sur le front de la 6ᵉ armée et de rendre par suite difficiles et coûteux les progrès de votre groupe d'armées vers le nord... » La situation ayant changé, le général Mangin donna des ordres pour une poursuite vigoureuse, qui bouscula l'ennemi en lui causant de fortes pertes, et le général en chef l'approuva le lendemain. Le fort de Condé fut occupé le soir même. En même temps une progression très lente se continuait sur le Chemin-des-Dames.

Dès le 17, la 4ᵉ armée Anthoine, du groupe d'armées Pétain, avait attaqué le massif de Moronvillers et enlevé des positions importantes. Les contre-attaques ennemies furent brisées le 19, et de très beaux observatoires d'artillerie restaient entre les mains des Français. C'était un succès limité, mais très appréciable.

Du 16 au 20, l'offensive française avait capturé 21 000 prisonniers et 183 canons ; elle avait peu progressé, mais l'avance de 6 à 7 kilomètres, sur le front de l'Aisne, de 12 kilomètres enlevait aux Allemands, avec le fort de Condé, une douzaine de villages et tous les observatoires qui donnaient des vues sur la vallée de l'Aisne. La voie ferrée de Soissons à Reims était dégagée. Enfin l'évacuation de Laon commençait. Le moral restait bon sur le front, excellent à la 6ᵉ armée, et les efforts de la propagande défaitiste, très nuisibles à l'intérieur, n'avaient pas encore commencé à se faire sentir aux armées.

En même temps, l'usure allemande allait grand train. Sur 52 divisions en réserve la 1ᵉʳ avril, 16 seulement restaient disponibles. Les inquiétudes du commandement allemand s'étaient traduites dès le 16 avril par l'allure insolite de son communiqué, qui paraissait préparer l'opinion aux pires éventualités. Depuis lors le moral baissait rapidement. Ces résultats n'étaient pas tels qu'ils avaient été escomptés, mais ils étaient supérieurs à ceux des offensives précédentes et avaient été achetés au prix de pertes moindres.

Mais le chiffre de ces pertes était exagéré par des rumeurs qui circulaient en France dans certains milieux et dans certaines régions avant même qu'aucun renseignement eût pu parvenir du front. Les agents de l'ennemi y opéraient librement, avec la connivence des plus hautes autorités, comme certains procès devant la Haute Cour et le conseil de guerre l'ont démontré par la suite.

En outre, de nombreux parlementaires avaient le 16 avril suivi l'attaque, soit du poste de commandement du général Micheler, soit de l'observatoire de Roucy, et leurs récits avaient répandu dans leur milieu toute leur sincère émotion ; il faut une grande habitude de la bataille pour ne pas se laisser impressionner par la nuée de blessés qui refluent sur les arrières de toute grande attaque à la fin de la première journée. Après avoir jeté l'alarme dans le Parlement, ces récits, déformés et grossis, se répandaient dans le public et y renforçaient les effets de la propagande ennemie, qui les exploitait habilement.

C'était une véritable contre-offensive austro-allemande parfaitement organisée, qui transformait les succès français en échec. Au cours d'une opération, les deux partis s'exagèrent toujours le chiffre de leurs pertes, que les renseignements ultérieurs diminuent à mesure que la situation se précise ; mais des causes d'erreur exceptionnelles viciaient cette fois tous les calculs. On donnait pour les pertes des chiffres précis, fort différents, mais tous énormes. La première évaluation officielle avait été obtenue par de faux calculs établis en fonction du chiffre des tués, qu'on majorait arbitrairement en l'additionnant avec celui des disparus ; pour la seconde, on comptait plusieurs fois le même blessé à son passage dans les diverses formations sanitaires, et on ajoutait au total les blessés ennemis soignés dans les ambulances françaises ; quand les états de pertes des armées parvinrent enfin, on compta deux fois les blessés des troupes indigènes et de la brigade russe, et cette erreur (bien que rectifiée avec pièces à l'appui) fut longtemps maintenue devant les commissions parlementaires par le ministre de la Guerre, qui ne faisait rien pour calmer cette émotion. Le bruit se répandit que les pertes effroyables étaient dues à l'insuffisance de la préparation d'artillerie, que des bataillons entiers avaient été jetés à l'assaut des fils de fer intacts, que le service de santé n'avait rien prévu pour les évacuations et que de nombreux blessés avaient . succombé faute de soins. On cherchait des responsables et on réclamait des sanctions.

C'est donc dans une atmosphère de plus en plus hostile que le général en chef poursuivait ses opérations. Pourtant la prolongation de l'offensive n'avait soulevé d'objection ni le 19 à Compiègne, où le ministre de la Guerre était venu se renseigner sur ses intentions, ni le 20 à Paris, où le général Nivelle avait été mandé pour conférer à l'Élysée. La 10e armée Duchesne était entrée en ligne entre la 6e et la 5e, sur le plateau de Craonne. Le général Micheler écrivit le 21 que l'offensive entreprise vers le nord lui semblait réclamer des moyens d'action supérieurs à ceux dont il disposait, et émit l'avis qu'il conviendrait de se limiter à des attaques locales dont il exposait le détail. Le général Nivelle prescrivit alors de se borner à dégager Reims en enlevant Brimont et en donnant de l'air aux sommets déjà conquis de Moronvillers, et en même temps de compléter l'occupation du Chemin-des-Dames. La préparation de ces deux attaques commença, mais chacune d'elles donna lieu à des incidents caractéristiques.

L'opération sur le Chemin-des-Dames vers Craonne motive, de la part d'un jeune député qui servait comme officier d'état-major de l'un des corps d'armée désignés

pour l'attaque, une démarche auprès du Président de la
République, pour lui signaler l'inquiétude qu'auraient
éprouvée les généraux chargés de cette opération. Il
en résulta un échange de messages entre le chef de l'État
et le général en chef, et une consultation des généraux
mis en cause, témoignage du trouble fâcheux qui se répandait dans le gouvernement et le haut commandement.

L'attaque projetée contre Brimont donna lieu à une
intervention directe du ministre dans le détail des opérations. Le général Pétain, choisi pour exercer les fonctions
nouvellement créées de chef d'état-major général de
l'armée auprès du ministre, reçut dans ses attributions
l'étude de tous les plans d'opérations. M. Painlevé,
en conférant avec le général Mazel, commandant la 5⁰ armée, se fit exposer le détail de l'opération contre Brimont,
et il semble qu'un malentendu se soit élevé entre les deux
interlocuteurs sur le chiffre probable des pertes. Le projet
donna lieu à des pourparlers qui durèrent du 22 au
29 avril, et le ministre prescrivit au général en chef
de surseoir à l'attaque de Brimont que l'artillerie avait
commencé à préparer. Les généraux Nivelle et Pétain
furent invités à conférer le 30 à ce sujet, et le projet
tronqué qui sortit de tous ces pourparlers aboutit à la
petite attaque du 4 mai contre deux positions dominées ;
les Français s'en emparèrent, mais ils en furent chassés
après des pertes qui, cette fois, étaient réellement inutiles. Les décisions prises pour la conduite des armées
françaises étaient le résultat de compromis médiocres
entre des volontés divergentes ; elles n'étaient plus com-
mandées.

CHAPITRE III

APRÈS L'ARRÊT DE L'OFFENSIVE

Attitude résolue du commandement et du gouvernement anglais.
— Les Anglais décident une offensive sans répit. — Mais
chaque commandement reprend sa liberté d'action. — L'offensive anglaise continue. — L'offensive française languit.
— Résultats de l'offensive. — État des effectifs français. —
Découragement en Allemagne. — Les agents de l'Allemagne
en France exploitent l'arrêt de l'offensive. — Changements
dans le haut commandement.
Les mutineries. — Offensive anglaise dans les Flandres de juillet
à novembre. — Résultats. — Offensives limitées de l'armée
française. — A Verdun le 21 août. — A la Malmaison le 24 octobre. — Attaque anglaise devant Cambrai en novembre.

Cependant le gouvernement britannique, inquiet des
résultats de la guerre sous-marine, s'alarmait en même
temps des dispositions où il sentait le gouvernement
allié. Avant l'attaque du 16 avril, il avait appris que le
cabinet de guerre français avait l'intention d'arrêter
l'offensive au bout de quelques jours, si les résultats
escomptés n'étaient pas atteints ou du moins près de
l'être. Aussi dès le 18, M. Lloyd George faisait demander
à sir Douglas Haig « quel serait, à son opinion, l'effet produit si le cabinet de guerre français donnait l'ordre au
général Nivelle de cesser les opérations offensives à une
date rapprochée. »

Il faut citer la remarquable réponse que sir Douglas
fit à cette question le 19 avril :

« Dans mon opinion, la décision de cesser immédiatement les opérations offensives, jusqu'à ce que la Russie

et l'Amérique soient en mesure de se joindre à nous (probablement pas avant le printemps prochain), serait très contraire à la sagesse. La lutte suit un cours normal. De grands résultats ne sont jamais obtenus en guerre tant que la force de l'ennemi n'a pas été brisée ; et contre un ennemi puissant et déterminé, opérant avec de gros effectifs sur un large front, c'est une affaire de temps et de durs combats.

« Les résultats atteints jusqu'ici, cette année, montrent que nous avons déjà réduit considérablement, par nos efforts antérieurs, la puissance de résistance de l'ennemi. Les résultats des derniers jours sont hautement encourageants. La bataille se développe de façon très satisfaisante et abandonner les bons espoirs de succès en ce moment serait très décourageant pour nos armées et encourageant pour l'ennemi qui serait laissé libre de se ressaisir, de se réorganiser et de prendre l'initiative des opérations sur ce théâtre ou sur un autre.

« Tout délai pour obtenir de force la décision augmenterait le danger pour notre navigation de la part des sous-marins et pourrait avoir pour résultat de rendre les Alliés incapables d'exercer leur maximum de puissance l'année prochaine.

« Je considère que *les chances de succès, cette année, sont remarquablement bonnes*, si nous ne relâchons pas nos efforts ; et qu'il ne serait ni sage, ni sensé — et à la longue plus coûteux en hommes et en argent — de suspendre à bref délai les opérations offensives.

« Au contraire, tout effort devrait être fait pour inciter tous les Alliés à faire dès maintenant tout au monde pour coopérer à la grande offensive afin d'occuper l'ennemi complètement et partout, comme il a été convenu l'an dernier à la conférence de Chantilly. »

Le 26, sir Douglas Haig fut appelé à Paris, pour conférer avec MM. Ribot et Painlevé, qui lui exposèrent les pertes énormes des armées françaises : 25 000 tués et 95 000 blessés, disaient-ils, alors que les chiffres réels, établis à cette date par les états de pertes des armées, étaient de 15 000 et 60 000 ; ils envisagèrent la nécessité d'arrêter l'offensive. Devant les membres du gouvernement français, sir Douglas Haig maintient l'opinion qu'il avait exposée à son gouvernement ; les résultats n'étaient pas ceux qu'on avait escomptés, mais tels quels il les trouvait satisfaisants. Les réserves allemandes étaient à ce moment très inférieures aux réserves franco-britanniques, il fallait donc « poursuivre la bataille à fond ». Sur une question précise de sir Douglas Haig, les membres du gouvernement français répondirent que « la bataille devait être continuée sans que les lignes générales du plan d'opérations arrêté en commun fussent modifiées ».

Le gouvernement anglais était de plus en plus inquiet de l'incertitude témoignée par le gouvernement français et provoqua deux conférences qui se tinrent à Paris. Dans la première, se réunirent les généraux Pétain et Nivelle, le maréchal sir Douglas Haig et sir William Robertson, chef d'état-major de l'Empire britannique. L'examen de la situation générale leur fit admettre à l'unanimité la nécessité absolue de continuer les opérations d'offensive sur le front occidental. Une grande partie des réserves allemandes était épuisée, mais, si on donnait à l'ennemi le temps de se ressaisir, il serait libre d'attaquer soit la Russie, soit l'Italie, avec les plus grandes chances de succès et de pouvoir ainsi tenir jusqu'à ce que la guerre sous-marine eût atteint tous ses effets. Dans la situation nouvelle, il ne s'agissait plus de rompre le front ennemi et d'atteindre du premier coup des objectifs éloignés, mais d'user et d'épuiser la résistance ennemie. Ce but atteint, « il faut en exploiter les conséquences jusqu'à la dernière limite possible ».

Les conférents étaient d'accord pour affirmer la nécessité de combattre avec toutes les forces disponibles, avec l'objectif de détruire les divisions ennemies. « Nous, sommes unanimement d'opinion qu'il n'y a pas de demi-mesure entre cette méthode et une défensive qui, en ce moment, équivaudrait à reconnaitre notre infériorité. Nous sommes unanimement d'avis que notre but ne saurait être atteint qu'en attaquant sans répit, avec un objectif limité. » Les généraux alliés devaient déterminer suivant quelles méthodes, sur quels points et à quelles dates seraient prononcées ces attaques.

Bien que ce protocole très ferme constitue un engagement formel d'attaquer sans répit pour arriver à l'épuisement de l'ennemi, il marque une régression sur la situation qui existait alors, l'unité de commandement. Mais il est à penser que, les résultats une fois atteints, la nécessité s'imposera de revenir à la seule organisation qui puisse permettre de les exploiter.

Dans l'après-midi du 4, les ministres des deux puissances se réunirent au quai d'Orsay avec les membres de la conférence militaire. M. Lloyd George exposa qu'il éprouvait le besoin de s'assurer que tous étaient bien d'accord sur le principe d'une offensive continue, dont les détails étaient réglés par les chefs responsables : « Nous préférons que les généraux gardent pour eux ce qui concerne leurs plans d'exécution. Quand on les met sur le papier pour les communiquer aux ministres, il est rare que les ministres soient seuls à les connaître... Ce que nous n'avons pas besoin de savoir, c'est le lieu précis de l'attaque, ni la date, ni le nombre des canons et des divisions engagées. Il est essentiel que ces détails restent secrets. En Angleterre nous ne posons pas ces questions. » Il transformait le protocole de la conférence militaire en un engagement formel du gouvernement britannique, spécifiant toutefois que le terme d'offensive « limitée » ne pouvait s'entendre de l'attaque de deux ou trois divisions, mais bien d'une opération analogue à celle que les armées britanniques venaient d'exécuter devant Arras. Et M. Lloyd George insistait sur la nécessité d'un effort sérieux et continu dans la situation où se trouvaient les deux partis. Il s'efforçait de montrer au gouvernement français tout le chemin parcouru pendant le mois d'avril :

« Nous pourrions nous laisser aller à ne pas estimer à leur valeur les résultats de notre offensive. On avait sans doute formé de grandes espérances qui ne se sont pas réalisées. Mais sans espérance au delà de ce qui est possible, peut-être ne trouverait-on pas l'élan indispensable en temps de guerre. »

Il énumérait les prises : 45 000 prisonniers, 450 canons, 800 mitrailleuses, 200 kilomètres carrés reconquis. « Supposez que ce soit l'ennemi qui ait obtenu ce résultat... et imaginez la vague de pessimisme qui gagnerait l'opinion publique. Cela suffit à montrer la réalité des succès que nous avons remportés... Les pertes que nous subissons sont très pénibles, mais il est impossible de les éviter si nous faisons la guerre... S'il s'agit d'économiser les vies humaines, nous dirons que les attaques faibles et répétées coûtent autant et plus que les attaques à fond... J'espère que ces considérations vous amèneront l'un et l'autre, disait-il en s'adressant personnellement à M. Ribot et à M. Painlevé, à admettre que nous devons tous à la fois donner tous nos efforts. »

Le premier d'Angleterre a fait entendre le langage viril d'un véritable homme d'État. Éclairé par la situation de son pays, il sent le prix du temps en hommes et en argent. Il a compris la guerre avec toutes ses nécessités, même les plus dures ; il peut la diriger de haut parce qu'il sait commander aux spécialistes sans entrer dans le détail de leur technique.

M. Lloyd George emporta en Angleterre des promesses dont il prit acte, mais elles étaient entourées de telles réticences qu'il dut avoir peu d'illusions sur la durée de l'attaque « sans répit » dont le gouvernement français venait de prendre l'engagement.

***

L'offensive britannique battait son plein sur la Scarpe. Le 23 avril, elle s'était engagée sur un front de 25 kilomètres entre Lens et Croisilles avec les armées Horne et Allenby, remportant un beau succès. Le 3 mai, l'attaque reprenait sur 18 kilomètres de front et se poursuivait particulièrement vive vers Bullecourt.

En Champagne, la lutte continuait sur le massif de Moronvillers ; une violente contre-attaque allemande avait été repoussée le 23 avril et la 4e armée Anthoine avait enlevé le mont Cornillet. Le massif de Craonne fut enlevé le 4 mai, et le moulin de Laffaux le 5, avec tout un ensemble de positions que les contre-attaques allemandes ne parvinrent pas à reprendre ; c'était un beau succès, mais il eût fallu le compléter en allant jusqu'à l'Ailette, et la 10e armée restait péniblement accrochée sur la crête où elle subit pendant de longues semaines de fortes pertes, dues à l'arrêt de l'offensive et non à l'offensive elle-même.

Quels étaient les résultats de cette offensive franco-britannique? 62 000 prisonniers, 446 canons, 1 000 mitrailleuses ; les armées françaises avaient perdu du 16 au 25 avril, 15 000 tués, 60 000 blessés, 20 500 disparus. Sur tout le front d'attaque, l'avance était suffisante pour obliger l'ennemi à reconstituer sa ligne de bataille sur 80 kilomètres de front ; des positions importantes étaient aux mains des Alliés ; la crête de Vimy, le moulin de Laffaux, le fort de Condé, le Chemin-des-Dames, le massif de Moronvillers. Des voies ferrées d'un grand intérêt stratégique se trouvaient dégagées. Si on joint à ces avantages ceux de la retraite de mars, obtenus par la seule menace de l'attaque, on est obligé de constater que les premiers mois de l'année 1917 représentaient pour l'Entente un très précieux ensemble de succès.

Le chiffre des pertes allemandes n'est pas encore connu, mais on peut le calculer approximativement en se basant sur le nombre des divisions qui ont combattu sur le front d'attaque et ont dû être relevées après usure complète. Le 1ᵉʳ avril, 43 divisions étaient en réserve en arrière ; 9 étaient en route pour le front français ; 2 venaient du front oriental, 7 de nouvelle formation. Les armées allemandes avaient donc 52 divisions disponibles. Le 22 avril, ce chiffre était réduit à 16 ; le 25 avril, à 12 ; le 4 mai, toutes les divisions avaient été engagées.

Il fallut puiser dans les secteurs tranquilles pour alimenter la bataille. Tout d'abord les divisions retirées du front purent, avant de rentrer en secteur, prendre quelques jours de repos et se reconstituer. Ce fut bientôt impossible. L'usure s'accélérant dans des proportions incroyables, les débris des troupes retirées furent jetés, sans transition, sur le front de l'Argonne ou des Hauts-de-Meuse. C'est ainsi que la IIᵉ division de la garde, écharpée du 5 au 10 mai sur le plateau de Californie, se retrouve le 18 mai en Argonne, et que la XXVIIIᵉ division, relevée le 18, est identifiée le 28 devant Verdun. Ces divisions n'ont eu comme repos que le temps du déplacement.

Les mêmes constatations sont faites dans le détail sur le front anglais ; tout confirme l'extrême usure de l'armée allemande. Le 25 mai, 99 divisions avaient déjà figuré sur le front, dont 11 s'étaient présentées deux fois ; donc il y avait eu 110 passages de divisions. Or, le chiffre des divisions allemandes qui ont pris part à la bataille de Verdun en 1916 est de 43 en dix mois ; en trois mois et demi, 137 avaient combattu sur la Somme. En 1917, l'usure était donc triple. Sans doute, le général Nivelle n'avait pas obtenu la percée qu'il avait espérée. Mais, grâce à l'étendue et à la vigueur de l'attaque, l'épuisement de l'adversaire était bien près d'être atteint. Les Alliés étaient en mesure d'en profiter, car, au moment où les réserves allemandes étaient entièrement consommées,

30 divisions restaient intactes du côté de l'Entente ;
16 françaises et 14 anglaises. Comme les Allemands
avaient au total sur le front anglo-français 150 divisions
contre 178 divisions franco-anglaises, le système des
relèves se présentait bien plus favorablement pour les
Alliés. On conçoit donc que le gouvernement et le commandement anglais aient insisté pour la continuation
de l'attaque.

Mais les troupes françaises étaient-elles en état de
réparer leurs pertes et de poursuivre l'offensive?

Le 1ᵉʳ avril 1917, les armées françaises comptaient
sur le front 2 905 000 hommes, effectif qu'elles n'avaient
jamais atteint. Pour l'entretenir, elles disposaient de
la classe 1918 et des ajournés des classes précédentes,
soit un total qui dépasse 300 000 hommes au cours de
l'année. En outre, pendant cette même année, après
la remise en train de toutes les fabrications de guerre,
plus de 700 000 hommes furent enlevés du front pour les
travaux de l'intérieur malgré les protestations du général
Nivelle, puis de son successeur le général Pétain qui, pour
arrêter cette course à la démobilisation, dut menacer
de sa démission.

L'arrêt de l'offensive est donc sans aucune excuse.

Lüdendorff avoue maintenant ses inquiétudes : « Notre
consommation en troupes et en munitions avait été
extraordinairement élevée, dit-il. Nous ne pouvions prévoir quelle suite auraient les combats et quels efforts
nous aurions à fournir. » Il attribue son salut au printemps à l'inaction russe pendant l'attaque franco-britannique, et en été à l'inaction française : « A la réflexion,
et si je transporte en avril-mai les succès remportés par
les Russes en juillet, je ne vois pas comment le haut
commandement aurait pu rester maître de la situation...
L'offensive russe vint plus tard, en juillet, deux ou trois
mois après le commencement de l'offensive franco-anglaise ; l'action des Alliés n'était pas concertée, comme à

l'automne 1916 ; chacun marchait pour son compte et nous pûmes, en agissant sur la ligne intérieure, repousser et battre séparément les adversaires isolés. » Et, en effet, six divisions allemandes furent enlevées au front français en juin 1917 et contribuèrent, dans une large mesure, à arrêter l'offensive de Broussiloff. Assurément, le gouvernement français n'était pas maître de faire agir l'armée russe en mai ; cependant, la continuation de l'offensive française aurait produit le même effet d'usure que l'attaque moscovite, et de plus il est bien certain qu'il était possible d'attaquer de nouveau en juillet le front allemand affaibli par ces prélèvements, et par conséquent d'arriver au résultat final que prévoyait Lüdendorff. En mai 1917, l'armée allemande était dans des conditions qui se retrouveront seulement en août 1918 ; mais l'Entente saura alors en profiter.

Le gouvernement français avait à sa disposition à Rechezy, près de Belfort, un organe de renseignements très perspicace, sous la direction du docteur Buchert qui, aux confins de la Suisse et de l'Alsace-Lorraine, utilisait les sources les plus diverses. Toutes concordaient pour affirmer la dépression du moral en Allemagne. M. André Hallays, mobilisé dans ce poste, s'exprime ainsi : « Quand on lit les journaux allemands de la seconde quinzaine d'avril, il est impossible de s'y tromper ; à l'arrière, tout le monde eut alors le pressentiment que, devant Arras et sur l'Aisne, les armées venaient de subir une série de lourds échecs. Tandis que, chez nous, passait une rafale de pessimisme, que l'affolement de quelques politiciens gagnait le gouvernement, la presse et le public, que des porteurs de fausses nouvelles, exagérant l'importance de nos pertes et la gravité de certaines mutineries, s'efforçaient de donner à la France l'impression de la défaite, l'état-major allemand se voyait obligé de multiplier les notes et les commentaires pour rassurer les Allemands consternés.

« Ces attaques avaient été pour eux une terrible surprise ; au moment du repli « stratégique », n'avait-on pas promis que des « événements grandioses » seraient la suite de cette manœuvre « géniale »? N'avait-on pas laissé entendre que les régions si soigneusement dévastées deviendraient le théâtre d'une nouvelle offensive? Et ce sont les armées de l'Entente qui maintenant marchent à l'assaut des positions allemandes, ramassent des milliers de prisonniers et menacent les lignes nouvelles ! En vain, les communiqués chantent victoire ; en vain les critiques militaires affirment que, grâce à un « repli élastique », le haut commandement a épargné le sang des soldats, que la tentative de percée a échoué, que les communiqués de l'Entente sont un tissu de mensonges, que Hindenburg et Lüdendorff ont su ménager leurs réserves stratégiques et conserver l'initiative des opérations. L'opinion, préoccupée des grèves, reste insensible à ces consolations ; elle n'est frappée que de l'énormité des pertes.

« A partir du 1er mai, quand la menace de l'émeute est définitivement écartée, on se met à lire avec plus d'attention les nouvelles venues de France, les extraits de journaux parisiens télégraphiés par les agences, le compte rendu de certains débats au Parlement français ; l'ennemi lui-même proclame son échec. Les bureaux de presse se hâtent d'exploiter les innombrables témoignages que l'adversaire donne de son découragement. Ils finissent par convaincre l'Allemagne qu'elle vient de remporter « une grande victoire défensive ». Ils arrivent ainsi à effacer la première et désastreuse impression causée par les combats de l'Aisne et de Champagne, mais une « vic« toire défensive » n'est pas ce que le peuple attend ; des succès de ce genre ne rapprochent pas la date de la paix. »

Mais le gouvernement français fermait les yeux sur les renseignements qui contredisaient son opinion préconçue, qu'ils vinssent de l'état-major français ou anglais, du gouvernement britannique, de nos agents à l'étranger, ou des journaux allemands. L'opinion, laissée sans renseignements et sans direction, était de plus en plus travaillée par les agents de l'ennemi. « La trahison opéra en pleine liberté », dit M. Galli dans un rapport à la Commission de l'armée de la Chambre ; « des couloirs de la Chambre, des antichambres ministérielles, s'échappèrent les plus tristes rumeurs de découragement. » On réclamait des responsables, et dès le 27, à cette même commission, le ministre de la Guerre était sommé de frapper le général Mangin ; autour de son nom s'était créée toute une légende mensongère dont le jugement de ses pairs, devançant les événements, devait faire justice quelques mois plus tard. Cédant à une pression qu'il croyait alors irrésistible, le général en chef demanda verbalement au ministre que le général Mangin fût remplacé dans son commandement. Le conseil des ministres, saisi sur le champ par le ministre de la Guerre avant tout rapport ou demande écrite, adopta cette proposition le 29, et c'est en vain que M. Painlevé acquit le soir même la certitude qu'aucun des reproches faits au général commandant la 6e armée ne pouvait se justifier. Une correspondance ultérieure entre le général en chef et le ministre de la Guerre établit la situation du général Mangin.

L'autorité du général en chef n'avait cessé de diminuer depuis l'arrivée de M. Painlevé au ministère de la Guerre. Entamée par les conférences des ministres avec les commandants de groupe d'armées, plus fortement atteinte le 6 avril par la conférence de Compiègne dont les échos se répercutaient, elle avait été frappée à mort par la façon dont étaient comprises les fonctions de chef d'état-major général confiées au général Pétain, pourtant choisi d'accord avec lui. Le général en chef ne pouvait plus ordonner une attaque, si petite qu'elle fût, sans en avoir soumis tous les détails à un général qui avait blâmé ouvertement toutes ses opérations et qui paraissait son successeur désigné. La crise de commandement était ouverte depuis longtemps, quand le 9 mai le président du Conseil en fit la déclaration à la commission sénatoriale de l'armée ; le lendemain, au comité de guerre, le ministre de la Guerre demanda au général Nivelle de solliciter lui-même d'être relevé de ses fonctions, sous un prétexte de son choix. Pensant qu'un changement dans le haut commandement français serait interprété par l'ennemi comme un aveu de défaite, le général Nivelle refusa de se démettre, et l'hésitation dura plusieurs jours au sein du gouvernement. Mais la menace de démission du ministre de la Guerre et l'attitude du président du Conseil déterminèrent le Conseil des ministres à le remplacer le 15 mai par le général Pétain, auquel le général Foch succédait dans ses fonctions de chef d'état-major général.

Le nouveau général en chef assumait une lourde tâche. Ses prédécesseurs avaient étendu leur constante sollicitude sur le moral de l'armée ; la bonne alimentation, les permissions régulières, les jeux, les sports, les foyers du soldat s'étaient multipliés et contrebalançaient les rigueurs monotones de la vie dans la tranchée. Ils avaient eu à lutter contre des organisations défaitistes, propagande parmi les permissionnaires dans les gares, agents actifs circulant dans les trains, réunions clandestines ou autorisées par une police qui fermait les yeux, journaux et tracts semant dans l'armée la démoralisation et que répandait sur le front tout un personnel salarié à cet effet. Dès le 28 février, dans une lettre fortement documentée, le général Nivelle avait signalé des faits précis au gouvernement, donné le nom des principaux organisateurs à la solde de l'ennemi, réclamé des sanctions et des mesures d'ordre. Le seul effet de ce cri d'alarme avait été de le priver des sources où il avait puisé ses principaux renseignements. Le commencement des opérations actives avait été le signal d'une recrudescence de propagande défaitiste. L'arrêt de l'offensive et les changements dans le haut commandement confirmaient toutes les rumeurs pessimistes qui agitaient l'opinion depuis un mois et provoquèrent dans l'armée des actes d'indiscipline collective ; certains corps refusent de se rendre aux tranchées, d'autres veulent partir pour Paris faire la révolution sociale et arrêtent dans ce but des trains ou des camions automobiles. En général, les mutins restent respectueux de leurs officiers tout en refusant de leur obéir ; ils élisent des représentants et constituent des soviets à l'exemple de l'armée russe dont la presse française les a longuement entretenus. Souvent les délégués déclarent que la guerre a assez duré, qu'elle doit finir immédiatement et qu'ils vont aller le dire aux députés à Paris. Des généraux incapables ont fait massacrer leurs hommes. Pourquoi se battre, quand les ouvriers à l'arrière gagnent 15 et 20 francs par jour ? Puisqu'on ne veut pas attaquer et qu'on a disgrâcié les généraux à cause de la dernière offensive, pourquoi ne ne pas faire la paix immédiatement ?

Les premières mutineries ont éclaté après le 20 mai, dans des corps d'armée qui étaient au repos depuis plusieurs mois. Puis c'est par leurs dépôts divisionnaires situés à l'arrière que les troupes du front sont contaminées ; la marche de la contagion de l'arrière vers l'avant est très nette, et elle s'exerce d'abord sur les troupes stationnées le plus près de Paris, qui doivent y venir proclamer la révolution ; le mouvement est d'autant plus actif que la troupe est restée plus longtemps au repos, soumise aux impressions délétères de l'arrière. Il s'agit donc bien d'une action concertée longtemps à l'avance, et dont l'explosion est provoquée par l'arrêt de l'offensive et le changement de commandement, fatalement interprété comme un aveu de l'échec ; les rapports aux diverses commissions parlementaires et à la commission d'enquête sur les opérations de l'Aisne (généraux Brugère, Foch, Gouraud) concordent pour l'établir avec les dépositions devant la Haute Cour et plusieurs conseils de guerre.

Les mesures locales prises aussitôt suffirent à limiter le mal, dont il convient de ne pas exagérer l'importance et, malgré la multiplicité des foyers d'infection, il ne put se répandre. Le général en chef prit des mesures générales qui, dès le milieu de juin, empêchèrent le renouvellement de toute manifestation. Si le général Pétain n'obtint pas toutes les mesures qu'il réclamait après son prédécesseur, le gouvernement, à demi éclairé, lui accorda beaucoup plus qu'au général Nivelle et, au cours de la seconde quinzaine de juin, l'armée française était revenue à son état normal.

Une nouvelle offensive bien préparée eût aidé à la reconstitution de son état moral. Mais aux premiers jours de juin, l'armée s'était trouvée hors d'état de tenir l'engagement pris par le gouvernement français d'attaquer sans répit et tous ensemble. Le 7 juillet, le ministre de la Guerre avait annoncé à la Chambre des députés que le commandement français avait renoncé pour longtemps à toute action importante, funeste déclaration dont l'ennemi fit son profit. Les Français s'étaient contentés de tenir contre les attaques allemandes sur le Chemin-des-Dames, où ils avaient été malheureusement arrêtés dans une position précaire, et devant Verdun. Les 7 et 8 juin, les armées britanniques avaient réduit au sud de Lens l'important saillant de Messines-Wytschaete ; elles avaient fait 7 500 prisonniers et conquis une importante base de départ pour la bataille des Flandres qui s'engagea le 31 juillet après une longue et minutieuse préparation.

L'attaque se prononçait du sud de Dixmude au sud d'Ypres, sur un front de 25 kilomètres ; une armée française commandée par le général Anthoine en formait la gauche, sous les ordres du maréchal sir Douglas Haig, dès son débouché, les Alliés s'avancèrent de 2 à 4 kilomètres, infligeant à l'ennemi des pertes très sensibles. Mais une pluie vint contrarier les opérations ; en particulier les déplacements d'artillerie nécessités par la progression étaient très difficiles dans un terrain où l'eau était à fleur de sol et où la moindre pluie formait une inondation. L'offensive reprit le 16, avec ûn nouveau succès, pendant qu'au sud de Lens une action locale achevait l'investissement de la ville. Il y eut une accalmie dans les Flandres à partir du 25. Le 20 septembre, le troisième acte de la bataille s'ouvrit par un gain de terrain de 1 500 mètres sur un front de 12 kilomètres. Le 26 septembre, un quatrième combat se termina par un nouveau succès. Le 2 octobre, la lutte reprit avec une intensité encore plus grande ; les 26 et 30 octobre, puis les 6 et 10 novembre se font remarquer par des combats particulièrement rudes. A la fin de la bataille, la ligne anglaise dépassait Langemark, Saint-Julien, et atteignait les lisières de la forêt d'Houthulst et Passchendaele. Le maréchal sir Douglas Haig n'avait pas atteint son objectif, qui était la base sous-marine établie par les Allemands sur la mer du Nord ; mais il avait infligé aux armées allemandes des pertes telles qu'elles n'en avaient pas encore subies, dit Lüdendorff. C'était la lutte d'usure, entreprise avec de très grands moyens et menée par des actions successives avec des objectifs limités. Au début de cette bataille, les Allemands avaient disposé derrière leurs lignes des division d'intervention prêtes à contre-attaquer sur les brèches que l'ennemi ferait dans leur front. Cette méthode s'était trouvée en défaut. Ayant limité sa progression sur un front étudié à l'avance et devant lequel l'arrêtait un imposant barrage d'artillerie, leur adversaire résistait presque toujours victorieusement à la contre-attaque improvisée par la division d'intervention. C'est par tâtonnements que Lüdendorff en arriva à généraliser l'emploi d'une zone très faiblement défendue en avant de sa ligne principale de résistance, et à déployer derrière chaque division du front une division en soutien, tout en gardant des réserves ; mais il est certain que ce procédé nécessitait l'emploi de grandes forces et la connaissance préalable du front d'attaque. Encore lui fallut-il reconnaître bientôt que cette formule n'était pas infaillible.

Le 21 août, la 2e armée Guillaumat attaqua à Verdun, à cheval sur la Meuse, sur 24 kilomètres ; elle s'emparait de bonnes positions et d'observatoires importants, en atteignant tous ses objectifs ; cette victoire fut complétée le 26 août et le 8 septembre par des actions locales. Prévenu par les préparatifs de cette imposante attaque, l'ennemi essaya vainement d'y résister par des contre-attaques qui se prolongèrent jusqu'au 9 septembre. Il ne réussit qu'à augmenter le chiffre de ses pertes.

Sur le front de l'Aisne, la position de Laffaux continuait à former un angle au sud de l'Ailette et la sûreté du Chemin-des-Dames en dépendait. Cette situation anormale était le résultat des indécisions qui avaient suivi l'offensive du 16 avril et avaient coûté très cher aux Français jusqu'au mois de juillet, où la bataille s'était assoupie. Le général Pétain vit qu'un succès local pouvait avoir sur ce point une importance assez grande, et il y fit préparer par la 6e armée Maistre une opération analogue à celle du 20 août à Verdun. Après une préparation d'artillerie dont l'intensité n'avait jamais été égalée, le général Maistre enleva la ligne Hindenburg au nord et à l'est du saillant de Laffaux sur 12 kilomètres. L'offensive se développa jusqu'au 27 et mena la 6e armée jusqu'à l'Ailette au nord, et à l'est jusqu'au canal de l'Aisne. L'ennemi avait été prévenu de cette attaque ; il avait renforcé son front de deux divisions et s'était préparé à une résistance acharnée. Il n'en laissa pas moins aux mains du général Maistre 11 000 prisonniers et 200 canons, avec le fort de la Malmaison qui donna son nom à la victoire. Le 2 novembre, il se replia au nord de l'Ailette après avoir évacué le Chemin-des-Dames.

« Nos pertes avaient été fort douloureuses, dit Lüdendorff, quelques divisions avaient été taillées en pièces... En soi, il était indifférent d'être au nord ou au sud de l'Ailette ; mais, après nos combats de tout l'été pour le Chemin-des-Dames, j'eus beaucoup de peine à donner l'ordre de l'abandonner. Mais nous aurions eu des pertes continuelles à vouloir nous y maintenir. »

Les actions du 20 août et du 23 octobre avaient été menées avec des moyens formidables qui excluaient la possibilité de les entreprendre sur un front suffisamment étendu pour que le succès pût avoir une réelle importance. Mais en dehors des résultats locaux qui avaient été obtenus et de l'usure appréciable qu'elles infligeaient à l'ennemi, elles avaient pour avantage de relever le moral à l'intérieur, et de donner aux armées françaises confiance dans leur nouveau chef.

Le 20 novembre, sans aucune préparation d'artillerie, une puissante attaque anglaise précédée par des tanks déboucha devant Cambrai ; la surprise était complète et faisait dans la guerre une rentrée brillante. Sur un front de 18 kilomètres, derrière les chars d'assaut, les divisions anglaises s'avancèrent dans une brèche et bousculèrent les premières lignes ; mais elles s'arrêtèrent à 8 ou 9 kilomètres sans rien avoir devant elles, car rien n'avait été prévu pour profiter de ce succès : « Le chef de l'armée anglaise n'exploita pas son grand succès, dit Lüdendorff, autrement nous n'aurions jamais pu limiter la brèche. » C'est seulement le 22 et le 23 qu'une faible ligne allemande put se reconstituer ; d'importantes forces arrivèrent ensuite et prononcèrent une contre-attaque qui enleva aux Anglais la plus grande partie du terrain si brillamment conquis et même, sur certains points, pénétra dans l'ancienne ligne anglaise.

CHAPITRE IV

OPÉRATIONS SUR LES FRONTS ALLIÉS

Offensive russe en Galicie en juillet. — Effondrement de l'armée russe. — Chute de Kerensky. — Paix de Brest-Litovsk.
Offensive italienne en mai. — Menées austro-allemandes en Italie — Caporetto (octobre). — Intervention anglo-française.
Situation à la fin de 1917. — Les Allemands portent toutes leurs forces sur le front ouest et se préparent à reprendre l'offensive. — Pourquoi la situation est ainsi retournée. — Pouvait-on terminer la guerre en 1917?

La révolution avait profondément atteint la puissance offensive de l'armée russe. L'institution des conseils de soldats avait à peu près supprimé la discipline. L'appel de tous les paysans à profiter du partage des terres avait provoqué de très nombreuses désertions. Le chômage des usines et la désorganisation de l'arrière compromettaient tous les ravitaillements. La fraternisation sur le front, organisée par les Allemands, avait profondément atteint le moral de l'armée. Néanmoins, le personnel dirigeant gardait encore l'idéal patriote et révolutionnaire ; le congrès cadet, le congrès des paysans proclamaient la nécessité de l'offensive. Au début de juin, en réponse au radio du général en chef allemand demandant l'armistice, le soviet lançait cet appel à l'armée : « Il oublie qu'on entend en Russie le bruit des combats sanglants qui se livrent sur le front franco-anglais. Il oublie que la Russie sait que la défaite de ses alliés serait aussi celle de la Russie et la fin de sa liberté politique. » Le gouvernement de Kerensky et le haut commandement russe avaient remercié leurs alliés occidentaux d'avoir attaqué vigoureusement en avril et de leur avoir permis de profiter de cette attitude pour conserver encore une certaine cohésion à l'armée.

Le haut commandement allemand était assez inquiet de cette situation pour enlever cinq divisions au front français en juin au profit du front russe. Le 1er juillet, l'offensive russe se fit en Galicie avec beaucoup d'ardeur sur certains points. Elle progressa rapidement, après avoir rompu le front austro-hongrois et ébréché le front allemand, qui se rétablit pourtant assez rapidement. Les 6 et 7, les troupes austro-hongroises continuèrent à céder au sud du Dniester ; une division allemande fraîchement débarquée qui essayait d'arrêter la retraite fut submergée. Lüdendorff nous apprend qu'il fallut l'arrivée des divisions venant du front français pour arrêter l'invasion à partir du 15 juillet.

Le 18 juillet, la contre-offensive fut commencée et, à partir du 25, les armées austro-hongroises, fortement mêlées de troupes allemandes, entrèrent en action jusqu'en Bukovine. L'armée russe reculait en désordre ; « la révolution l'avait complètement dissociée », dit Lüdendorff. Une offensive de l'armée roumaine fut arrêtée à la fin de juillet grâce au corps alpin également venu de France. Lüdendorff dut renoncer à compléter ses succès dans cette direction. « L'armée roumaine, avec le concours de la France, s'était à ce point consolidée, qu'il eût paru impossible d'obtenir un succès stratégique tant que l'offensive en Bukovine n'aurait pas repris son cours. Provisoirement, ce n'était pas possible. »

Au nord, Riga tombait le 3 septembre, et les îles de son golfe au milieu d'octobre. Vainement le général Korniloff avait essayé, en marchant sur Petrograd d'accord avec Kerensky, d'arrêter l'anarchie. Il échoua et fut mis en accusation. Kerensky se proclama généralissime, concentrant tous les pouvoirs dans ses faibles mains.

Une nouvelle révolution éclate le 6 novembre avec la formule : distribution des terres et paix immédiate. L'anarchiste Lénine, venu de Suisse en Russie à travers l'Allemagne dans un train spécialement convoyé, prend le pouvoir. Il conclut un armistice qui se termine par la paix de Brest-Litovsk.

*
* *

Le général Nivelle n'avait pas obtenu, malgré tous ses efforts, une attaque de l'armée italienne en concordance avec les attaques franco-anglaises. Quelques coups de sonde donnés par les Autrichiens autour de Gorizia avaient fait penser au général Cadorna qu'il pourrait bien être attaqué ; différents symptômes lui paraissaient indiquer que des forces allemandes soutiendraient les Autrichiens. Mais l'usure des armées allemandes en avril sur le front franco-anglais ne permettait plus de considérer cette hypothèse comme vraisemblable. Cédant à de nouvelles demandes du général Nivelle, il se décida à l'offensive.

Le 14 mai, une première attaque heureuse lui donna le mont Cuccio qui dominait toute la région au nord de Gorizia et, tandis que l'attention des ennemis était attirée vers le Trentin, le général Cadorna lance l'armée du duc d'Aoste sur le Carso méridional, où il obtient un beau succès. Des divisions autrichiennes, ramenées du front russe alors inerte, entamèrent des contre-attaques ; le duc d'Aoste dut reculer légèrement sa droite. Ce front garda en juin une activité moyenne, qui s'apaisa peu à peu.

Cependant une savante propagande démoralisait l'armée et la nation. A Turin, la crise des vivres avait amené de sanglantes émeutes. Certains socialistes avancés prêchaient dans leurs organisations l'abandon des tranchées. Des traîtres vendus à l'ennemi et qui furent plus tard condamnés à mort agissaient en liberté, à Rome comme à Paris. Des tracts étaient répandus par tous les moyens. Leur présence jusque dans les paquets de cartouches et les pains de munition indiquaient des complicités nombreuses. Des exemplaires. falsifiés de journaux italiens apprenaient la nouvelle de massacres et de troubles révolutionnaires. La note du pape, qui avait parlé de « massacres inutiles », était largement exploitée. Sur le front, les soldats autrichiens étaient dressés à fraterniser avec les Italiens, et on convenait sur certains points d'une sorte de trêve.

Le front italien s'étendait sur un large demi-cercle dont les extrémités étaient appuyées au Trentin et à la mer ; c'était à ces deux extrémités que le général Cadorna avait disposé le gros de ses forces car, si l'une d'entre elles avait cédé, tout le reste du front était compromis. Au contraire, l'offensive austro-allemande se prononça d'abord sur le centre du dispositif italien, pour se rabattre ensuite sur les ailes. Les brigades attaquées sur les pentes qui dominaient le haut Isonzo avaient été particulièrement travaillées par la propagande ennemie. Le 24 octobre, elles lâchèrent pied devant une progression commencée en pleine nuit au milieu du brouillard, et l'armée allemande von Below s'avança rapidement, prenant à revers les troupes qui tenaient encore dans la montagne. La trouée s'élargit de proche en proche et le désordre s'accroît ; dès le 25, il faut évacuer le plateau de Bainsizza. L'armée du duc d'Aoste, menacée d'être tournée, doit évacuer Gorizia et le Carso. Elle se replie en bon ordre, tandis que von Below, toujours en pointe, arrive le 28 à Udine et que les Autrichiens descendent les hautes vallées du Tagliamento et de la Piave. L'armée italienne ne put se ressaisir sur le Tagliamento. Seule, celle du duc d'Aoste avait gardé sa cohésion. Dans les premiers jours de novembre, on pouvait se demander si elle pourrait s'arrêter sur la Piave et sauver Venise.

Mais la conférence du 16 novembre 1916, dans laquelle les Alliés s'étaient engagés à se prêter un appui réciproque, avait motivé l'envoi du général Foch en Italie au commencement de l'année 1917 pour y régler les conditions du transport éventuel de divisions françaises et anglaises sur le front menacé. L'étude de cette question avait été poussée dans ses détails par l'état-major du général Nivelle.

Six divisions françaises et six divisions anglaises furent dirigées sur l'Italie et s'embarquèrent à partir du 28 octobre. Le général Foch, à Rome le 4 novembre, à Rapallo les 6 et 7, suggère les décisions viriles et la méthode pour les réaliser. C'est sur la Piave que s'arrête la retraite ; la lutte se poursuit dans la montagne avec des accalmies, puis des soubresauts qui s'arrêteront au milieu de décembre. La position se stabilise avant l'arrivée des troupes anglo-françaises.

Du 24 octobre au 31 décembre, les pertes italiennes s'élevèrent à 37 000 tués, 91 000 blessés et 335 000 prisonniers. A cette grande victoire, l'Allemagne avait contribué par une offensive intérieure, merveilleusement organisée, et par la XIVe armée von Below qui avait mené l'attaque principale et fait tomber devant les Autrichiens tout le front tourné par sa marche hardie ; cette armée se composait de sept divisions allemandes renforcées ensuite de deux autres, et d'une puissante artillerie qui, comme tous les services d'armée, venait d'Allemagne.

*
* *

Cette dernière victoire assurait aux empires centraux une sécurité complète sur le front italien. Elle complétait la paix de Brest-Litovsk avec la Russie et le traité de Focsani avec la Roumanie, qui stabilisait définitivement leur front est. En Orient, une offensive des armées alliées du général Sarrail avait été facilement repoussée en mai et ce front paraissait de plus en plus solide. Les divisions allemandes d'Italie pouvaient être ramenées en France, en même temps que beaucoup de divisions du front russe ; il ne restait plus dans l'est que des troupes de police dont les hommes étaient tous âgés de plus de trente-cinq ans.

Le front ouest où s'exécutait cette formidable concentration s'était assoupi après la bataille de Cambrai. Alors qu'à la fin de 1916 les armées allemandes s'instruisaient selon un règlement sur la défensive, un an après elles manœuvraient et s'entraînaient à une guerre de mouvement selon la nouvelle instruction sur *la Bataille offensive dans la guerre de position*. « Toutes les pensées de l'armée devaient être ramenées de la guerre de tranchées à l'attaque », disait Lüdendorff.

Au point de vue politique, il était devenu évident qu'une paix blanche, sans vainqueur ni vaincu, conclue sur les positions du moment, dont il serait tenu compte dans une certaine mesure, était impossible, et que seule la victoire par les armes pouvait mettre fin à la guerre. Mais cette certitude était acquise depuis longtemps par le haut commandement, sinon par le gouvernement allemand, et n'entrait guère en ligne dans sa décision, pas plus que la déclaration de guerre des États-Unis, dont l'effort militaire était méprisé.

Mais d'impérieuses considérations militaires, à défaut d'autres motifs, imposaient l'offensive. Les moyens d'attaque, des deux côtés de la tranchée, étaient supérieurs aux moyens de défense et on était revenu, dans le duel fameux, au point où l'épée est plus forte que la cuirasse. En outre, le matériel dont disposaient les armées francobritanniques se révélait plus redoutable encore que le matériel allemand, et d'autre part la valeur des troupes allemandes baissait parce que les pertes répétées, s'exerçant sur les plus braves, avaient produit une sélection à rebours. Lüdendorff s'étend longuement sur cette situation dans ses *Souvenirs de guerre*, et il ajoute : « L'attaque relevait le moral des troupes ; la défensive le déprimait. L'offensive était donc l'intérêt de de l'armée. Dans la défensive, elle devrait succomber peu à peu à la supériorité toujours croissante de l'ennemi en hommes et en matériel. L'armée elle-même en avait le sentiment... L'offensive est la forme la plus puissante du combat, elle seule apporte la décision. L'histoire militaire le prouve à chacune de ses pages. L'offensive est le symbole de la supériorité sur l'ennemi. »

L'année 1916 se terminait pour les armées allemandes dans une défensive prudente qui motivait bientôt une retraite importante sur un large front ; au contraire, la fin de l'année 1917 les voyait se préparer à une offensive brutale, profonde, menée avec des effectifs formidablement accrus. D'où venait ce renversement de situation?

Les résultats de la bataille de la Somme avaient été méconnus en France. Nous l'avons constaté, les armées allemandes étaient épuisées, et nous avons enregistré le cri d'alarme que poussait Lüdendorff : « Les troupes s'usaient. Nous étions toujours à la veille d'une catastrophe. » Si l'offensive avait été poursuivie pendant l'hiver 1916-17 comme le voulait le général Joffre, la décision eût été obtenue au printemps.

Mais les versatilités de la politique s'étaient introduites dans la conduite de la guerre. L'opinion parlementaire, incomplètement renseignée, réclamait une solution plus rapide et moins coûteuse ; elle avait exigé un changement dans le haut commandement. Le général Foch avait été sacrifié et placé dans une demi-disgrâce, où il attendait en silence les réparations que l'avenir lui préparait.

M. Briand, alors président du Conseil, avait imaginé une combinaison qui eût donné le commandement de toutes les armées au général Joffre, le général Nivelle ayant le commandement du front de France ; puisqu'un changement s'imposait, c'était une solution très heureuse. Elle impliquait la suppression des groupes d'armées, et le général Nivelle eût mené lui-même sa bataille, de près, avec de bien meilleurs résultats, ses arrières protégés par la forte couverture que représentait le général Joffre. Cette solution fut écartée par la pression parlementaire, et le bâton de maréchal couvrit la retraite du vainqueur de la Marne.

Le général Nivelle, en prenant le commandement des armées françaises du nord et du nord-est, apportait la formule nouvelle que réclamait l'opinion parlementaire. Il l'expliqua avec trop de complaisance peut-être, mais le grand reproche encouru par son prédécesseur avait été de s'isoler trop complètement ; la plupart de ses interlocuteurs revenaient à Paris avec une confiance égale à la sienne et cherchaient à la faire partager autour d'eux. Les espérances exagérées qu'on lui reproche d'avoir engendrées sont la conséquence de ces conversations.

Le général Nivelle avait-il raison de persévérer dans ses projets d'offensive après la révolution russe et l'entrée des Américains dans la guerre? Évidemment oui. La révolution avait ébranlé la force des armées russes, elle ne les avait pas détruites. Elles étaient assez redoutables pour que le haut commandement allemand enlevât du front français cinq divisions pour la Galicie, où elles arrêtèrent l'offensive de Broussiloff, puis deux divisions pour la Bukovine contre l'offensive russo-roumaine. Une activité plus grande du front français eût empêché ces prélèvements, permis sans doute à ce malheureux pays de garder une certaine cohésion dans son armée et de se préserver de l'anarchie complète.

Quant à l'aide américaine, son effet moral était produit, et il était considérable ; mais l'arrivée des troupes n'apparaissait que dans un avenir assez lointain. En fait, bien qu'aucun navire de transport n'ait été coulé par les sous-marins allemands, — et c'était là une chance heureuse sur laquelle il eût été imprudent de compter, — le transport des troupes américaines s'est limité à environ 25 000 hommes par mois en 1917, une trentaine de mille par mois en 1918. En mars, au moment de l'offensive allemande, il y avait en tout 300 000 hommes en France : six divisions d'infanterie à l'instruction. Il fallut l'imminence du danger pour réaliser le prodige d'activité et d'organisation qui éleva brusquement le chiffre des hommes transportés mensuellement à 69 000, 94 000, 200 000, 295 000... Mais il fallut aussi que la résistance des armées anglo-françaises donnât à ces nouveaux alliés le temps d'arriver et de s'armer pour la rude bataille, et c'est là un autre prodige. En somme, il était bien imprudent de compter sur les circonstances heureuses dont la concordance extraordinaire a permis aux troupes américaines de jouer un grand rôle dans la dernière phase de la guerre. Sans l'offensive allemande de mars 1918, il aurait fallu attendre fort longtemps le million d'Américains qu'on jugeait nécessaire pour commencer la grande offensive des Alliés, et il était bien certain qu'elle serait prévenue par l'offensive allemande. Le général Nivelle avait donc parfaitement raison d'attaquer au printemps de 1917 sans attendre l'arrivée des troupes américaines.

Il avait des forces suffisantes pour le faire, car sur le front occidental 2 600 000 Français, 1 800 000 Anglais, 100 000 Belges luttaient contre 2 700 000 Allemands. Il avait donc une supériorité de 1 800 000 hommes sur ses adversaires. Pour l'entretien de ses effectifs, nous avons établi qu'il disposait de 300 000 hommes du recrutement (classe 1917 et ajournés des classes précédentes). Il faut y ajouter les récupérés de toute nature. Les armées françaises ont pu renvoyer à l'intérieur 700 000 hommes (400 000 agriculteurs et 300 000 ouvriers de toutes professions) ; de larges économies pouvaient être faites de ce côté.

Le général Nivelle s'était mis en mesure de profiter d'une rupture rapide du front ennemi, et cette rupture ne se produisit pas. Mais sa méthode avait obtenu ce résultat d'infliger aux réserves allemandes une usure trois fois plus rapide que la bataille de la Somme, qui avait dépassé de beaucoup celle de Champagne et celle de Verdun ; beaucoup plus rapide, donc beaucoup plus difficile à réparer et beaucoup plus efficace. En·mai 1917, les armées allemandes étaient dans le même état d'usure qu'en novembre 1918. Le service de renseignements de l'armée anglaise estimait à six semaines le temps nécessaire pour arriver à leur épuisement total ; ces renseignements concordaient avec ceux de l'état-major français. Il fallait donc continuer la bataille.

En résumé, en prolongeant l'offensive de 1917, on évitait vraisemblablement l'effondrement de la Russie et certainement le désastre de Caporetto ; menée par un commandement qui aurait profité des récentes expériences, la guerre se terminait au moins un an plus tôt en épargnant à l'Entente les sanglants revers de mars et de mai 1918.

LIVRE IV
1918

CHAPITRE PREMIER
L'OFFENSIVE ALLEMANDE

Situation. — Les Alliés se tiennent sur la défensive. — Les Allemands se décident à l'offensive. — Leurs préparatifs. — Attaque allemande du 21 mars. — Les armées alliées sont sur le point d'être séparées. — Le général Foch chargé de la direction des opérations des armées alliées, puis du commandement en chef. — Le danger est écarté. — Fautes commises par les deux adversaires.

Attaque allemande dans les Flandres. — Elle est arrêtée. — Bataille sur la Lys. — Intentions du général Foch.

Lüdendorff décide une diversion sur l'Aisne. — Rapidité inespérée de l'avance le 27 mai. — Il l'exploite sans prudence. — Il est arrêté sur la Marne. — Il attaque vers Compiègne. — Contre-offensive française du 11 juin. — Échec des Allemands à Reims. — Fermeté de M. Clemenceau. — Lüdendorff est obligé d'attaquer encore. — Offensive allemande du 15 juillet. — Son échec en Champagne.

Dans les derniers mois de 1917, le Conseil suprême de guerre interallié, siégeant à Versailles, avait examiné les propositions du général Foch, alors chef d'état-major général de l'armée française. Le renforcement et la réorganisation des armées de l'Entente avaient été admis et étaient en voie d'exécution. L'armée italienne se reformait à 51 divisions au lieu de 65 qu'elle comptait avant le désastre de Caporetto. Les six divisions de l'armée belge se dédoublaient pour en former douze. Les armées anglo-françaises étudiaient leur renforcement réciproque en cas de besoin par prélèvement sur leurs réserves disponibles.

Mais le général Foch n'avait pu faire admettre l'étude d'un plan offensif pour 1918, et à plus forte raison sa préparation. Les deux commandants en chef, britannique et français, estimaient que l'état de leurs effectifs ne leur permettait pas d'entreprendre de grandes opérations offensives et ils se contentaient d'attendre l'attaque allemande.

Cet aveu d'infériorité était-il justifié?

Sans doute le haut commandement allemand avait pu concentrer sur le front de France 195 divisions contre 162 qui lui étaient opposées, mais il ne disposait pas des réserves nécessaires à leur entretien. Sa politique des effectifs avait été beaucoup trop hardie, et nous le verrons, au cours de cette année, obligé de supprimer 22 divisions pendant la bataille, tandis que les autres, réduites, faute de renforts, à des effectifs tout à fait insuffisants, laisseront le front s'effondrer. Par contre, il suffisait à l'Angleterre d'un peu plus de rigueur dans l'application de la conscription pour obtenir de sa nouvelle loi des contingents plus importants. Quant à la France, le remplacement de M. Painlevé par M. Clemenceau comme chef du gouvernement avait arrêté les ravages de la démobilisation. Les ressources militaires de son empire colonial commençaient enfin, sous l'action d'une volonté énergique, à donner leur rendement. Enfin, l'arrivée des réserves américaines eût rétabli l'équilibre des forces en faveur des puissances alliées et associées.

L'offensive allemande était certaine, il fallait la prévenir ou en tout cas tenir prête une riposte énergique. Dans cette phase de la guerre, toute attaque devait certainement réussir au début, gagner du terrain, rejeter la défense en rase campagne après lui avoir infligé des pertes beaucoup plus grandes que celles de l'attaque. La bataille était inévitable au commencement du printemps et devait donner à l'assaillant un premier succès, dont il était impossible de prévoir les conséquences. Il était donc très imprudent de se résigner à la défensive. Néanmoins, l'idée de l'offensive n'avait pas encore été comprise par les gouvernements alliés, et les propositions du général Foch furent écartées.

Il avait fait admettre qu'une réserve interalliée serait constituée à la disposition du Comité exécutif du Conseil suprême de guerre. Ce retour bien timide vers l'unité de commandement ne fut suivi d'aucune espèce d'effet ; les deux commandants en chef ne jugèrent jamais à propos de constituer la fraction de cette réserve qui leur incombait.

Dans une conférence qui se tint à Londres les 14 et 15 mars, sept jours avant l'attaque allemande, cette manière de voir fut admise, malgré les instances du général Foch, que ne soutint nullement le chef du gouvernement français, et la constitution de cette réserve interalliée fut renvoyée à une date indéterminée.

Pour être prête à agir sur l'un ou l'autre front, elle aurait dû se trouver vers les arrières de leur point de jonction, vraisemblablement dans la région de Compiègne. Ce point faible fût alors devenu le point fort du front anglo-français. Mais, faute de cette réserve, il restera le point faible, celui que l'ennemi devait attaquer, et qu'il attaqua.

Lüdendorff nous apprend en effet qu'il examina trois projets d'offensive, le premier dans les Flandres, qu'il écarta parce que l'état du sol y nécessitait l'attente de l'été. Le second vers Verdun, en négligeant la place et en attaquant des deux côtés ; mais le terrain était très escarpé, et le succès ne pouvait avoir qu'une importance locale. Au contraire, dans le troisième projet, l'attaque sur le front Arras-Saint-Quentin-la Fère ne rencontrait devant elle que des organisations récemment établies et encore inachevées et une densité de troupes relativement faible. Car l'armée britannique du général Gough venait d'étendre son front sans que ses effectifs fussent renforcés. La percée une fois obtenue, le centre de l'attaque se reportait entre Amiens et Péronne, vers la mer. « Le succès stratégique pouvait être énorme, dit Lüdendorff, car nous coupions de l'armée française le gros des forces anglaises en les poussant à la côte. »

Deux nouvelles armées allemandes apparaissaient sur le front : celle du général von Below avec l'état-major qu'il ramenait d'Italie après Caporetto ; l'autre, entre Saint-Quentin et la Fère, avec le général von Hutier, qui avait commandé l'offensive contre Riga. Lüdendorff nous fait remarquer le soin qu'il prit de répartir le front d'attaque entre deux commandants de groupes d'armées, celui du kronprinz allemand et celui du kronprinz de Bavière. « Je tenais, dit-il, à exercer la plus grande influence sur la bataille, ce qui était délicat quand elle était dirigée par un seul groupe d'armées. »

La concentration des 50 divisions d'attaque s'effectua en sept jours, surtout par des marches de nuit. La préparation par l'artillerie, au lieu de prendre six, huit et même dix jours, comme dans les attaques françaises et anglaises, se réduisit à quelques heures ; un large emploi de gaz toxiques neutralisait les batteries et enfermait les hommes dans leurs abris. L'infanterie s'avance sous la protection d'un barrage roulant, dont la marche détermine l'allure de la bataille. « Cette vitesse était à régler d'avance, dit Lüdendorff. Car malgré toutes les expériences et tous les calculs, la science tactique et technique n'avait pas fourni le moyen de donner pratiquement au tir un rythme conforme au développement de la bataille. » En adoptant les procédés employés par les armées française et anglaise, l'armée allemande se heurtait aux mêmes difficultés ; l'allure du barrage roulant était donc réglée à l'avance suivant la vitesse de marche à laquelle on pouvait supposer que progresserait l'infanterie, d'après le terrain et ce que l'on connaissait des défenses ennemies La vitesse moyenne était d'un kilomètre à l'heure, et, quand l'infanterie aurait atteint la portée extrême des pièces, elle devrait progresser sans autre appui d'artillerie que celui des quelques canons qui l'accompagnaient ; les divisions de première ligne devaient mener le combat pendant plusieurs jours, et les ordres prévoyaient que l'avance serait le premier jour de 8 kilomètres, le second de 12 et le troisième de 20. Il faut constater que ces ordres ressemblent, d'une manière frappante, en ce qui concerne la progression, à ceux des états-majors français en 1917 ; mais la différence capitale est dans la préparation qui, au lieu d'essayer des destructions systématiques et minutieuses, demandant plusieurs jours de tirs bien réglés, se contente d'un martelage violent et brutal et se fie à l'effet de gaz toxiques pour neutraliser les batteries et enfermer les hommes dans leurs abris. Cette méthode comporte fatalement un certain risque, car il arrivera forcément que des parties assez importantes de la ligne ennemie resteront en état de se défendre et d'arrêter la progression. Il faut donc que l'attaque se prononce sur un front très étendu pour qu'elle puisse submerger les résistances, et qu'elle dispose de moyens extrêmement puissants, capables de produire en quelques heures des effets de destruction permettant à l'infanterie de passer.

Toutes ces conditions étaient réunies le 21 mars, lorsque, à 4 heures du matin, l'artillerie allemande ouvrit le feu sur un front de 70 kilomètres, entre Croisilles et la Fère.

Des déserteurs avaient prévenu la 5ᵉ armée anglaise du jour et de l'heure de l'attaque. Aussi le général Gough avait-il commencé le feu dès la veille sur Saint-Quentin, sans amener la riposte de l'artillerie allemande qui se ménageait.

A 9 heures du matin, l'attaque d'infanterie sortait des tranchées, protégée par un brouillard épais qui dura jusque dans l'après-midi. A droite, devant la 3ᵉ armée Byng, la XVIIᵉ armée von Below enleva la première position, mais fut arrêtée devant la deuxième, son barrage roulant ayant continué son avance que n'avait pas suivie l'infanterie. Au centre, la IIᵉ armée von der Marwitz fut arrêtée à l'intérieur de la deuxième position. La XVIIIᵉ armée von Hutier progressa seule dans de bonnes conditions contre la 5ᵉ armée Gough, qui luttait un contre six. Les avant-postes furent submergés avant même d'avoir pu se rendre compte qu'ils étaient attaqués. Les résistances locales, malgré leur énergie, étaient impuissantes à arrêter la marche de l'assaillant. Le général Gough avait décidé de se replier sur le canal Crozat et le canal de la Somme, mais il ne put s'y maintenir. Après une belle résistance, les garnisons des premières lignes se retiraient en bon ordre, s'arrêtant pour faire front dans toute position favorable ; mais, sans liaison entre elles ni avec l'arrière, elles devaient reprendre leur retraite dès qu'elles étaient débordées par l'ennemi sur leurs flancs.

Les renforts venaient se perdre dans cette lutte confuse et, dès le 22, l'armée Gough avait dépensé toutes ses réserves sans pouvoir reconstituer sa ligne ; à la gauche anglaise, l'armée Byng tenait bon, l'armée Gough avait perdu pied.

Dès le 21, après une entente rapide avec sir Douglas Haig, le général Pétain porte le corps d'armée Pellé vers Noyon-Chauny, pendant qu'une division renforce la droite de l'armée Gough. Le général Pellé put intervenir dès le 22, avec des troupes débarquées précipitamment de camions automobiles, et que leur artillerie ne pouvait rejoindre que peu à peu. Ce secours retardait l'avance allemande et lui faisait payer cher le terrain conquis, mais ne l'arrêtait pas. Deux nouvelles divisions arrivent et l'ensemble constitue la 3e armée Humbert qui prolonge le front français. La 1re armée Debeney se forme à droite de la poche dans la région Montdidier-Moreuil ; ces deux armées se groupent sous les ordres du général Fayolle.

Mais à gauche la ligne anglaise est débordée par l'avance allemande qui s'est produite sur la droite, et cède quelque peu. La progression de l'ennemi continue. Les Français n'ont pu l'arrêter. Montdidier est pris. Le général Debeney mande le 27 au commandant du groupe d'armées : « Il y a un trou de 15 kilomètres entre les deux armées où il n'y a personne. Je demande au général Fayolle de faire prendre des troupes et de les faire porter au nord du Ployron pour s'opposer au moins au passage de la cavalerie. » En effet, le grand danger eût été la brusque incursion d'un corps de cavalerie allemand qui avait la voie libre et qui se serait précipité hardiment sur les arrières des armées anglo-françaises, où les renforts arrivaient en camions, les artilleries sans soutien, les convois sans escorte. Mais Lüdendorff n'avait rien prévu de semblable.

La situation était très grave. Chacun des généraux en chef pense au salut de son armée, dont il est immédiatement responsable devant son pays. Dès le 24, le général Pétain donne comme directive : « Avant tout, maintenir solide l'armature des armées françaises.. Ensuite, si possible, conserver la liaison avec les forces britanniques. »

De son côté, le 25, le maréchal Haig écrit d'Abbeville que la disjonction des armées française et anglaise n'est plus qu'une question de temps et s'apprête à se replier en couvrant les ports du Pas-de-Calais, et il réclame 30 divisions françaises à cheval sur la Somme pour couvrir Amiens. Ainsi, les armées britanniques se retireront à l'ouest, vers la mer, les françaises vers le sud ; les deux commandements auront fait leur devoir ; la séparation mortelle sera consommée et la route de Paris ouverte ; le désastre est imminent, parce qu'il manque le chef unique.

Le maréchal Haig l'a senti ; il provoque la conférence de Doullens où, le 26, arrivent, mandés par lui, lord Milner, ministre de la Guerre impérial, et le général Wilson, chef d'état-major général, pour se rencontrer avec le Président de la République, M. Clemenceau, président du Conseil des ministres, le général Foch et les deux commandants en chef. D'un commun accord, le général Foch reçut la mission de « coordonner l'action des armées alliées sur le front ouest. Il s'entendra à cet effet avec les généraux en chef qui sont invités à lui fournir tous les renseignements nécessaires. »

C'était un grand pas vers l'unité de commandement, mais on n'y touchait pas encore. La crise en continuant fit franchir une nouvelle étape et, le 3 avril, le général Foch reçut la « direction stratégique des opérations militaires ». Toutefois, chacun des généraux en chef gardait « dans sa plénitude la conduite tactique de son armée, et le droit d'en appeler à son gouvernement si, dans son opinion, son armée se trouvait mise en danger par toute instruction du général Foch ». Il fallut une nouvelle attaque allemande pour l'investir enfin, le 24 avril, du « commandement en chef des armées alliées ».

Le 30 mars, le général Foch donne sa première direction générale : « La tâche des armées alliées dans la bataille actuelle reste avant tout d'arrêter l'ennemi, en maintenant une liaison étroite entre les armées britanniques et françaises, notamment par la possession, puis par la libre disposition d'Amiens. »

Mais il avait déjà écrit le 27 au général Pétain : « Il n'y a plus un mètre du sol de France à perdre. » Sur tout le front, l'ordre était : « Tenir à tout prix, là où l'on est ; s'organiser solidement en se reconstituant des réserves à l'arrière. »

Après les violentes attaques du 29 et du 30, le front se fixa. Les derniers soubresauts se produisirent le 4 avril. « Ces combats restèrent sans résultat, dit Lüdendorff. La résistance ennemie s'affirmait supérieure à notre capacité offensive. On ne pouvait entamer une bataille d'usure ; notre situation stratégique pas plus que notre situation tactique ne le permettaient. Le commandement suprême se vit donc contraint, d'accord avec les états-majors compétents, à prendre une résolution véritablement pénible. On arrêta définitivement l'attaque sur Amiens. »

Lüdendorff fait son bilan : 90 000 prisonniers, une éclatante victoire sur les Anglo-Français, obtenue dans la quatrième année de guerre, par la réussite d'une entreprise que ses ennemis ont plusieurs fois essayée sans succès ; mais, enfin, le but essentiel de cette entreprise est manqué, puisque Amiens n'est pas pris. En outre, la situation est délicate, au fond d'une poche profonde, où les ravitaillements sont difficiles et nuls les abris pour les troupes au repos. Tactiquement, il faudrait évacuer la rive gauche de l'Avre, mais on ne peut renoncer à la menace contre Amiens.

L'avance des 23, 24, 25 mars n'a pas été celle que l'on attendait ; la XVIIIe armée s'est montrée inférieure ; la discipline a faibli et les troupes se débandent sans cesse pour piller les dépôts de vivres abandonnés par les Anglais, d'où la lenteur de la progression. Les pertes sont assez considérables, surtout à la XVIIe armée. « Les installations de secours pour les blessés n'avaient pas partout été suffisantes ; pourtant le chef de l'organisation sanitaire de campagne les avait inspectées en détail avant la bataille. Les blessés légers, en grand nombre, rendaient les soins difficiles par leur hâte, irraisonnée et attristante, d'aller à l'arrière. » Mais on retrouvera assez rapidement ces blessés-là.

Les nids de mitrailleuses ont beaucoup retardé l'avance ; il faudra reprendre l'instruction en se servant de l'expérience acquise au cours des derniers combats : obtenir une meilleure liaison entre l'artillerie et l'infanterie ; apprendre les précautions nécessaires contre les attaques aériennes qui ont fait beaucoup souffrir toutes les troupes, surtout les troupes montées ; enfin reconnaître rapidement le moment délicat où la résistance ennemie se renforce notablement, et passer alors de l'offensive à la défensive.

Du côté des armées alliées, les événements avaient amené d'utiles réflexions. Depuis la fin de 1917, les armées françaises en effet avaient envisagé presque uniquement la lutte dans les positions fortifiées ; les méthodes d'attaque et de défense avaient été revues et mises au point et des instructions très claires avaient coordonné en des textes aussi simples que possible la mise en œuvre de tous les moyens si compliqués de la guerre de tranchées. En particulier, la défense en profondeur était formellement prescrite, avec un échelonnement correspondant des troupes et de l'artillerie ; c'est le haut commandement qui détermine « la ligne principale de résistance ». Il manquait à ces instructions l'étude de la situation qui s'était rencontrée le plus souvent dans les dernières opérations : le débarquement d'unités rapidement transportées en camions automobiles, leur déploiement en terrain libre, leur prise de contact avec un ennemi dont la situation est mal connue, et le combat en rase campagne ; puis l'occupation d'une position sommairement reconnue et jalonnée par des procédés de fortune ; enfin l'échelonnement d'infanterie et l'appui d'artillerie que commandent de telles circonstances. Quelques manœuvres avaient bien permis à certains commandants de corps d'armée d'amener leurs cadres à réfléchir à ces situations et les troupes à s'y mouvoir ; mais c'était là l'exception.

Au début des opérations, les troupes françaises révélèrent les lacunes de leur instruction, qu'elles durent compléter au combat ; l'ennemi est un bon professeur, mais ses leçons coûtent cher.

Malgré ces tâtonnements inévitables, l'ennemi était arrêté, grâce au commandement du général Foch et grâce à la rapide compréhension et à l'admirable ténacité de tous. Dans l'improvisation des manœuvres et des transports, les états-majors alliés s'étaient multipliés. Des réserves se constituaient par l'action du commandement unique. La 5ᵉ armée Micheler était retirée du front de Champagne, la 10ᵉ armée Maistre revenait d'Italie avec quatre divisions toutes fraîches. Le 3 avril, le général Foch, avant même que le front eût pris son équilibre, prescrivait, dans sa directive nᵒ 2 à l'armée française, d'étudier un plan d'attaque dans la région de Montdidier pendant que l'armée britannique attaquerait à cheval sur la Somme, gardant une attitude défensive entre Albert et Amiens. Il veut, selon une expression souvent répétée, arracher à l'ennemi l'initiative des opérations. L'action doit commencer le plus tôt possible, et le 8 il en règle les détails avec le maréchal sir Douglas Haig. Mais le lendemain le front anglais des Flandres était attaqué et défoncé.

****

Les beaux jours sont revenus et le soleil du printemps a séché en partie la plaine marécageuse de la Lys. Lüdendorff a pu revenir à son idée d'offensive dans les Flandres : « Stratégiquement, l'attaque au nord était avantageuse en ce qu'elle permettait d'atteindre un raccourcissement

du front, si on réussissait à enlever Calais et Boulogne. »
Et aussi d'y établir des bases sous-marines et aériennes
et de bombarder Londres avec les nouveaux canons
de Krupp. Tactiquement, il était immédiatement très
avantageux de faire sauter le saillant d'Ypres et de s'emparer des petites collines qui, sous le nom de monts
des Flandres, dominaient au loin toute la plaine et donnaient d'excellents observatoires d'artillerie, dont l'importance s'est accrue avec la portée des canons.

Le 9 avril au petit jour, l'attaque commença au nord-
est de Béthune sur le front de deux divisions portugaises
dont la relève était prévue pour le lendemain. Après un
bombardement furieux de deux heures, la VI° armée von
Quast traversa leur ligne et progressa de 8 kilomètres.
Elle devait se rabattre à droite vers Béthune, mais elle
ne put vaincre dans cette direction la magnifique résistance de la 55ᵉ division britannique ; à gauche, vers Armentières, la progression se poursuivait, ralentie par les nids
de mitrailleuses. Le 10, l'attaque s'étendait jusqu'au sud
du saillant d'Ypres ; la 1ʳᵉ armée britannique Horne
et la 2ᵉ armée Plumer étaient aux prises avec la VI° armée
von Quast et la IV° von Arnim, qui progressaient. Le
11, Armentières et les positions de Messines tombaient.

Le général Foch aurait voulu soutenir les Anglais en
mettant à exécution le projet d'attaque sur le front
Demuin-Moreuil-Montdidier. Mais le maréchal Haig
croyait toutes ses forces nécessaires à la bataille des
Flandres et jugeait impossible de flanquer cette attaque
au nord d'Amiens ; même il proposait d'abandonner le
saillant d'Ypres, à quoi le général Foch répondait de
tenir bon, car « toute évacuation volontaire serait inter-
prétée par l'ennemi comme un signe de faiblesse et comme
une incitation à l'offensive. » Le général Fayolle ne croyait
pas possible de tenter une opération sérieuse de son côté
sans le concours britannique et, bien que le commandement local présentât des projets pour une série d'actions

conjuguées sur cette partie du front, il croyait devoir se
borner à l'organisation des positions couvrant Amiens.

Le général Foch se décida alors à secourir directement
les armées anglaises en portant en avant, d'abord le
corps de cavalerie Robillot, puis deux divisions d'infanterie ; le général de Mitry prit le commandement des
forces qui arrivaient et formaient un détachement d'armée
sous les ordres du maréchal sir Douglas Haig. Les 5ᵉ et
10ᵉ armées françaises se rapprochaient. Préoccupé à
juste titre de conserver la côte, le gouvernement anglais
aurait voulu qu'elles s'engageassent immédiatement sur
le front anglais avec toutes les forces françaises disponibles, ou bien que le général Foch se décidât à un important raccourcissement de front. Mais le général Foch
menait de tout près cette bataille sans perdre de vue tout
l'ensemble ; il obtient que le roi des Belges augmente
son front et libère ainsi sept divisions anglaises, et il
limite à une dizaine de divisions l'effort français sur ce
terrain. Il tient ainsi tout le compte qu'il faut des appréhen-
sions anglaises et conserve des ressources pour parer
à une nouvelle attaque toujours possible, ou bien pour
attaquer lui-même. D'ailleurs la ligne alliée est reconstituée et oppose une résistance solide. L'offensive allemande mollit jusqu'au 25, où un assaut furieux lui donne
le mont Kemmel. Mais elle n'ira pas plus loin. La fin
de cette nouvelle action permet au général en chef des
armées alliées de préparer cette offensive à laquelle il
ne cesse de penser. Le 12 mai, il prescrit au général Pétain
le dégagement du chemin de fer Amiens-Paris et il ajoute :

« C'est dire que notre offensive ne peut viser un objectif
limité par nous-mêmes et à faible portée ; qu'après avoir
arrêté l'ennemi dans les Flandres, en Picardie ou sur la
Somme, si nous l'attaquons, c'est pour le battre, le désorganiser le plus possible ; que la bataille engagée par nous
dans ce but doit être le plus rapidement possible poussée
le plus loin possible, avec la dernière énergie ; qu'elle

ne peut simplement viser à procurer une amélioration de la situation actuelle... Tous ces avantages résulteront, naturellement, d'une bataille à portée étendue, vivement poussée pour cela, à l'inverse, par conséquent, d'une bataille qu'on arrête soi-même, ce qui est le contraire de l'attaque, de l'esprit d'offensive qui doit anim·· toute l'armée. »

La directive n° 3 rappelait les mêmes principes, ceux de toutes les luttes, de toute éternité, qui n'ont jamais cessé de présider à la guerre au travers de tous les changements de tactique ou d'armement. Elle donnait aux commandants en chef leurs objectifs : les armées françaises doivent dégager largement la ligne Paris-Amiens; les armées anglaises, les mines de Béthune et la région d'Ypres. Mais pour oser beaucoup il faut avoir bien préparé, et le passage de la défensive à l'offensive s'accompagnait forcément de certaines lenteurs. Une nouvelle attaque allemande surgit, devançant une fois de plus celle des Alliés.

Lüdendorff savait que sa seule chance de succès était d'attaquer sans répit. Devant le front des derrières attaques, les communications restaient difficiles et toute progression chèrement payée. Les troupes françaises, par deux fois, avaient rétabli la situation et se trouvaient en nombre sur la nouvelle ligne. Il fallait donc affaiblir les armées françaises et en même temps développer les communications sur le terrain nouvellement conquis; ces deux résultats une fois atteints, il pourrait reprendre cette attaque sur le front anglais qu'il ne perdra jamais de vue.

Sacrifiant l'intérêt stratégique aux avantages tactiques, il cherche la surprise sur une partie du front français dégarnie par les nécessités de la bataille et où se trouvaient des divisions anglaises fortement éprouvées dans les deux offensives précédentes. Dès la fin d'avril, le groupe d'armées du kronprinz allemand reçut l'ordre de préparer un projet d'offensive entre Pinon et Reims.

Après discussion, le front d'attaque fut fixé de Pinon à Berry-au-Bac ; l'opération s'élargissait ensuite vers l'Oise à droite, vers Reims à gauche ; enfin la poche ainsi créée se réunirait à celle de Montdidier par une avance vers Compiègne. Les moyens d'artillerie ne permettaient pas d'agir simultanément sur tout le front envisagé et obligeaient à procéder par phases successives.

Mais le commandement allemand renonce ainsi à profiter de l'usure qu'il vient d'infliger à son ennemi : sur 60 divisions anglaises, 53 avaient été engagées, dont 25 plusieurs fois ; les armées britanniques avaient perdu 1 000 canons, 4 000 mitrailleuses et un matériel énorme ; elles devaient donc se reconstituer entièrement, et Lüdendorff allait leur en laisser le temps ; il aurait dû acquérir en trois années assez de connaissance de l'Angleterre pour savoir que tous les ressorts de sa volonté allaient se tendre à l'extrême, que les hommes afflueraient, avec tout le matériel nécessaire, et au delà. Quant aux armées françaises, elles entreraient sans hésiter dans la bataille et viendraient se faire user devant Amiens pour garder le contact avec les Britanniques, ou devant Cassel pour empêcher les Allemands d'arriver à la Manche, avec la même constance que sur toute autre partie du front français. Le mois que Lüdendorff jugeait nécessaire à la préparation de sa nouvelle attaque, il aurait pu l'employer à rétablir ses communications dans la zone dévastée et reprendre ses premiers objectifs avant que ses ennemis eussent eu le temps de s'établir solidement sur les positions où il venait de les rejeter.

Sur 50 kilomètres de front, la Ire armée von Böhn et la VIIe von Below attaquèrent le 27 mai — avec 25 divisions en première ligne, que renforcèrent 17 autres divisions dans les trois jours suivants — la 6e armée Duchesne, qui avait 8 divisions en première ligne et 4 en deuxième ligne.

La deuxième position française était, à ses deux extrémités, trop près de la première. En outre, les divisions de première ligne avaient ordre de tenir à tout prix une position de résistance très rapprochée de la première tranchée. L'ensemble de ces dispositions, approuvé par le haut commandement, était commandé par le grand intérêt de garder le Chemin-des-Dames, qui, d'ailleurs, à la suite de la campagne de 1917, apparaissait comme à peu près inexpugnable. Mais il n'est pas de position imprenable par elle-même, et les divisions françaises avaient à défendre un front trop grand pour leur effectif.

Cette offensive fut préparée et exécutée dans des conditions analogues à celles du 21 mars. Le même secret l'avait entourée; c'est seulement la veille de l'attaque que deux prisonniers la firent connaître. Précédée d'un formidable bombardement de trois heures, principalement en obus toxiques, l'attaque d'infanterie partit au petit jour. A l'est de Craonne, les chars d'assaut aidèrent puissamment l'attaque allemande, qui déborda le Chemin-des-Dames en même temps qu'il était enlevé de front, et toute la première position française tomba d'un seul coup. En outre, l'attaque allemande arriva sur l'Aisne en même temps que les débris de troupes qui s'étaient défendues au nord de la rivière et les ponts, très nombreux, tombèrent presque tous aux mains de l'assaillant avant qu'on pût les détruire. Par une crainte, sans doute exagérée, de les voir sauter sous le bombardement ennemi, les fourneaux anciens n'avaient pas été chargés à temps, et l'ordre de destruction que seul le commandant de l'armée pouvait donner fut trop tardivement délégué; mais la rapidité de l'avance allemande dépassa toutes les vraisemblances, et il était impossible de donner cet ordre alors que l'artillerie de l'armée se trouvait en grande partie sur la rive nord.

En quatre ans, et particulièrement pendant l'offensive de 1917, les points de passage sur l'Aisne s'étaient mul-

tipliés et tout avait été fait pour faciliter les ravitaillements et les manœuvres en supprimant cet obstacle.
La difficulté de le rétablir à l'improviste sous le feu s'explique donc. Bien souvent, par la destruction prématurée
d'un pont, un revers s'est changé en désastre, en livrant
à l'ennemi des troupes en retraite acculées à une rivière
infranchissable : les précautions pour éviter le retour
d'un pareil événement sont dans tous les règlements
militaires et sont celles qui ont été appliquées en la circonstance ; personne ne peut les blâmer. Dans l'exécution,
il est possible que des mesures prises plus rapidement
eussent permis quelques destructions supplémentaires,
mais dans l'ensemble les points de passage seraient restés
assez nombreux pour permettre l'avance allemande.
Dans des conditions analogues, le 23 octobre 1917, à la
bataille de la Malmaison, l'armée Maistre avait trouvé
intacts les ponts sur l'Ailette ; elle s'arrêta par ordre
devant cette rivière, mais aurait pu continuer.

L'Aisne franchie, l'offensive continua dès le soir même
jusqu'à la Vesle, qu'elle traversa le lendemain. L'objectif de l'offensive était atteint avec une rapidité imprévue. De nombreux prisonniers et un très important
matériel tombaient en son pouvoir ; la diversion escomptée
pour détourner des Flandres les armées françaises avait
produit et même dépassé tout l'effet attendu. Un conseil
de guerre réunit le kaiser, le kronprinz allemand, Hindenburg et Lüdendorff, et la continuation de l'offensive
fut décidée. Dans quel but? Les *Souvenirs de guerre*
de Lüdendorff sont muets sur ce point, pourtant capital.
Il est probable que le haut commandement allemand
comptait pousser jusqu'à la Marne et faire tomber
rapidement les deux piliers de la défense, Reims et Villers-Cotterets ; la réunion avec la poche de Montdidier
se ferait alors bien rapidement, car l'attaque prévue vers
Compiègne se présenterait dans des conditions très favorables, la défense étant prise à la fois de flanc et de front ;

vers l'est, le front pourrait sans doute s'avancer assez loin, border la Marne, et peut-être aller beaucoup plus loin, vers Saint-Mihiel, faisant sauter cette terrible épine de Verdun. Ou bien pourrait-on descendre à la fois la Marne et l'Oise et pousser vers Paris. Le grand succès de l'entreprise donnait libre carrière à toutes les ambitions ; on oubliait qu'il était dû à la surprise et remporté sur des troupes fatiguées, à peine reconstituées après des pertes énormes ; on méconnaissait une fois de plus l'adversaire qui allait se ressaisir ; le haut commandement allemand était plein de cet orgueil « fils du bonheur et qui tuera son père ». Quoi qu'il en soit de ses nouvelles intentions, elles le portèrent à la Marne avant qu'il eût pu élargir le front de rupture. Cette hardiesse aurait pu se justifier si l'état des armées allemandes leur avait permis d'engager immédiatement une guerre de mouvement, mais les blessés des offensives précédentes n'étaient pas encore guéris ; en outre, la grippe diminuait les effectifs ; l'alimentation restait médiocre ; le nombre des déserteurs augmentait ; la discipline faiblissait ; le moral ne se soutenait que par la perspective d'une paix imminente. Certes, Lüdendorff avait raison d'attaquer : il le dit nettement, ses troupes étaient hors d'état de garder la défensive en attendant leurs renforts et l'aménagement de son terrain au nord ; plus on est faible, plus on attaque. Mais encore fallait-il savoir garder la mesure et ne pas se placer, de gaîté de cœur, dans un cul-de-sac qui pouvait se refermer.

Avant de dégarnir les Flandres de réserves françaises qu'il y avait rassemblées pour appuyer le front britannique, le général Foch avait attendu d'être certain que son ennemi s'engageait à fond dans sa nouvelle entreprise ; jusqu'au 29, elle lui apparaissait comme une diversion, et il devait logiquement supposer que son ennemi allait revenir rapidement au terrain de son attaque favorite. Le général Foch était avant tout le commandant

en chef des armées alliées et, dominant l'ensemble de
la situation, il osait résister au général Pétain qui, selon
son devoir, lui réclamait ses divisions pour limiter l'échec
français et défendre les routes de Paris menacé. Il libère
les forces françaises du Nord seulement à mesure que la
certitude de la faute allemande se fait plus évidente.
Le 29, il s'est contenté de demander au roi des Belges
d'étendre le front de son armée jusqu'à Ypres ; le 20 seulement, la 10e armée Maistre va s'établir dans la région
de Villers-Cotterets et de Compiègne, et le maréchal
Haig est prévenu que les réserves britanniques intervien-
dront éventuellement dans la nouvelle bataille. Sur la
Marne, la 2e division américaine du général Bundy, puis
la 3e du général Dickmann firent un barrage efficace,
complété à Château-Thierry par la division coloniale
du général Marchand. En même temps, le 1er corps de
cavalerie du général Robillot venant des Flandres, et
qui avait couvert 250 kilomètres en trois jours, s'établissait sur l'Ourcq et le ruisseau de la Savière. Les divisions
françaises arrivaient et, dès qu'elles disposaient d'une
artillerie suffisante, commençaient les contre-attaques.
Les Français ne perdaient plus de terrain que pour le
reprendre aussitôt.

*
* *

Arrêtée entre ces deux môles, trouvant une digue au
sud, la marée déferla vers l'ouest, de part et d'autre de
la forêt de Villers-Cotterets, et y trouva un nouvel obstacle.

Il restait à exécuter la dernière partie du plan primitivement conçu, l'avance vers Compiègne, qui, en réunissant la poche de Montdidier avec celle de Château-
Thierry, ferait sortir les armées allemandes de la situation délicate où les avaient placées leur succès et leur
permettrait une menace directe contre Paris.

L'attaque, prévue pour le 7 juin, avait été éventée,

et, le 6, le général Humbert, commandant la 3e armée française, avait rappelé à son front menacé que l'offensive allemande était imminente. Un retard dans l'arrivée de l'artillerie la fit différer de deux jours, et Lüdendorff paraît avoir été fort impatienté de ce répit qui enlevait à l'opération son caractère de violence continue ; mais la conception d'ensemble se heurte souvent à des lenteurs matérielles d'où résultent des délais inévitables, car il ne peut plus sans imprudence lancer une attaque sans une préparation complète ; même en prévoyant dès la fin d'avril le développement de son entreprise, il se trouve obligé de lui imposer des délais supplémentaires dont il comprend toutes les conséquences.

Il lance le 9 juin la XVIIIe armée von Hutier contre la 3e armée Humbert. La défense française lui présente l'échelonnement en profondeur que les deux adversaires avaient adopté à peu près en même temps et qui produit à gauche tous ses effets. Les Français s'arrêtent sur la ligne de résistance qu'ils ont choisie, et rien ne peut enlever à la 18e division Mittelhauser la position qu'elle a l'ordre de tenir. A droite, le terrain très mouvementé et très couvert favorise l'attaque, mais la défense y garde sa cohésion, et l'avance n'est que de 6 ou 7 kilomètres ; le 10 au soir, le massif de Lassigny est enlevé, mais Compiègne n'est pas pris, qui devait tomber ce jour-là. Les Allemands ont pris pied sur le plateau de Méry-Courcelles mais ils sont arrêtés après une courte avance.

Cependant le 10 à 15 heures, le général Fayolle, commandant le groupe d'armées, a fait appeler le général Mangin, nommé au commandement de la 10e armée, et lui confie le commandement d'un groupement provisoire de cinq divisions pour contre-attaquer dans le flanc de l'avance allemande. Le général Debeney, commandant la 1re armée, est présent pendant que le général Mangin prend connaissance de la situation des unités qui lui sont confiées et des renseignements sur l'ennemi ; le général Foch arrive et insiste pour que la contre-attaque se déclenche le plus rapidement possible. Le général Mangin part aussitôt, voit au passage le général Humbert et donne ses ordres à 18 heures aux cinq divisionnaires convoqués à son poste de commandement. Transportées en camion, deux divisions manquent de leur artillerie, qui ne peut rejoindre que le surlendemain ; deux régiments d'artillerie automobile les remplacent. La contre-attaque partira le lendemain 11 à 11 heures.

L'ordre du général Mangin se terminait par cette phrase, qui devait être portée à la connaissance des troupes : « L'opération de demain doit être la fin de la bataille défensive que nous menons depuis plus de deux mois ; elle doit marquer l'arrêt des Allemands, la reprise de l'offensive, et aboutir au succès. Il faut que tout le monde le comprenne ! »

Cette action rapide, imprévue, obtint tous les résultats attendus ; la progression fut assez faible à gauche, où la contre-attaque se trouvait prise de flanc par l'artillerie allemande restée dans ses lignes, mais bonne à droite où opérait la 48e division Prax, qui sut passer immédiatement à la manœuvre à ciel ouvert. Mais l'attaque allemande était arrêtée net ; elle avait manqué son but.

Le haut commandement français en jugea ainsi et arrêta la contre-attaque, dont l'ardeur ne se ralentissait pas. Il eut raison. Assurément sur ce terrain on prenait des canons, on faisait des prisonniers en s'usant moins que l'adversaire ; mais on s'usait ; au point de vue local, tactique, il fallait prolonger le succès ; mais au point de vue général, stratégique, il fallait l'arrêter. Reprendre plus ou moins du terrain perdu était indifférent au cas particulier. En outre, fait capital, considération décisive, l'effet moral était obtenu. Les ordres trouvés sur les prisonniers sont bien nets : Compiègne était le premier objectif, mais Paris était indiqué. Or, l'échec était évident à tous les yeux. Il retentissait longuement dans les états-majors et dans la troupe allemande. Chez les Français, la vertu de l'improvisation, qui est dans le tempérament national, apparaissait de nouveau : la parade était trouvée, en attendant la riposte qui allait suivre. Mais en France, ce coup d'arrêt avait été compris de l'opinion publique, qui achevait ainsi de se rassurer.

L'offensive allemande vers Compiègne devait se soutenir par des actions simultanées le long de l'Oise et vers Villers-Cotterets. Elles se prononcèrent le 12 juin contre l'armée Maistre, qui perdit un peu de terrain, pour le reprendre en grande partie le 13.

Ne pouvant réunir les deux poches de Montdidier et de Château-Thierry, Lüdendorff essaya d'élargir tout au moins la dernière et prononça le 18 juin une violente attaque de nuit sur Reims. Mais le 1ᵉʳ corps colonial Mazillier tint bon et la repoussa.

Ni par une action méthodique soigneusement montée contre des positions organisées, ni par des attaques violentes contre des troupes sommairement établies, l'offensive allemande n'avait obtenu de résultat décisif.

L'offensive du 27 mai avait résonné en France comme un coup de foudre. On s'expliquait le recul du 21 mars par le choix du point d'attaque à la liaison entre deux armées alliées, mais c'était la première fois, depuis août 1914, que les troupes françaises cédaient. Personne ne se rendait compte que l'attitude défensive comporte le risque de se trouver très faible sur l'ensemble du front et par conséquent à la merci de l'initiative ennemie. L'ensemble du pays supportait bien cette épreuve, mais Paris, qui s'était pourtant habitué au bombardement des pièces à longue portée, se sentait directement menacé. L'opinion parlementaire s'inquiétait et incriminait le commandement militaire, au moment même où la situation se stabilisait grâce à ses efforts. Le 4 juin, à la tribune de la Chambre des députés, le président Clemenceau

trouva dans son ardent patriotisme les paroles nécessaires pour calmer le Parlement et conserver à la nation
la confiance dans ses destinées. Couvrant les chefs des
armées, il dit : « Nous remporterons la victoire si les pouvoirs publics sont à la hauteur de leur tâche. Je me bats
devant Paris ; je me bats à Paris ; je me bats derrière
Paris. »

*
* *

Lüdendorff nous apprend qu'il a hésité à entreprendre
une nouvelle offensive après celle du 27 mai, qui ne s'est
guère terminée qu'au milieu de juin. Les effectifs et le
moral de l'armée allemande baissent en même temps.
Ses grands succès n'ont pas atteint d'objectif stratégique important et le laissent avec une ligne très con-
tournée qui présente des flancs très vulnérables. Il lui
est bien difficile de s'arrêter dans sa position actuelle ;
il faudrait donc reculer et il n'y peut songer : « J'ai réfléchi
profondément pour savoir si, étant donnés la situation
de l'armée et l'état de nos effectifs, il n'était pas plus
avantageux de rester sur la défensive. Je repoussai
cette pensée. Outre l'effet défavorable que cette décision
aurait produit sur nos alliés, je craignais que l'armée
n'eût plus de mal à supporter les combats défensifs,
qui permettraient mieux à l'ennemi de concentrer ses
moyens puissants sur des champs de bataille choisis,
que des batailles offensives. Elles exigeaient moins d'effort
des soldats et ne causaient pas plus de pertes. D'autre
part, la supériorité énorme de l'offensive au point de vue
moral nous empêchait de renoncer volontairement à
la poursuivre. Toutes les faiblesses de l'armée devaient
ressortir dans la défensive d'une façon beaucoup plus
grave. »

Il va attaquer en Champagne, de part et d'autre de
Reims, qui tombera enfin. L'attaque principale sera exécutée par les Ire et XIIIe armées en direction de Châ-

lons ; en même temps, la VII⁰ armée franchira la Marne et s'avancera vers Épernay où elle rejoindra l'attaque principale : « La réunion des deux groupes d'attaque à Épernay pouvait amener un grand résultat. » Lüdendorff ne nous en dit pas plus long sur ses objectifs immédiats. Profitant des excellentes communications que lui a procurées son avance, il prépare, en même temps que son offensive de Champagne, une grande action dans les Flandres, qu'il compte lancer quinze jours plus tard, au commencement d'août, contre des lignes forcément dégarnies, espère-t-il. Pour réduire les transports, il fait remettre en service les 5⁰ et 6⁰ pièces supprimées dans les batteries et gardées au parc : en station, on peut les servir momentanément avec des équipes de fortune, et cet expédient est à retenir. En outre, le front de Russie lui a rendu de l'artillerie supplémentaire.

Il prépare cette offensive exactement comme celles du 21 mars et du 27 mai. L'organisation de l'artillerie est confiée au même artilleur, technicien remarquable. Les mêmes précautions sont prises pour le secret, les mêmes ordres donnés pour l'attaque, que le même succès devait évidemment couronner.

Mais la 4⁰ armée était alertée dès le 1ᵉʳ juillet. Toutes les dispositions étaient prises sur ce front remarquablement organisé depuis plusieurs années et dont la défense s'était sans cesse perfectionnée. Le général Pétain, après entente avec le maréchal Foch, avait personnellement veillé à l'application du dispositif en profondeur adopté en principe sur le front français. La grave décision avait été prise de sacrifier le massif de Moronvillers, dont les observatoires de grande valeur avaient été conquis en avril 1917, et d'y laisser seulement, comme sur toute la première ligne, des îlots de résistance pour dissocier l'attaque allemande et la maintenir sous le feu bien réglé de la défense. La préparation morale valait la préparation matérielle ; le 7 juillet, le général Gouraud disait à ses troupes : « Nous pouvons être attaqués d'un moment à l'autre ; vous sentez tous que jamais une bataille défensive n'aura été engagée dans des conditions plus favorables. Nous sommes prévenus et nous sommes sur nos gardes. Vous combattez sur le terrain que vous avez transformé par votre travail et votre opiniâtreté en citadelle redoutable. Le bombardement sera terrible. Vous le supporterez sans faiblir. L'assaut sera rude, dans un nuage de poussière, de fumée et de gaz, mais votre position et votre armement sont formidables... Cet assaut, vous le briserez et ce sera un beau jour... »

L'attaque, fixée au 12, eut lieu seulement le 15. Des prisonniers faits la veille en avaient révélé l'heure, si bien que le tir français de contre-préparation put précéder le tir allemand, qui commença à minuit 12. L'infanterie allemande s'avança à 4 h. 30. Son élan fut ralenti, morcelé, contenu entre la première et la deuxième ligne par la magnifique résistance des détachements sacrifiés dans ce dessein. Les Allemands furent complètement surpris par l'emploi d'un dispositif qu'ils connaissaient fort bien, puisqu'ils l'appliquaient depuis plus d'un an. Dès midi, les Ire et XIIIe armées allemandes étaient arrêtées devant la position choisie par le général Gouraud. Mises en branle à l'heure fixée, les troupes chargées d'exploiter le succès se mélangent avec les troupes d'attaque arrêtées ou rejetées et cet entassement subit des pertes énormes sous les coups de l'artillerie française qui fait rage.

Le 16 à midi, après de nouveaux efforts infructueux, l'offensive était définitivement arrêtée et le général Gouraud pouvait donner l'ordre de reprendre dans la première position toute la ligne des réduits qui retomba entre ses mains dans la soirée. Ce brillant succès consacrait sa victoire.

A gauche, la VIIe armée franchit la Marne, bien qu'un officier fait prisonnier ait renseigné les Français ; l'opération avait été très bien préparée. La progression s'arrête à 5 kilomètres de la rivière, devant une résistance qu'elle ne pouvait vaincre sans l'appui de l'artillerie, restée sur la rive nord. Entre Reims et la Marne, devant la 5ᵉ armée Berthelot, qui était sommairement établie, depuis peu de semaines, dans une organisation de fortune, la progression fut importante le 15 et le 16 ; Lüdendorff avait donné l'ordre aux Iᵐ et XIIIᵉ armées de cesser les attaques, inutiles et très coûteuses ; le 17, il prit la décision de repasser la Marne, car la progression sur Épernay devenait sans intérêt, puisque l'attaque principale était arrêtée. Le repli, délicat à organiser, devait s'exécuter dans la nuit du 20 au 21. Il aurait voulu pouvoir à tout le moins continuer l'offensive vers Reims, dont la conquête eût masqué l'échec de l'entreprise ; mais il fallut renoncer à cette tentative, dont les préparatifs demandaient trop de temps. Lüdendorff tourne toute son attention vers les Flandres, où il pensait bien trouver une revanche.

CHAPITRE II

L'OFFENSIVE DES ALLIÉS

Genèse de l'offensive française du 18 juillet. — La victoire du
18 juillet. — Les Français reprennent Soissons et repoussent
les Allemands sur la Vesle. — Conséquences.

Programme du maréchal Foch du 24 juillet. — Le 8 août, une
attaque franco-anglaise dégage la ligne Paris-Amiens. — Le
20 août, la 3e armée anglaise rejette les Allemands sur la ligne
Hindenburg. — La 10e armée française les rejette sur l'Ailette.
— Elle force la ligne Hindenburg le 14 septembre et arrive sur
le Chemin-des-Dames. — Le 12 septembre, l'armée américaine
réduit le saillant de Saint-Mihiel. — Le 26 septembre, la 4e armée française attaque en Champagne et la 1re armée américaine en Argonne. — Offensive générale. — Vouziers repris
le 12 octobre et Laon le 13.

Directive du maréchal Foch du 10 octobre. — Les armées alliées
repoussent les Allemands vers la forêt d'Ardenne. — Lille
délivré. — Les positions Hindenburg et Kriemhilde forcées.
— Le maréchal Foch prépare une attaque suprême en Lorraine.
— Situation désespérée des armées allemandes.

Le 18 juillet, par l'action des 10e et 6e armées françaises, l'offensive a changé de camp. La genèse de cette
opération mérite qu'on s'y arrête.

Le général Mangin a pris le commandement de la
10e armée le 16 juin en remplacement du général Maistre
qui, par deux fois, a arrêté l'avance allemande entre
l'Aisne et l'Ourcq, et qui vient même, par une petite
opération, le 15 juin, de reprendre presque tout le terrain perdu le 12 et le 13. Il apparaît immédiatement au
général Mangin qu'il se retrouve au commandement de
la 10e armée dans des conditions analogues à celles qu'il

vient de quitter sur le plateau de Méry-Courcelles, et il étudie aussitôt, avec son état-major, la possibilité d'attaquer le côté ouest de la poche de Château-Thierry. Or, dès le 18 juin, il reçoit l'ordre d'étudier dans quelles conditions les communications de l'ennemi au sud de Soissons pourraient être gênées : 1° par des bombardements aériens ; 2° par une légère avance de son front qui permettrait la mise en batterie de pièces de gros calibre contre les ponts de Soissons et les débouchés de la ville. Il répond dès le 20 en envoyant l'évaluation des ressources nécessaires en infanterie et en artillerie pour mener à bien cette opération, dont il prévoit immédiatement une légère extension vers le sud ; et il demande que l'exploitation du succès soit envisagée.

Pour partir dans de bonnes conditions, il propose une série de petites opérations destinées à améliorer sa base de départ ; c'est ce qu'il appelle la première phase de cette offensive. Et sans plus attendre, il passe à l'exécution. L'équipement offensif du front est poussé avec activité. De nombreux emplacements de batteries et dépôts de munitions sont établis. Toutes les ambulances et hôpitaux d'évacuation qui ont été ramenés à l'arrière avec une prudence excessive sont reportés à une distance raisonnable qui permet de panser les blessés sans leur infliger un transport souvent mortel. De petites opérations se succèdent rapidement sur le front de cette armée et permettent de constater le degré d'usure des troupes allemandes dont les lourdes pertes ne sont réparées qu'en partie, et la dépression assez surprenante de leur moral.

Le 28 juin, une progression un peu plus importante améliore la situation d'une façon notable et procure un millier de prisonniers.

C'est le lendemain 29 que le général Mangin reçoit la lettre du général Pétain approuvant le plan d'action dont l'exécution est déjà commencée, d'accord d'ailleurs avec le commandement, dont la liaison par officiers d'état-major a obtenu l'approbation.

Le front de la 10ᵉ armée s'améliore également au nord de l'Aisne par une petite opération qui, le 3 juillet, donne 1 100 prisonniers. Il importe en effet de ne point fixer l'attention de l'ennemi sur le terrain des attaques probables et d'ailleurs il est évident qu'après avoir attaqué vers l'est, la 10ᵉ armée sera appelée à attaquer aussi vers le nord. Le général Mangin peut écrire le 3 juillet :

« Les petites actions engagées par la 10ᵉ armée dans la deuxième quinzaine de juin se sont exécutées très facilement. Sans leur donner plus d'importance qu'elles n'en méritent, on peut y voir la preuve que l'ennemi éprouve les mêmes difficultés que nous à se défendre contre des troupes usant des procédés d'attaque actuels.

« On est en droit de penser qu'une attaque se produisant sur les plateaux au sud-ouest de Soissons, dans les conditions où elle est envisagée par l'instruction du 16 juin, non seulement présenterait les meilleures chances de succès, mais encore pourrait comporter un certain développement, résultant de l'exploitation immédiate de l'effet de surprise et visant la réduction de la poche de Château-Thierry.

« Or, la surprise est parfaitement possible.

« D'une part, les forêts donnent le moyen de dissimuler jusqu'au dernier moment la majeure partie des mouvements de mise en place de l'infanterie ; d'autre part, les déplacements incessants d'artillerie qui se produisent depuis trois semaines sur le front de la 10ᵉ armée empêcheront fort probablement l'ennemi de s'apercevoir de l'installation de batteries nouvelles dans la région de Villers-Cotterets. »

Il réclame la désignation et la mise en place de tous les moyens nécessaires à l'offensive projetée.

Le 8 juillet, une nouvelle opération améliore les positions de la 10ᵉ armée au sud de la forêt de Villers-Cotterets,

Le 9, le général Mangin reçoit la lettre du général en chef qui approuve ses propositions. Elle ne parle pas encore de réduire la poche de Château-Thierry mais elle dit : « Il n'est pas douteux que cette opération, non seulement présente les meilleures chances de succès, mais encore est susceptible d'une exploitation fructueuse. De plus, elle constitue la parade la plus efficace à l'offensive allemande. » Il faut préparer l'opération dès maintenant dans tous ses détails, de telle sorte que la concentration des moyens et le déclenchement de l'attaque puissent être réalisés dans un délai très court, quatre jours au maximum. Les mouvements de concentration devront pouvoir commencer le 15 juillet.

Du 9 au 13 juillet, la situation continue à s'améliorer au sud de la forêt de Villers-Cotterets. La vallée de la Savière, qui formait un obstacle sérieux dans cette région, est franchie. Le 13, en signalant ces résultats, le général Mangin constate que ces petites opérations, menées à très peu de frais, ont été suffisantes pour amener l'usure de cinq divisions allemandes placées devant son front. Elles ont été remplacées par d'autres divisions enlevées du front depuis peu de temps et non encore reposées ; sans avoir été recomplété, l'effectif est réduit à 40 ou 50 hommes par compagnie au lieu de 150. « L'ennemi, à la suite de ces échecs, reste donc très affaibli ; mais les ordres qui ont été donnés aux commandants de secteur et que nous avons capturés, sont formels ; Tenez coûte que coûte, sans espoir de renforts ; le gros de l'armée allemande est réservé pour la grande offensive. Devant le front de la 10ᵉ armée, j'estime donc que la situation aujourd'hui est éminemment favorable à une attaque, et je crois devoir le signaler à votre attention. » Ce compte rendu se croise avec l'instruction du général Pétain qui précise les conditions de l'offensive et vise maintenant à la réduction de la poche de Château-Thierry, qui sera attaquée sur tout son contour. La 10ᵉ armée Mangin et la 5ᵉ armée Berthelot se réuniront dans la région de Fère-en-Tardenois, pendant que la 6ᵉ armée Degoutte pressera sur le fond de la poche. Le général Fayolle ajoutait : « Si, comme on s'y attend, l'attaque principale de l'ennemi se produit entre Château-Thierry et Reims, le but de l'offensive de la 10ᵉ armée sera de la prendre à revers. » Enfin un télégramme du 13 juillet fixait le déclenchement de l'attaque au 18, et le commencement de la concentration au 14 juillet.

Le 15 à 9 heures, les importants mouvements de concentration commencés depuis deux jours et prescrits pour les jours suivants sont interrompus par ordre du commandant en chef des troupes françaises à cause de l'offensive allemande qui venait de se produire sur le front de la 4ᵃ armée Gouraud. Le général Foch, de passage au quartier général du groupe d'armées, apprend ce contre-ordre et le fait annuler.

Les préparatifs, suspendus pendant quelques heures, reprirent avec une intensité nouvelle dans un ordre et un silence remarquables. L'ennemi, qui a cru jusque vers le 11 à une attaque probable, est complètement rassuré. « La troupe avait cessé d'escompter une attaque, dit Lüdendorff ; un commandant de division de mes amis me dit que le 17 il avait été dans les toutes premières lignes et avait eu l'impression que le calme le plus profond régnait chez l'ennemi. »

Le 18 juillet à 4 h. 35 du matin, la 10ᵉ armée se lança sur l'ennemi entre l'Aisne et l'Ourcq sans aucune espèce de préparation d'artillerie. Trois cent vingt et un chars d'assaut accompagnaient son infanterie dans tous les terrains où leur marche était possible. Un barrage roulant très dense la précédait pendant que les batteries ennemies étaient vigoureusement contre-battues. La surprise fut complète chez les Allemands. Les premières lignes, bousculées en un clin d'œil, découvrirent les batteries, qui furent enlevées. L'avance atteignit 8 kilomètres avec des résultats particulièrement brillants au centre, où les 1re et 2e divisions américaines encadraient la division marocaine Daugan, une des meilleures troupes d'attaque.

Sur la rive nord de l'Aisne, une petite préparation d'artillerie de trois quarts d'heure s'était trouvée nécessaire contre une organisation ancienne et fort solide. La 162e division Messimy avait atteint de ce côté les objectifs qui assuraient le flanc de l'avance générale.

Au sud, la 6e armée Degoutte avait également débouché dans des conditions très brillantes. A sa gauche, la rapidité de son avance avait aidé la droite de la 10e armée, ralentie dans des bois épais. Elle attaquait sans renfort, avec ses divisions de secteur, et fut renforcée progressivement par des divisions américaines qui mettaient dans les rangs une force nouvelle et y provoquaient la plus généreuse émulation. Dès cette première journée, 10 000 prisonniers et 200 canons étaient capturés par la 10e armée, 2 000 prisonniers et 50 canons par la 6e.

Cependant le général Pétain se rend avec le général Fayolle au poste d'observation d'où le général Mangin suit le développement de la bataille. Le général Pétain estime que le résultat obtenu dépasse toutes les espérances, mais que son exploitation est limitée par les moyens dont il dispose et par la situation générale; il rappelle que l'ennemi est sur la rive sud de la Marne. Aucun renfort ne pourra être donné à la 10e armée, qui doit dès maintenant se disposer en profondeur pour durer avec ses propres ressources sur le terrain conquis. Mais le général Foch, prévenu, donna l'ordre de continuer l'offensive, et le lendemain l'arrivée de quatre divisions nouvelles fut annoncée à la 10e armée, dont deux divisions anglaises prises sur les réserves du commandant en chef des armées alliées.

Le général Fayolle exposa le même point de vue au commandant de la 6e armée, mais l'attaque continua également sur cette partie du front.

La lutte se poursuivit. La VIIe armée allemande avait
fait entrer en ligne ses trois divisions de réserve, promptement renforcées par deux autres. Elle s'était ressaisie.
La lutte devenait très dure. Ayant dû renoncer à son offensive des Flandres, Lüdendorff dirigeait vers l'Aisne les
divisions données au kronprinz de Bavière. La 10e armée
française luttait en rase campagne contre des forces au
moins égales aux siennes, parfois supérieures. Les divisions américaines avaient été relevées ; quelques équipes
de canonniers avaient demandé et obtenu de prolonger
leur séjour au milieu des troupes françaises ; elles se servaient des canons lourds pris à l'ennemi et se faisaient
scrupule de partir avant de lui avoir renvoyé à tout le
moins l'approvisionnement en obus asphyxiants, qui
était considérable.

Les divisions britanniques débutaient dans la bataille
au moment le plus pénible. La 15e division écossaise,
général Reed, se couvrit de gloire à l'attaque du château
et du parc de Buzancy le 28 juillet. La 34e division anglaise,
composée en partie par des régiments revenant de Palestine, nouveaux dans la bataille de France, dépassa toutes
les espérances en participant à l'attaque du Grand-Rozoy
à partir du 29. C'est seulement le 1er août que cette
crête, qui domine toute la région entre l'Ourcq et la
Vesle, fut enlevée par la 10e armée. L'importance de ce
succès échappait aux vues de l'arrière, et, dans la nuit
du 1er au 2 août, le commandant du groupe d'armées,
soucieux de ménager les troupes, écrivait : « La 10e armée
continuera à agir par sa droite en direction d'Arcy-
Sainte-Restitue ; sur le reste du front, elle gardera une
attitude défensive. Les forces qu'elle a devant elle étant
sensiblement égales aux siennes, elle n'a de chance
de progresser que par des coups de force successifs,
localisés et minutieusement préparés, toujours en pro-
portionnant ses efforts aux moyens réduits dont elle
dispose. Ces moyens sont d'autant plus réduits qu'elle

doit prévoir le retrait à bref délai des divisions anglaises. » Mais la pression continue sur l'ennemi amenait un tout autre résultat, et le général commandant l'armée venait d'envoyer le télégramme suivant à communiquer immédiatement aux troupes sur tout le front :

« En avant ! la victoire du 1er août achève celle du 18 juillet et se termine en poursuite. Les chemins sont affreux, mais il pleut aussi pour les Boches. Talonnez-les, bousculez-les, en dépassant les faibles centres de résistance où ils essaient de ralentir votre marche victorieuse. Ce soir, il faut que la 10e armée soit sur la Vesle. »

A 19 heures, les chasseurs de la division Villemot entraient dans Soissons. L'Aisne jusqu'à son confluent avec la Vesle et tout le cours de cette rivière étaient bordés dans la journée du 3 par la 10e armée, le 4 par la 6e. Entrant progressivement en ligne au cours de la bataille, le 1er corps américain du général Liggett avait prit une part de plus en plus grande aux opérations de la 6e armée, qui avait compris jusqu'à 6 divisions américaines. La 5e armée Berthelot avait attaqué dans les conditions les plus difficiles, ayant à rétablir son front après les dures journées où elle avait dû céder un peu de terrain tout en gardant la montagne de Reims ; bien qu'elle eût devant elle un terrain très mouvementé, elle arrivait au rendez-vous sur la Vesle.

Le général Mangin pouvait dire à ses troupes : « Vous avez capturé 20 000 prisonniers, dont 527 officiers, 518 canons, 300 minenwerfer, 3 300 mitrailleuses, des parcs, des dépôts de munitions, tout ce que laisse derrière elle une grande armée contrainte à une retraite précipitée. Même vous avez repris à l'ennemi les dépôts où il entassait le produit de ses vols.

« Vous avez délivré de la souillure des nouveaux barbares Soissons, le Valois, toute l'Ile-de-France, berceau de notre nationalité, avec ses moissons intactes et ses forêts séculaires.

« Vous avez éloigné de Paris une trop présomptueuse menace et vous avez rendu à la France le sentiment de la victoire.

« Vous avez bien mérité de la Patrie. »

Au point de vue allemand, cette victoire avait pour conséquence première d'empêcher l'offensive prévue dans les Flandres dont la préparation avait commencé le 16 au soir. Les réserves destinées à cette offensive avaient été dépensées entre la Marne et la Vesle. Elles s'y étaient usées à un tel point que leur reconstitution normale était impossible. « Comme dans toute bataille, dit Lüdendorff, les pertes avaient été très notables dans les combats livrés depuis le 15 juillet. La journée du 18 en particulier et les combats défensifs qui avaient suivi nous avaient coûté cher, bien que nous eussions récupéré nos blessés et que le nombre des soldats faits prisonniers n'eût pas été notable. » (Il dépassait pourtant le chiffre de 30 0 0 pour les 10e, 6e et 5e armées françaises.) « Les pertes causées par la lutte étaient si importantes que nous dûmes nous décider à dissoudre environ 10 divisions, dont l'infanterie devait être attribuée à d'autres comme renfort. »

Lüdendorff, qui a le louable souci de se documenter après chaque opération et d'en tirer des leçons le plus souvent fort judicieuses, a été médiocrement renseigné sur la dernière bataille. Il la oit précédée d'une préparation d'artillerie courte et massive et d'une émission de brouillards artificiels qui sont de pure imagination ; il suppose une invention nouvelle. « On vit des chars qui ne servaient qu'au transport des troupes. Ils traversaient nos lignes et, déchargeant les occupants qui formaient des nids de mitrailleuses derrière nous, retournaient chercher des renforts. » Le char pour voyageurs reste à trouver.

La présence des 1re et 2e divisions américaines qui attaquèrent si brillamment vers Vierzy et Dommiers, cap

turant à elles seules 7 200 prisonniers et 21 canons,
paraît lui avoir échappé, et il ose écrire : « Les 6 divisions
américaines qui avaient pris part à la bataille avaient
particulièrement souffert sans obtenir de résultat. »
Enfin les raisons qu'il donne pour renoncer à l'offensive
des Flandres sont d'une étonnante indigence : « Il y
avait toutes les chances pour que l'ennemi y fût préparé.
S'il s'esquivait comme à l'est de Reims, nous ne pouvions
pas obtenir de décision. S'il résistait, ses réserves nombreuses étaient en mesure de nous arrêter, comme les
10 et 11 juin en direction de Compiègne. » Lüdendorff
paraît admettre que le fait d'établir une zone de couverture en avant d'une position à défendre la rend inexpugnable. Son moral est atteint aussi grièvement que celui
de ses troupes.

Il représente son repli comme parfaitement ordonné
et se félicite de le voir s'exécuter à l'heure prescrite ;
mais le 31 juillet, la division d'*Ersatz* de la garde, qui
était très bonne, fut engagée tout entière, sur trois points
différents, pour essayer de garder la crête du Grand-Rozoy
dont la défense mollissait, et elle fut entraînée dès le
lendemain dans le recul général après de lourdes pertes ;
il est donc bien certain que le général commandant l'armée
voulait conserver à tout prix cette position beaucoup plus
longtemps, et les prises très importantes des Français
montrent assez la hâte de a retraite.

Le général Foch avait été fait maréchal de France
le 7 août ; mais il n'avait pas attendu ce témoignage
de la reconnaissance française pour constater la victoire
et en déduire toutes les conséquences. Dès le 24 juillet,
il avait réuni à son quartier général le maréchal sir Douglas Haig, le général Pétain, le général Pershing, et il
leur avait communiqué et commenté un mémoire qui,

faisant état des résultats obtenus et de ceux qu'il escomptait, traçait le programme des opérations futures. Il constate le renversement de la situation au profit des Alliés ; ils viennent de prendre l'ascendant moral et les renforts américains qui débarquent au taux de 250 000 hommes par mois vont leur donner la supériorité matérielle. Le moment est enfin venu de passer à une offensive sans répit. Cinq opérations successives, menées à court intervalle, vont désorganiser les armées allemandes, troubler le jeu de leurs réserves, leur enlever le temps de recompléter leurs unités. A chacune de ces opérations, il fixera un but d'une utilité immédiate. La première, qui est en cours, vise au minimum le dégagement de la voie ferrée Paris-Avricourt dans la région de la Marne, qui n'est plus qu'une affaire de jours, et qui sera bien dépassé par le repli allemand sur la Vesle et sur l'Aisne. La deuxième doit dégager la voie ferrée Paris-Amiens, but que le général Foch poursuivait dès le 21 mars. La troisième, confiée à l'armée américaine, doit dégager la voie ferrée Paris-Avricourt vers Commercy par la réduction du saillant de Saint-Mihiel. A l'armée britannique, il confie la quatrième opération, qui doit dégager les mines du nord, et la 5e donnera de l'air à la région de Dunkerque et de Calais.

Chaque commandant en chef, anglais, français, américain, va préparer l'opération dont il est chargé et il reçoit un objectif déterminé ; l'activité des états-majors s'exercera dans son cadre habituel. Les événements vont se dérouler, qui permettront davantage : une pression constante sur un front beaucoup plus étendu ; une usure beaucoup plus grande de l'adversaire et des progrès plus rapides. Le programme s'exécutera en entier avec quelques adjonctions qu'amèneront les circonstances favorables. Sans doute le général Foch les prévoyait dès ce moment ; le programme qu'il venait de développer atteignait certainement les limites de ce que ses subordonnés pouvaient admettre comme raisonnable à cette époque.

L'arrivée à Soissons et sur la Vesle des 10ᵉ, 6ᵉ et 5ᵉ armées françaises avait réalisé la première partie du programme tracé par le maréchal Foch. La deuxième partie — large dégagement de la ligne Paris-Amiens — implique une avance notable devant la 4ᵉ armée Rawlinson et la 1ʳᵉ armée française Debeney, devant être toutes deux placées sous les ordres du maréchal Haig. Sur ce front d'ailleurs, une série d'attaques partielles ont contraint l'ennemi à abandonner la rive gauche de l'Avre ; le 27 juillet et le 3 août, les premières lignes au nord de Montdidier. Le général Debeney borde alors l'Avre et le ruisseau des Trois-Doms.

Le 8, à 4 heures du matin, après une préparation d'artillerie très courte et très massive, l'armée Rawlinson s'élance sur un front de 18 kilomètres au sud de la Somme jusqu'à la route d'Amiens à Roye. Elle atteint d'un bond son premier objectif et repart après une courte pause, précédée de ses tanks légers, et ne s'arrête qu'après avoir gagné 9 kilomètres de terrain, capturant 13 000 prisonniers. La première armée française Debeney part une heure après elle sur un front de 7 kilomètres à droite de Rawlinson jusqu'à Moreuil. L'avance française rejoint les Britanniques dans leur marche foudroyante, mais en même temps le front de l'attaque s'étend et déborde Montdidier par le nord. Le 9, la progression des deux armées continue sous les ordres du maréchal Haig sur tout le plateau du Santerre. Les deux armées ont capturé 24 000 prisonniers et près de 300 canons ; dès le 10, la progression est ralentie, la lutte est très rude à la droite de la 1ʳᵉ armée française, qui doit être renforcée ; mais en même temps, la 3ᵉ armée Humbert attaque par sa gauche et menace les arrières de la nouvelle ligne ennemie, qui doit céder de nouveau. Pourtant, à partir du 12, les renforts allemands sont arrivés et défendent le terrain pied à pied. A partir du 14, le maréchal Haig suspend ses attaques sur ce terrain, se proposant de reprendre l'offensive sur l'Ancre vers le 20.

Le maréchal Foch avait escompté une progression plus considérable des armées britanniques et de la 3e armée française. A partir du 10, la 10e armée était prête à déboucher au nord de l'Aisne sur la rive gauche de l'Oise et à étayer la progression de la 3e armée en se portant vers la route Soissons-Chauny. Sur ce front, l'ennemi disposait de fortifications anciennes, nouvellement réorganisées, et il s'était renforcé de deux divisions, en gardant dans la vallée de l'Ailette des divisions d'intervention.

Les moyens mis à la disposition de la 10e armée, largement suffisants pour lui permettre de jouer sa partie dans l'ensemble de la bataille, l'étaient-ils pour une action isolée? Le commandant du groupe d'armées ne le pensait point, et il le dit au général Mangin en conférant avec lui le 16 au château de Versigny. Mais il lui communiquait en même temps une question précise du maréchal Foch : à quelle date la 10e armée pourra-t-elle commencer son attaque? Le général Mangin, profondément convaincu qu'il fallait avant tout assurer la continuité de l'offensive et la concordance avec l'attaque britannique du 20, demanda à fixer à cette date l'action de son armée. Devant son front, l'ennemi avait placé sa ligne principale de résistance à une distance de la première tranchée qui variait entre 2 et 3 kilomètres. Cette disposition avait permis à l'armée Gouraud sa magnifique résistance du 15 juillet, et de nombreux prisonniers en avaient révélé tous les détails. Les 17 et 18 août, les divisions en secteur s'emparaient de toute cette zone de couverture et même prirent pied sur un certain point dans la ligne de résistance afin de l'entamer, faisant plus de 2 000 prisonniers. Du 18 au soir au 20 au matin, pendant trente-six heures, toute l'artillerie fut avancée afin de pouvoir appuyer le plus loin possible la marche de l'infanterie sans avoir à changer de position. L'ordre d'attaque prescrivait de

se reformer au pied des pentes après l'enlèvement des
deux positions ennemies, et de pousser ensuite jusqu'au
cours de l'Oise et de l'Ailette. Le général Fayolle n'aurait
pas voulu qu'on s'établît dans le fond des vallées, terrain
marécageux où s'imposeraient des tranchées et des
boyaux d'une occupation pénible pendant l'hiver, remar-
quait-il ; mais l'heure était évidemment passée de ces
préoccupations.

Depuis le 17, la préparation d'artillerie n'a pas cessé
sur la deuxième position allemande. Le 20, à 7 h. 10 du
matin, la 10ᵉ armée part à l'attaque ; toutes les positions
allemandes sont enlevées. Le 21, les Français manœuvrent
contre les divisions d'intervention qui essaient de rétablir
la situation. Le 22, ils arrivent à l'Oise et à l'Ailette. Le
général Mangin a dit : « Il est temps de secouer la boue
des tranchées. » C'est fait. « Malgré tous les préparatifs,
dit Lüdendorff à propos de ces événements, la bataille
avait pris un cours défavorable ; les nerfs de l'armée
étaient tendus. La troupe ne supportait plus partout le
puissant feu de l'artillerie et l'assaut des tanks. Nous recevions là-dessus un deuxième avertissement. Nous avions
subi encore une fois des pertes lourdes et irréparables. Le
20 août aussi était un jour de deuil ! Véritablement, il
poussait l'ennemi à poursuivre son offensive.

« Je comptais que l'offensive ennemie continuerait
entre Oise et Aisne en direction de Laon. La direction
de l'attaque était bien choisie. Elle devait rendre inte-
nables aussi bien la position de la XVIIIᵉ armée au nord
de l'Oise que celle de la VIIᵉ au nord de la Vesle. L'ennemi
exerçait une forte pression contre la ligne Soissons-Chauny.
Des combats très durs se livrèrent ici, marqués par de
cruelles alternatives. On ne pouvait encore dire quelle
en serait l'issue. »

De ces considérations, il est intéressant de rapprocher
celles qui avaient servi au général Mangin à motiver son
attaque.

« La mise en œuvre de gros moyens entre Aisne et Oise se justifie parce que cette région sera toujours le pivot de la manœuvre.

« Que l'ennemi cherche à se rétablir en utilisant successivement les lignes :

« de l'Aisne ;

« Hindenburg (Chemin-des-Dames) ;

« de l'Ailette

« et de la Sarre ;

« la charnière de son mouvement sera toujours approximativement sur l'axe Soissons-Laon.

« Il convient donc d'appliquer dans cette région le maximum de forces dont on dispose, de façon à rompre la charnière.

« On provoquera ainsi sur les deux branches adjacentes des reculs successifs d'une importance croissante. »

L'avance de la 10e armée a favorisé celle de la 3e à travers le massif de Lassigny, et les deux armées se donnent la main sur l'Oise.

***

Le 21 août, à gauche de l'armée de sir Henry Rawlinson, la 3e armée britannique Byng attaque sur l'Ancre ; la IIe armée allemande von der Marwitz, qui a multiplié les précautions, est néanmoins défoncée sur un front de 15 kilomètres. Le 22, la 4e armée britannique attaque à son tour et enlève Albert. Les deux armées progressent de conserve ; Bapaume est encerclé. Le 26, c'est l'armée Horne qui attaque sur la Scarpe et la Sensée avec le même succès. Le 28, la 1re armée Debeney reprend la lutte et s'avance jusqu'à la Somme, et le 30, l'armée Humbert reprend Noyon. Chacun de ces coups violents est suivi d'une pression constante, de petites actions de détail qui ne laissent à l'ennemi aucun repos. Il est rejeté peu à peu sur la ligne Hindenburg.

La 10e armée a continué sa pression entre l'Ailette et

l'Aisne, face à l'est ; elle s'avance par à-coups, malgré une forte résistance. Le 30, la 32e division américaine, général Hann, enlève brillamment Juvigny. Les 4 et 5 septembre, les Allemands abandonnent l'Ailette et la Vesle, se repliant sur les lisières de la forêt de Coucy. Entre les deux, il reste à réduire la position de Laffaux qui les réunit.

Mais la 10e armée ne dispose plus que de moyens de plus en plus réduits en infanterie, en artillerie et même en munitions. Toutefois, le 14 septembre, le 1er corps Lacapelle et le 30e corps Penet enfoncent la ligne Hindenburg sur le plateau de Laffaux, faisant 2 400 prisonniers. L'attaque s'élargit les jours suivants et l'avance continue vers le Chemin-des-Dames, malgré les contre-attaques allemandes ; elle ne s'arrête que le 20, sur l'ordre de « s'organiser sur le terrain conquis, de façon à conserver les gains réalisés et de prendre toutes les dispositions en vue de diminuer les pertes et la fatigue, afin d'être en mesure de poursuivre l'ennemi au cas où il se retirerait ».

Cependant, l'armée américaine, sous le commandement personnel du général Pershing, préparait une importante opération qui avait pour but de réduire le saillant de Saint-Mihiel. Se sentant incapable de résister à cette attaque, l'ennemi avait commencé à se dérober quand, le 13 septembre au matin, le général Pershing attaqua avec 14 divisions américaines et 4 françaises. Profitant hardiment du désarroi, il s'avance en trois jours jusqu'au nouveau front allemand, infligeant à l'adversaire une perte de 15 000 prisonniers et 465 canons.

Restait la cinquième partie, l'avance en Champagne et en Argonne en direction de Mézières. Sur ce front, et malgré la leçon du 20 août, la défense avait exagéré encore le dispositif en profondeur qui avait si bien réussi au général Gouraud le 15 juillet.

La préparation d'artillerie commence le 25 septembre au soir, et le 26 à 5 h. 25 du matin la 4ᵉ armée française Gouraud et la 1ʳᵉ armée américaine Liggett attaquent sur un front de 60 kilomètres. De simples détachements s'avancent dans la zone de couverture devant les positions allemandes et réduisent les faibles résistances qu'elles rencontrent ; puis la ligne d'assaut se forme à bonne distance de la position de résistance et l'emporte. La progression est de 6 à 7 kilomètres devant l'armée Gouraud. Elle continue le 27, et les Américains enlèvent la butte de Montfaucon qui avait résisté la veille. Le 28, l'avance est très ralentie ; les réserves allemandes arrivent ; l'armée Gouraud est arrêtée sur sa gauche par une forte résistance dans un terrain marécageux. Outre les mêmes difficultés à vaincre, l'armée américaine, un peu trop tassée entre l'Argonne et la Meuse, se ravitaille très péniblement. L'avance se ralentit de plus en plus et s'arrête provisoirement à partir du 30. C'est un très beau succès local tactique qui a usé beaucoup l'ennemi ; mais il n'a pas obtenu l'événement de portée générale qu'attendait le maréchal Foch.

Malgré la tenace résistance qu'il rencontrait sur certains points, le maréchal Foch avait senti que l'usure des armées allemandes était proche de l'épuisement. Il ne s'agit plus maintenant d'actions locales ayant chacune leur objectif déterminé et se développant ensuite suivant les circonstances de la bataille. C'est l'offensive générale qu'il ordonne de la Meuse à la mer du Nord, sur un front à peu près ininterrompu. Tout d'abord, la ligne Hindenburg est attaquée vers Cambrai par les armées Horne et Byng le 27. Le 29, la 4ᵉ armée Rawlinson étaie la progression de leur droite, en même temps que la 1re armée française Debeney encercle Saint-Quentin. Les premiers jours de cette offensive heureuse enlèvent à l'ennemi plus de 40 000 prisonniers et de 500 canons.

Plus au nord, le groupe d'armées des Flandres vient d'être constitué sous le commandement du roi Albert, avec l'armée belge, la 2e armée britannique du général Plumer et la 6e armée française du général Degoutte. Elle a pour mission de briser le front ennemi et de s'avancer jusqu'à la frontière hollandaise. Le 28, elle attaque au sud de Dixmude et emporte la première position allemande sur un front de 20 kilomètres, s'emparant de la fameuse forêt d'Houthulst ; elle poursuit ses succès le 29. Mais la pluie, détrempant le sol spongieux des Flandres, ralentit cette progression et finit par l'arrêter momentanément. Elle avait enlevé à l'ennemi 11 000 prisonniers et 350 canons, et lui avait montré les divisions belges instruites, solides, braves, résolues à reconquérir leur pays.

Au centre de l'immense ligne, la 10e armée Mangin continuait sa pression. Le 29, bousculant l'ennemi qui battait en retraite, elle atteignait l'Ailette et, faisant de nouveau front à droite, menaçait vers l'est le Chemin-des-Dames. A sa droite, la 5e armée Berthelot progresse et occupe le terrain entre la Vesle et l'Aisne ; la 4e armée, à laquelle le général Gouraud a assuré, par des actions locales, une nouvelle base de départ, attaque de nouveau sur tout son front et vient à bout de l'énergique résistance des Allemands. Le 6, les 5e et 4e armées atteignent toute la Suippe. La pression est générale et continue. Le 12, Vouziers est enlevé, pendant que l'armée américaine, ayant complètement nettoyé l'Argonne, va donner la main, par le col de Grandpré, à la droite de la 4e armée française.

En même temps, la 10e armée, dépassant l'Aisne, enlevait le Chemin-des-Dames, que le corps italien du général

Albricci a franchi d'un bel élan. Le 12, l'Ailette est traversée. L'ennemi est surpris au milieu des préparatifs d'une retraite qu'il avait prévue pour le lendemain. Il est bousculé sans répit sur tout le front de la 10ᵉ armée, avant d'avoir pu terminer les destructions qu'il avait préparées. Le massif de Saint-Gobain est repris, Laon est enfin délivré. La 10ᵉ armée a progressé de 18 kilomètres en trente-six heures.

Avant même que ces résultats aient été obtenus, le maréchal Foch en a escompté les conséquences et, dès le 10 octobre, une nouvelle directive prescrit une nouvelle offensive générale : 1º le groupe d'armées des Flandres s'avancera droit devant lui vers la Belgique ; 2º l'armée britannique, débouchant sur le front Solesmes Vassigny, marchera vers l'est, faisant sentir son action sur Mons et Avesnes en même temps, — la 1ʳᵉ armée française l'étaiera à droite en remontant l'Oise ; 3º entre l'Aisne et la Meuse, les armées franco-américaines s'avanceront vers le nord.

Le maréchal Foch ose spécifier que ces trois attaques seront convergentes, parce que le résultat doit être de rejeter l'ennemi vers la forêt d'Ardenne, massif où la circulation est difficile, et qui, de ce fait, est intenable aux armées modernes ; toute la rive gauche de la Meuse sera libérée en même temps qu'une partie du territoire belge dont le maréchal s'interdisait de limiter l'étendue.

Le 14, les armées du roi Albert Iᵉʳ s'avancent dans les Flandres. Le général Degoutte a passé le commandement de la 6ᵉ armée française au général de Boissoudy, afin de se consacrer complètement à ses fonctions de major général. Deux divisions américaines renforcent ce groupe d'armées. En deux jours de bataille, tous les premiers objectifs sont enlevés avec 12 000 prisonniers et 120 canons. La résistance est vive à partir du 15, mais elle cède le 17 et la poursuite continue le 18.

Le maréchal Foch a prévu qu'en avançant de chaque côté de la poche Lille-Tourcoing-Roubaix, il contraindrait ses ennemis à l'évacuer par crainte d'y être enveloppés, et qu'il en sera de même dans la zone maritime de la Belgique. En effet, le 18, la 19ᵉ division britannique entre à Lille ; le 20, l'armée belge entre à Bruges, Ostende, Zeebrugge. Gand est menacé.

Les armées britanniques du maréchal sir Douglas Haig, après avoir rétabli leurs communications et organisé leur base de départ, attaquent le 17 ; la 4ᵉ armée Rawlinson arrive sur la Selle le 18, les armées Horne et Byng le 20 ; leur avance continue et atteint le 25 les lisières de la forêt de Mormal et les abords sud de Valenciennes. Vingt-quatre divisions britanniques, renforcées de deux divisions américaines, viennent de se heurter à 31 divisions allemandes, qui leur ont laissé plus de 20 000 prisonniers et 475 canons.

La 1ʳᵉ armée française Debeney avait appuyé ce mouvement en se liant étroitement à la 4ᵉ armée Rawlinson ; elle avait conquis dès les 12 et 13 octobre vers Mont-d'Origny une bonne tête de pont sur la rive gauche de l'Oise et à partir du 17 elle attaquait en remontant la rivière ; cette avance menace les arrières de l'ennemi qui défend la ligne de la Serre. En bordant cette rivière le 14, la 10ᵉ armée Mangin a dégagé la droite de l'armée Debeney qui a pu franchir l'Oise inférieure ; à partir du 27, c'est la 1ʳᵉ armée qui dégage le front de la 10ᵉ, lui rendant ainsi un bien autre service.

L'armée Mangin en effet avait pour mission d'assurer la continuité du front entre l'attaque du nord et celle de l'est ; mais elle n'avait cessé d'attaquer. Le 19, elle faisait brèche dans la *Hunding Stellung;* le 22, elle bordait la Serre et la Souche ; le 25, elle avait conquis des débouchés au delà de ces deux rivières. Enfin, le 27, elle commença à poursuivre l'ennemi dont la marche de la 1ʳᵉ armée menaçait les derrières. A ce moment, le général Humbert remplaça dans le commandement de ces troupes le général Mangin, appelé à une autre mission.

La 5e armée, où le général Guillaumat avait remplacé le général Berthelot retourné en Roumanie, avait progressé à la droite de la 10e et atteint le 19 la *Hunding Stellung*, qu'elle entame.

La 4e armée Gouraud et les armées américaines du général Pershing ont pour mission d'attaquer entre Aisne et Meuse ; le col de Grandpré est débordé à l'ouest par l'armée Gouraud le 10, mais les Américains avancent très péniblement à travers la formidable ligne de *Kriemhilde* et ne la dépassent que le 14 ; la liaison se fait au delà de Grandpré. Alors le général Gouraud franchit l'Aisne par surprise vers Vouziers le 18, sur un front de 8 kilomètres, et reprend sa progression toujours difficile. De ce côté, les difficultés du terrain ont empêché d'obtenir tous les résultats, et cette branche droite de la tenaille s'est avancée plus lentement que la gauche. Mais les pertes de l'ennemi ont été très fortes et les conséquences de cette usure vont se faire sentir.

Le 18 octobre, une nouvelle directive du maréchal Foch a lancé ses armées dans les directions déjà indiquées le 10 ; le maréchal rappelle sans cesse que « les troupes lancées à l'attaque ne doivent connaître qu'une direction d'attaque ; elles opèrent, non sur des lignes indiquées *a priori*, d'après le terrain, mais contre un ennemi qu'elles ne lâcheront plus une fois qu'elles l'auront saisi. »

Le 20, enfin, prend corps un projet qu'il mûrit depuis longtemps.

« Les opérations en cours, écrit-il au général Pétain, visent à rejeter l'ennemi à la Meuse... Pour faire tomber la résistance de cette rivière, il y a lieu de préparer des attaques de part et d'autre de la Moselle en direction de Longwy-Luxembourg d'une part, en direction générale de la Sarre d'autre part. »

Tout indique au maréchal que l'instant suprême approche. L'état d'usure des armées allemandes lui est confirmé sur tout le front. Le Service des renseignements des armées françaises, ce deuxième bureau si injustement décrié, ne se contente pas de précisions détaillées et il s'élève à des vues générales ; il remarque dès le 10 que les voies ferrées qui permettent de transporter les troupes allemandes parallèlement au front, et dont l'emploi est indispensable à l'entrée en action des réserves, sont en grande partie entre les mains des Alliés ou très menacées ; dès que la transversale Valenciennes-Mézières-Longuyon sera sous leur canon, il sera privé de sa principale ligne de rocade : « Il aura alors une proportion de forces beaucoup trop grande à l'ouest des Ardennes, par rapport à celles qui seront à l'est (actuellement environ 150 divisions sur 187 entre la mer et la Meuse) ; cette proportion, il ne pourra la changer que très lentement (par voies ferrées, une division par jour). Donc, il sera dans une situation très difficile devant une attaque française en Lorraine. Une concentration, rapidement menée, dès que possible, sur le front Nancy-Avricourt, permettrait d'envisager avec les plus grandes chances de succès une irruption en Lorraine dont la portée militaire et politique aurait les plus grandes conséquences. »

Le général Pétain commence donc à diriger sur le front de Lorraine les moyens d'action nécessaires à l'attaque projetée. Le général Mangin et l'état-major de la 10ᵉ armée quittent Laon le 27 et préparent silencieusement l'événement décisif, la trouée vers la Sarre. En même temps, la 2ᵉ armée américaine du général Bullard s'apprête à attaquer sur Longwy-Luxembourg. Le camp retranché de Metz sera débordé à la fois par l'est et par l'ouest.

Sur tout le front, les derniers jours d'octobre voient

les préparatifs de l'assaut final. Le général Pétain lance les armées françaises à la poursuite et en règle l'allure : « Dès que commence la poursuite, la vitesse devient le facteur principal du succès et l'idée de la direction doit primer toute autre notion dans l'esprit du chef. L'ennemi étant saisi, il ne faut pas lâcher prise. A ce moment, chaque unité n'a plus à connaître que la direction d'exploitation qui lui est assignée et sur laquelle il importe de pousser hardiment... » Et tout le monde va pousser hardiment.

Les armées du roi Albert I⁰ʳ s'ébranlent le 31. En quatre jours, elles s'avancent jusqu'aux faubourgs de Gand et leur gauche est appuyée à la frontière hollandaise, ayant reconquis le quart de la Belgique.

Les armées britanniques attaquent le 1ᵉʳ novembre. La Rhonelle est franchie. Le corps canadien entre dans Valenciennes le lendemain. Le 4, le Quesnoy débordé est investi et sa garnison capturée. Le général sir Henry Rawlinson a franchi la Sambre et pris Landrecies. Vingt mille prisonniers et 450 canons sont le butin de cette nouvelle victoire.

Le 3, par une action vigoureuse, la 1ʳᵉ armée française Debeney s'ouvre la haute vallée de l'Oise. Guise est menacé en même temps que la Capelle. Les 3ᵉ armée Humbert et 5ᵉ armée Guillaumat attendent que la 1ʳᵉ armée fasse sentir son action sur les arrières de la défense qui reste tenace devant elles.

Entre l'Aisne et la Meuse, la 4ᵉ armée Gouraud et la 1ʳᵉ armée américaine Liggett remportent un beau succès le 1ᵉʳ novembre, et poursuivent leur avance les jours suivants. Sur cette partie du front, le charme était rompu et on volait à la victoire.

A partir du 5 novembre, les armées allemandes commencent un vaste repli sur un front de 220 kilomètres. Quelques détachements essaient de retarder l'avance des Alliés, mais non de l'arrêter. Sur certains points, elle atteint 20 kilomètres dans une même journée, cavalerie en tête. Le 9, le maréchal Foch télégraphie aux commandants en chef : « L'ennemi, désorganisé par nos attaques répétées, cède sur tout le front. Il importe d'entretenir et de précipiter nos actions. Je fais appel à l'énergie et à l'initiative des commandants en chef et de leurs armées pour rendre décisifs les résultats obtenus. »

Aussi le mouvement se précipite. L'armée Gouraud arrive à Mézières en même temps que l'armée Guillaumat qui est à Charleville ; les Français et les Américains pénètrent ensemble dans Sedan le 10. L'armée Debeney, bousculant toutes les résistances, couvre 16 kilomètres le 9, 8 kilomètres le 10, atteignant la frontière belge, et occupe Chimay.

La gauche anglaise arrive à Maubeuge le 9, et le 10 le maréchal Haig reprend Mons où il retrouve les souvenirs de 1914, pendant que l'armée belge entre à Gand.

En Lorraine, les préparatifs de l'offensive s'accélèrent. Le général de Castelnau la commandera avec la 10e armée Mangin, qui comprend 14 divisions, et la 8e armée Gérard qui appuiera sa droite avec 6 divisions. Huit divisions américaines s'avancent à gauche. De puissantes réserves vont l'alimenter. Le maréchal Foch dispose en effet de 205 divisions (102 françaises, 60 britanniques, 12 belges, 29 américaines, 2 italiennes) et le 10 novembre il a 103 divisions en réserve. Les armées allemandes n'ont plus que 184 divisions, dont 17 seulement en réserve, et incapables de se porter à temps sur le front lorrain, faute de voies ferrées. Déjà les Allemands ont commencé l'évacuation de Metz et de Thionville, se sentant incapables de défendre le formidable camp retranché. L'attaque ne trouvera devant elle que des divisions de secteur démoralisées à l'avance et qu'aucune troupe ne pourra secourir. Les divisions du front sont arrivées à l'épuisement presque total et ne tiennent que par places, sous la volonté de quelques hommes énergiques. Certaines ont un effectif inférieur à 1 000 hommes. Depuis le 18 juil-

let, les armées allemandes ont perdu 7 990 officiers et
354 000 hommes prisonniers, qui représentent un nombre
au moins double de tués et de blessés, 6 217 canons,
38 622 mitrailleuses et un matériel immense. C'est l'effondrement certain, inévitable ; et la retraite est impossible ;
entre la pointe méridionale de la Hollande et la Sarre,
nul moyen de mettre en mouvement tout cet énorme
ensemble. Même après l'armistice et en laissant sur place
tout son matériel, le commandement allemand y renonça
et dut traverser le Limbourg hollandais.

L'attaque de Lorraine était fixée au 14 novembre.
Mais le 11, l'armistice était signé ; par une capitulation
en rase campagne, les armées allemandes échappaient au
désastre.

CHAPITRE III

L'ARMISTICE

Les armées allemandes sont acculées à la capitulation. — Fautes
de Lüdendorff. — Le maréchal Foch en profite. — Lüdendorff
comprend le 8 août qu'il est battu. — Il demande à son gouvernement d'entamer des pourparlers. — Les Allemands hésitent.
— La défaite de la Bulgarie les décide. — On s'adressera au
président Wilson après avoir changé le gouvernement. — Im-
patience des généraux allemands. — Consternation en Allemagne. — Le gouvernement et le haut commandement re-
jettent l'un sur l'autre la responsabilité de la capitulation
nécessaire. — Le président Wilson exige l'abdication du kaiser.
— Démission de Lüdendorff. — Le maréchal Foch détermine les conditions de l'armistice. — Il le signe le 11 novembre. — Révolution en Allemagne.

Les événements expliquent clairement la demande d'armistice faite par l'Allemagne. Le front se lézarde de tous
côtés et est près de s'effondrer. En septembre, un vaste
repli était possible, au prix de pertes énormes en matériel,
et il eût permis d'essayer une reconstitution des armées
allemandes. En offrant alors aux Alliés des conditions
acceptables, le kaiser eût pu sans doute entamer des
négociations sous le couvert d'une force encore redoutable. Mais la lutte a continué, le contact étroit est pris
partout, et partout les armées de l'Entente avancent
avec une ardeur qu'accroît sans cesse leur succès. Et à
ce moment, sur un front jusqu'alors tranquille, surgit
une attaque dont l'action va inévitablement provoquer
une catastrophe sans précédent dans l'histoire.

La vue seule du champ de bataille indique que les

armées allemandes ne peuvent plus que déposer les armes
et s'en remettre, sans discussion, aux conditions qu'il
plaira aux vainqueur de leur imposer.

Comment l'Allemagne s'est-elle laissée acculer à une
telle situation?

Ludendorff a bien préparé son offensive du 21 mars;
le front d'attaque était judicieusement choisi, la tactique irréprochable; mais il ne l'a pas menée suffisamment
à fond. Du 24 au 27 mars, un corps de cavalerie, soutenu
par des auto-canons, des mitrailleuses et des bataillons
en camions autos, avait les routes libres et aurait pu
obtenir d'abord un vaste élargissement de la brèche,
puis une avance beaucoup plus profonde. La bataille
aurait continué son cours dans des conditions toutes
différentes et il est probable que le premier objectif,
la séparation des armées anglaises d'avec les françaises,
aurait été atteint.

L'offensive d'avril sur la Lys aurait dû commencer à
lui montrer la difficulté d'obtenir de grands résultats
sans le bénéfice de la surprise et la nécessité de varier
ses procédés d'attaque. Le 27 mai lui procure, par la surprise, des avantages qui dépassent toutes ses espérances;
il en profite aveuglément et s'avance jusqu'à la Marne
avant d'avoir fait tomber les deux piliers qui s'opposent
à l'élargissement de sa percée; des troupes très manœu-
vrières auraient peut-être pu profiter de cette témérité
et déborder les résistances latérales, mais il ne les a plus.
En outre, pendant le troisième acte de cette action,
l'attaque sur Compiègne est bien vite arrêtée, et la contre-
attaque du 11 juin aurait dû lui ouvrir les yeux sur le
danger de présenter à son ennemi des flancs qui restent
forcément très vulnérables.

Le 15 juillet, il ne varie en rien ses procédés d'attaque;
il n'a pas prévu la défense élastique que l'armée Gouraud
lui oppose et qui le déconcerte complètement. Son passage
de la Marne représente une manœuvre très hardie, qu'il

exécute adroitement ; mais, faute d'avoir prévu la résistance à l'est de Reims, il doit s'arrêter avant l'encerclement de la ville. Dès le 17, l'échec est avoué, enregistré ; l'offensive est arrêtée.

Alors s'élance l'offensive française du 18 juillet, et le voici ramené de la Marne à la Vesle, avec des pertes qu'il considère comme irréparables, puisqu'il se résigne à dissoudre dix divisions. Il doit renoncer à l'attaque qu'il préparait dans les Flandres et abdiquer de ce moment l'initiative des opérations. Le maréchal Foch s'en saisit au même instant et, le 24 juillet, avant même que l'attaque du 18 ait obtenu tous ses résultats, il donne ses ordres pour quatre autres attaques.

Elles partent les 8 et 20 août, les 12 et 26 septembre, et l'offensive se poursuit ensuite sur un rythme de plus en plus accéléré, jusqu'à l'assaut général et concentrique qui amène le résultat final.

Lüdendorff affirme dans ses *Souvenirs* qu'il comprit le 8 août seulement la nécessité de terminer la guerre, sentant que le moral des armées allemandes avait déplorablement baissé et que la pénurie de leurs effectifs lui interdisait d'envisager des opérations de grande envergure. « Le 8 août est le jour de deuil de l'armée allemande dans l'histoire de cette guerre... Le 20 août était aussi un jour de deuil. » Il offrit sa démission au kaiser, qui la refusa.

Au cours de sa polémique avec le haut commandement, le gouvernement allemand fut amené à publier certain nombre de documents officiels qui permettent de suivre la marche de l'idée de paix dans les milieux dirigeants. C'est d'abord le Conseil du trône le 14 août, où le chancelier constate que l'opinion est fatiguée de la guerre et que le peuple manque de vivres et de vêtements ; par contre, chez l'ennemi, l'espoir de vaincre et la volonté de combattre se sont fortifiés ; les Alliés croyaient pouvoir écraser les Puissances centrales grâce à leurs réserves en hommes et en approvisionnements de toute nature ; ils peuvent aujourd'hui aider le facteur « temps » par des succès militaires. Les neutres sont fatigués de la guerre et aspirent à la paix ; d'une façon générale, ils désirent la victoire de l'Entente, dussent-ils y coopérer ; quant aux alliés de l'Allemagne, l'Autriche est au bout de ses forces, la Bulgarie y touche, la Turquie est d'un poids lourd à porter. Le maréchal Hindenburg l'a déclaré : « Il ne nous est plus possible d'espérer que nous pourrons briser, par des actions militaires, la volonté de combattre de nos ennemis ; la conduite de nos opérations doit se donner pour but de paralyser peu à peu, par une défensive stratégique, la volonté de combattre de nos ennemis. »

Le kaiser et le kronprinz demandent une discipline plus vigoureuse à l'intérieur. Guillaume II déclare qu' « il faut guetter un moment favorable pour s'entendre avec l'ennemi » en utilisant la médiation de certains États neutres, et que la propagande doit se faire très active, non pas au moyen des fonctionnaires, mais par des personnalités autorisées qui recevront leurs directives du ministère des Affaires étrangères. Le chancelier compte entamer des pourparlers avec l'ennemi après le premier succès qui sera obtenu sur le front occidental. Le maréchal Hindenburg déclare : « qu'on réussisse à se maintenir sur le sol français, et ainsi on soumettra finalement l'ennemi à notre volonté. »

La pauvreté de ce procès-verbal est stupéfiante ; plusieurs des orateurs y ont ajouté après coup des déclarations écrites sans enrichir son indigence. Hindenburg sait très bien qu'il est beaucoup plus difficile de se défendre que d'attaquer ; Lüdendorff le répète à toutes les pages de ses *Souvenirs de guerre;* ils n'ignorent pas que l'armée américaine compte 2 600 000 soldats et s'accroît tous les jours ; que 1 400 000 Américains sont en France, dont le nombre augmente de 300 000 par mois ; comment pourraient-ils penser, par une simple défensive, « imposer leur volonté » à un ennemi qui peut aligner de telles ressources, sans cesse croissantes, alors que la pénurie de leurs effectifs les a obligés à dissoudre 22 divisions? Que leur amour-propre personnel et que leur orgueil national répugnent à reconnaître qu'ils ont trouvé leur maître dans le maréchal Foch, on le conçoit ; mais ils pourraient s'incliner devant ces chiffres et devant les premiers résultats de l'offensive alliée. Ils sentent parfaitement que le moment est venu de déposer les armes : puisque l'Allemagne ne peut plus gagner la guerre, et qu'ils ont devant eux un adversaire qui attaque, — et comment ! — ils sont forcément battus et leur devoir serait de le faire comprendre à leur souverain, dont, au contraire, ils prolongent l'aveuglement.

Et que fait ce souverain, dont le seul remède à la situation consiste dans une propagande intense menée par MM. Ballin, Heckscher, etc., sous la direction occulte du ministère des Affaires étrangères? A défaut du génie de Frédéric II, il pourrait avoir hérité un peu de sa constance dans les revers et de sa faculté de décision. Il reste inerte, cédant toujours trop tard à la pression des événements, qu'il s'agisse de concessions à faire à ses ennemis ou aux partis avancés. Pour relever le moral de l'Allemagne, son chancelier von Hertling se propose de faire pression sur les juges du prince Lichnowsky en leur donnant connaissance des effets déplorables que ses révélations ont produits sur le front, et de poursuivre la réforme du droit de vote en Prusse. Quant au secrétaire d'État aux Affaires étrangères, von Hintze, il a demandé, dit-il, à commencer l'action diplomatique, mais sans dire sur quelles bases, et le maintien des buts de guerre fixés pour le cas de la victoire empêchait évidemment toute espèce de pourparlers. En somme, aucune décision ne sortait de cette conférence solennelle, la dernière à laquelle le kaiser assista.

Pourtant l'Autriche insiste pour une démarche immédiate auprès de toutes les puissances belligérantes ; le gouvernement allemand veut attendre que les armées allemandes aient terminé leur repli et s'adresser alors à une puissance neutre qui servira d'intermédiaire. Mais le repli se prolonge sans fin et la situation empire. L'empereur Charles, qui a reçu le 3 septembre la même réponse que le 15 août à sa proposition de pourparlers, demande où le commandement allemand a l'intention de résister et à quelle date les négociations pourront enfin commencer. Le maréchal Hindenburg, consulté, repousse le 10 septembre la démarche auprès des puissances ennemies ; par contre, il approuve « l'entremise d'une puissance neutre en vue d'une explication immédiate ».

Mais la discussion continue entre les deux alliés : le comte Burian, chancelier d'Autriche-Hongrie, veut toujours s'adresser directement aux belligérants, le gouvernement allemand préfère demander l'intermédiaire d'une puissance neutre. Au cours de la discussion, qui se prolonge, le gouvernement allemand cherche la puissance neutre qui servira d'intermédiaire et négocie à cet effet. Mais voici que le 15 septembre se prononce l'attaque foudroyante des armées du général d'Espérey ; le front oriental s'effondre ; la Bulgarie est aux abois et met bas les armes le 30 septembre. C'est Lüdendorff lui-même qui, le 21 septembre, a suggéré de s'adresser directement au président Wilson par l'intermédiaire de la Suisse.

Cette démarche nécessitait quelques préparatifs ; les déclarations du président Wilson étaient bien formelles : il ne voulait pas traiter avec le gouvernement qui avait voulu et préparé la guerre mondiale. Le chancelier Hertling sera démissionnaire et un nouveau gouvernement va se présenter au monde, qui sera qualifié de démocratique. Les ministres en exercice règlent les détails de cette mise en scène et en même temps ceux de la démarche auprès du président Wilson. Mais le temps presse. Le haut commandement intervient. Hindenburg et Lüdendorff, parfaitement d'accord sur la nécessité d'entamer les négociations, en confèrent le 29 avec le secrétaire d'État aux Affaires étrangères von Hintze et apprennent de sa bouche la transformation du gouvernement. Le 1er octobre, Lüdendorff insiste pour que l'offre de paix parte immédiatement. « Aujourd'hui, la troupe tenait, mais on ne pouvait prévoir ce qui arriverait demain. » Hindenburg écrit le même jour à 1 h. 30 : « S'il y a certitude, d'ici ce soir 7 ou 8 heures, que le prince Max de Bade forme le nouveau gouvernement, j'approuve l'ajournement jusqu'à demain matin. Si, au contraire, la formation du nouveau gouvernement demeurait tant soit peu douteuse, j'estime qu'il y a lieu d'envoyer cette nuit même la déclaration aux gouvernements étrangers. » Et Lüdendorff revient à la charge et demande que l'offre de paix soit faite sans attendre la formation du nouveau gouvernement ; il déclare devant trois témoins, « qu'aujourd'hui la troupe tenait encore et que nous étions dans une situation honorable, mais qu'une percée pourrait survenir à tout instant et que notre offre de paix arriverait alors au moment le plus défavorable ; qu'il aurait la sensation de se livrer à un jeu de hasard ; qu'à tout instant et en n'importe quel point une division pourrait manquer à son devoir ». « J'ai l'impression qu'on a perdu ici tout son sang-froid », remarque l'agent de liaison du ministre, qui en prend bien à son aise.

Le kaiser pense que la démarche doit être faite par le nouveau gouvernement. Le gouvernement cherche à calmer le haut commandement par télégramme : « Nouveau gouvernement formé vraisemblablement aujourd'hui 1er octobre pendant la nuit. Offre pourra être envoyée cette nuit même. Situation militaire est moyen de pression le plus fort vis-à-vis des partis déraisonnables et exigeants. »

Mais Lüdendorff reste angoissé. Il demande que l'offre

de paix soit envoyée, non seulement à l'Amérique, mais aux autres puissances ennemies ; il désigne à l'avance les officiers qui composeront la commission d'armistice ; il faut tout faire pour que l'Entente reçoive la note le plus rapidement possible : « L'armée ne peut plus attendre quarante-huit heures. » Il prévoit tous les détails, même la transmission par la poste de T. S. F. de Nauen, qui communiquera par Berne avec le gouvernement suisse.

Le 2 octobre, un officier de l'état-major général vient au Reichstag faire aux chefs de partis un exposé de la situation ; il leur révèle l'impossibilité de gagner la guerre et la nécessité de hâter les négociations de paix. Lüdendorff s'étonne bien à tort de la consternation générale que produisirent ces révélations au Reichstag et dans le public ; il avait longtemps manié une opinion docile et naïve qui, grâce aux affirmations des chefs militaires, croyait toujours à la victoire malgré les plus évidentes défaites ; l'Allemagne apprend, de la bouche même dont doit sortir toute vérité, qu'elle est vaincue. C'est la situation d'un patient qui se réveillerait sous le chloroforme au milieu d'une opération très grave dont on lui aurait caché l'exécution. Lüdendorff s'impatiente et réclame impérieusement communication de la note de paix. « Comme on a dit que le grand quartier général approuvait le contenu complet de la note, je demande qu'elle me soit communiquée avant son envoi, pour que je puisse prendre position à son sujet. » Et il envoie dans la journée un projet de texte.

Le lendemain, son Altesse Grand-Ducale le prince Max de Bade, le chancelier du nouveau gouvernement démocratique, envoie au maréchal von Hindenburg le télégramme suivant, dont le but est évidemment de rendre le haut commandement responsable de l'ouverture des négociations qu'il a réclamées depuis le 29 avec une insistance extraordinaire : « Avant de me décider à entamer l'action de paix désirée par le grand quartier général,

J'ai l'honneur de demander à Votre Excellence de se prononcer sur les questions suivantes :

« 1º Pendant combien de temps encore l'armée pourra-t-elle contenir l'ennemi au delà de nos frontières?

« 2º Le G. Q. G. doit-il s'attendre à un effondrement militaire, et, dans l'affirmative, à quelle époque? L'effondrement signifiera-t-il la fin de notre force de résistance militaire?

« 3º La situation militaire est-elle si critique qu'il faille engager immédiatement une action en vue de l'armistice et de la paix?

« 4º Au cas où il serait répondu affirmativement à la question 3, le G. Q. G. se rend-il compte que le fait d'entamer des pourparlers de paix sous la pression d'une situation militaire critique peut conduire à la perte des colonies allemandes et de territoires allemands, en particulier de l'Alsace-Lorraine et des cercles purement polonais des provinces de l'est?

« 5º Le G. Q. G. approuve-t-il l'envoi du projet de note ci-joint? »

Il était impossible de répondre aux deux premières questions, qui, sous diverses formes, reviendront sans cesse dans les conférences ultérieures. Lüdendorff l'a fait très justement remarquer à ce propos : « La guerre n'est pas un problème de mathématiques », et il était absolument impossible de calculer à l'avance la durée de résistance de l'armée allemande, la date de l'effondrement et sa profondeur. Mais il répond nettement aux deux suivantes : la situation militaire exige immédiatement des ouvertures de paix, même si elles ont pour conséquence la perte des colonies allemandes, de l'Alsace-Lorraine et de la Pologne allemande. Voici sa réponse :

« Le commandement suprême de l'armée maintient sa demande formulée dimanche, le 29-9-18, d'une offre de paix immédiate à nos ennemis.

« Par suite de l'écroulement du front de Macédoine

et de la diminution de réserves qui en est résultée pour le front occidental, par suite aussi de l'impossibilité où nous nous trouvons de combler les pertes très élevées qui nous ont été infligées dans les combats de ces derniers jours, il ne reste plus aucun espoir — autant qu'il est possible à un homme d'en juger — de forcer l'ennemi à faire la paix.

« L'ennemi, de son côté, jette journellement dans la lutte de nouvelles réserves. Cependant l'armée allemande reste solide et repousse victorieusement toutes les attaques. Mais la situation devient de jour en jour plus critique et peut forcer le haut commandement à des décisions lourdes de conséquences.

« Dans ces conditions, il vaut mieux cesser la lutte pour éviter au peuple allemand et à ses alliés des pertes inutiles. Chaque journée perdue nous coûte des milliers de braves soldats. »

C'est le 5 octobre que le prince Max de Bade envoie la première note allemande à l'Amérique, priant le président Wilson de prendre en main le rétablissement de la paix sur les bases qu'il a indiquées dans ses discours, dont reconnaissance des quatorze points et établissement en Allemagne d'un gouvernement de forme moderne. La note demande en outre un armistice immédiat.

L'aveu de la défaite militaire résulte clairement de tous ces textes. C'est l'offensive anglaise du 8 août qui ouvre les yeux de Lüdendorff sur sa situation. Il provoque le Conseil du trône du 14 août, où le maréchal von Hindenburg affirme que les Empires centraux ne peuvent plus gagner la guerre; ni le souverain, ni ses conseillers ne tirent de ce fait toutes ses conséquences. Le 10 septembre, le maréchal von Hindenburg demande l'ouverture immédiate des négociations par l'intermédiaire d'une puissance neutre; la discussion avec le gouvernement autrichien prolonge la situation. Le 27 septembre, Hindenburg et Lüdendorff renouvellent leur demande et à partir du

1er octobre leur instance se fait de plus en plus pressante. Le nouveau chancelier finit par y céder le 3 octobre, mais après avoir rejeté sur leur tête l'entière responsabilité de la démarche, en les obligeant à constater qu'elle peut avoir pour conséquence la perte de l'Alsace-Lorraine, de la Pologne prussienne et de toutes les colonies allemandes.

Les réponses aux trois notes du président Wilson amènent de nouvelles conférences auxquelles prennent généralement part soit Lüdendorff, soit ses agents de liaison ; l'examen de la situation donne lieu aux mêmes constatations et les membres du gouvernement posent les mêmes questions. Le problème des effectifs paraît toujours insoluble ; le 9 octobre, Lüdendorff déclare qu'il lui manque depuis longtemps 70 000 hommes par mois pour les maintenir, et que le trou va par conséquent en s'agrandissant ; il repousse la levée en masse « qui désorganiserait plus qu'on ne peut le supporter ». La situation est très grave. « Hier, il s'en est fallu d'un fil que la percée réussisse. Je vous prie instamment de ne pas mettre mes paroles sur le compte de la nervosité. Il est absolument indispensable de faire une démarche de paix, mais bien plus encore une démarche d'armistice. La troupe n'a plus de repos. On ne peut calculer si elle tiendra ou non. »

Mais vers le 15 octobre, le haut commandement paraît vouloir rejeter sur le gouvernement la responsabilité qu'il a assumée en entamant des pourparlers pour la paix dont les conditions seront forcément très dures. Il sait que matériellement il ne pourra ramener des forces appréciables du front russe et demande cependant si le gouvernement estime que le danger bolcheviste permet ce mouvement ; il a repoussé l'idée de la levée en masse et prie qu'on examine les ressources qu'elle pourrait donner. Le chancelier et les ministres sont inquiets de cette attitude nouvelle. Pour la grande séance du 17 octobre, un vaste questionnaire a été dressé et la discussion tourne toujours dans le même cercle. Tout se réduit, comme toujours à la guerre, à une question de moral, et le front et l'armée réagissent dans le même sens l'un sur l'autre. Scheidemann dit : « En venant du front, les permissionnaires racontent des histoires terribles ; en retournant au front, ils rapportent de l'intérieur de mauvaises nouvelles. Cet échange affaiblit le moral... Les travailleurs en arrivent de plus en plus à se dire : Plutôt une fin avec la désolation que la désolation sans fin, la misère est trop grande. » Et un autre secrétaire d'État : « Le peuple n'a été mis en face de tout le sérieux de la situation que par le ton sévère de la note Wilson. » Et le vice-chancelier : « Quand nous avons envoyé notre première note, les gars se sont demandé : que se passe-t-il? Cela n'a pas l'air d'aller si bien que cela. Bientôt le moral fut chancelant ; quand arriva la deuxième note de Wilson, le moral s'effondra, on vit qu'il s'agissait de notre existence... » Et le vice-président Friedberg : « Aucun homme ne sait où il en est, et tous se frappent la tête pour savoir comment il se fait que l'on se trouve brusquement devant une telle catastrophe. »

Fatigués par la longueur de la guerre et par les privations, déçus par les résultats des offensives, les peuples allemands avaient accepté docilement toutes les explications de la presse sur les replis successifs et n'avaient jamais douté de la victoire fructueuse qui devait terminer cette longue épreuve. Et voici que tout d'un coup elle se terminait en défaite, peut-être en désastre... Ils constatent pour la première fois qu'ils ont été trompés et la sensation de la réalité les réveille de leur rêve. Mais comment, dans cette situation terrible, leur demander un effort exceptionnel comme la levée en masse, ou simplement le départ pour le front des contingents importants que pourraient à la rigueur fournir certaines catégories de fonctionnaires et les hommes qualifiés d'indisponibles et qui sont employés au service des places à l'intérieur?

« Je crois volontiers que l'on peut encore mobiliser pour l'armée plusieurs centaines de milliers d'hommes, dit Scheidemann, mais on s'illusionne en croyant que ces centaines de milliers vont améliorer le moral de l'armée. Je suis persuadé du contraire. » Finalement, aucune mesure d'ensemble ne parait possible, et le temps se passe en discussions stériles.

Le 23 octobre, dans sa troisième note, le président Wilson spécifie que les conseillers militaires des Alliés détermineront les conditions de l'armistice de façon à garantir « les mesures nécessaires pour rendre impossible la reprise des hostilités par l'Allemagne »; il constate que les changements politiques qui viennent de s'accomplir en Allemagne sont insuffisants pour permettre au peuple allemand de faire prévaloir sa volonté sur celle des autorités militaires de l'Empire, et indique nettement qu'il ne peut proposer à ses alliés de traiter avec les auteurs responsables de la guerre. Dans toute l'Allemagne et dans les pays neutres, cette déclaration est comprise comme une mise en demeure d'écarter Guillaume II et le kronprinz du gouvernement de l'Empire; l'abdication du kaiser en faveur de son petit-fils apparaît comme le seul moyen de sauver la dynastie des Hohenzollern. L'ambassadeur d'Allemagne à Berne mande que, d'après une source autorisée, l'abdication du kaiser « permettrait à Wilson d'agir plus facilement en faveur de ses plans de paix sur le Sénat américain, où les idées préconisant un écrasement complet de l'Allemagne ont gagné beaucoup de terrain ces derniers temps ».

Mais le haut commandement ne se résigne ni à la disparition du kaiser, ni au désarmement de l'Allemagne, qui serait sa propre disparition. Aussi, le 24 au soir, Hindenburg signe un télégramme à l'armée qui expose la situation à son point de vue et affirme : « La réponse de Wilson exige la capitulation militaire. Aussi est-elle inacceptable pour nous, soldats... C'est une invitation à continuer la résistance jusqu'à l'extrême limite de nos forces... » Seule, la première proposition était exacte; la seconde et la conclusion dépendaient de la décision du gouvernement. Lüdendorff affirme qu'il contresigna ce télégramme à l'armée avec la conviction que le gouvernement avait changé d'avis et s'était décidé à la résistance. Mais le haut commandement, mieux éclairé, retira son ordre du jour après qu'il eut cependant été communiqué à l'une de ses armées jusqu'à l'échelon du bataillon : en tout cas, il semblait bien qu'il y eût là une manifestation contre la paix voulue par le gouvernement, et Lüdendorff, considéré comme responsable, dut envoyer le 26 au kaiser la lettre de démission qu'il avait préparée dès la veille.

Mais les événements se précipitent. Après la Bulgarie et la Turquie, l'Autriche s'effondre à son tour. Le départ de Lüdendorff a permis au gouvernement de consulter les généraux von Gallwitz et von Mudra; ils ont encore un peu d'espoir de continuer la lutte, mais l'abandonnent en apprenant la capitulation de l'Autriche. Le général Gröner expose le 5 novembre aux secrétaires d'État combien la situation a empiré sans espoir d'amélioration : « La résistance que l'armée peut opposer à l'assaut de nos ennemis extérieurs ne peut être que de courte durée. » La démoralisation augmente. Le repli des armées doit se continuer jusqu'à la frontière; il est impossible de préciser combien de temps on pourra y tenir : « Tout dépend de ce fait : l'ennemi utilisera-t-il ses possibilités d'attaque?... Nous gagnerons certainement le temps nécessaire aux négociations. » Et il demande de patienter quelques jours encore.

Le kaiser, qui ne songe nullement à abdiquer pour sauver sa dynastie, fait exposer à son gouvernement l'idée de continuer des négociations de paix indépendantes des pourparlers d'armistice. L'armistice ne conduisait pas par lui-même à la paix, mais le progrès des négociations pour la paix amènerait de meilleures conditions pour l'armistice, qui seraient réglées entre militaires. Si le front continue à se consolider comme dans les dernières semaines, si également les succès de l'Entente par suite du mauvais temps se ralentissent, enfin si les négociations de paix progressent, l'influence de Wilson et celle des éléments de l'Entente favorables à la paix prendront une importance plus considérable. Et Sa Majesté désire vivement connaître l'opinion du gouvernement sur ces idées.

Il est bien malheureux pour le monde que les vues de Guillaume II et du général Gröner n'aient pas prévalu dans les conseils du gouvernement allemand. Il se résolut à envoyer le 7 novembre la commission chargée de négocier l'armistice.

Les gouvernements de l'Entente, enfin renseignés par le président Wilson sur les ouvertures faites par l'Allemagne, avaient demandé au Maréchal Foch de déterminer « les conditions militaires auxquelles peut être consenti un armistice capable de protéger, d'une manière absolue, les intérêts des peuples intéressés et d'assurer aux gouvernements associés le pouvoir sans limite de sauvegarder et d'imposer les détails de la paix, à laquelle le gouvernement allemand a consentie ». L'expert militaire de l'Entente détermine ces conditions en conscience : la livraison d'un important matériel de guerre qui désarmait l'armée et la marine allemandes et l'occupation de la rive gauche du Rhin et des trois têtes de pont de Mayence, Coblence et Cologne dans un rayon de 30 kilomètres sur la rive droite, avec une zone neutre de 10 kilomètres en avant des territoires occupés. L'armistice n'était conclu que pour une durée d'un mois, et son renouvellement, s'il était nécessaire, permettait d'exiger des conditions nouvelles.

Le Conseil supérieur de guerre des Alliés se réunit à Versailles le 31 octobre et le 1er novembre. Les propositions du maréchal Foch furent approuvées, avec la livraison d'un matériel supplémentaire.

Le 9 novembre, la délégation allemande se présentait à Rethondes près de Compiègne, où le train du maréchal était garé. Les Alliés jugeaient que l'armistice devait garder le caractère de la capitulation sollicitée. Aussi, lorsque M. Erzberger, chef de la délégation, déclara « venir recevoir les propositions de l'Entente », le Maréchal répondit qu'il n'avait aucune proposition à faire. C'est seulement après que les délégués reconnurent qu'ils étaient venus « demander l'armistice », qu'ils entendirent la lecture de ses conditions immuables, sans avoir la possibilité de les discuter Le gouvernement allemand avait trois jours pour répondre ; il s'inclina, et l'armistice entra en vigueur le 11 novembre à 11 heures.

A ce moment, la révolution avait éclaté en Allemagne. Partout des conseils d'ouvriers et de soldats prenaient le pouvoir. Le 9, le prince Max de Bade annonçait l'abdication du kaiser sans l'avoir consulté et était lui-même emporté par le courant irrésistible ; la République était proclamée ; tous les trônes s'écroulaient. Sur le front, les troupes tenaient encore par places, mais les armées étaient entièrement désorganisées. Calculée pour enfoncer un front solidement défendu, l'attaque des Alliés en Lorraine n'eût rencontré devant elle qu'une faible résistance sur les premières positions et elle eût progressé presque sans pertes. Toute la ligne allemande tombait d'un seul coup, de la Suisse à la Hollande.

Entrant dans les Allemagnes les armes à la main, les Alliés y eussent apporté l'ordre et la liberté. La nécessité de vivre eût amené les armées à traiter avec les gouvernements locaux, à les connaître, à les improviser là où ils n'existaient pas encore. Successivement délivrés du joug prussien, les États allemands auraient retrouvé leur existence propre et déterminé, en pleine indépendance, le caractère du lien fédéral qu'ils voulaient pour les réunir. La paix aurait été tout autre.

LIVRE V

LES CAUSES DE LA VICTOIRE

CHAPITRE PREMIER

LES CAUSES GÉNÉRALES

La Justice de la cause. — La Maîtrise de la mer. — L'Organisation du commandement : unité de commandement. — États-majors. — Cadres.

Si un spectateur impartial peut planer au-dessus de la terrible mêlée qui vient d'ensanglanter le monde pendant plus de quatre années, une première constatation s'impose à son esprit, qui doit le rassurer sur l'avenir de l'humanité : la Justice et le Droit ont combattu pour l'Entente ; ils ont triomphé avec elle.

La petite Serbie est menacée dans son indépendance et dans son existence même par un puissant voisin, dont la population est le décuple de la sienne, avant-garde du germanisme débordant sur l'Orient. Son attitude de soumission presque complète ne peut arrêter l'adversaire décidé à l'écraser et qui prend les armes. Vainement la Russie, qui a engagé la lutte en 1878 pour secourir ses frères de race, se déclare prête à renouveler le même effort tout en multipliant les tentatives pour éviter le conflit ; vainement l'Angleterre propose-t-elle, après la

Russie, de recourir à un arbitrage ; l'Autriche-Hongrie passe outre et attaque la Serbie. Cet acte de violence ne suffit pas à déchaîner la guerre en Europe centrale ; il faut que l'Allemagne se démasque, s'arme à son tour et intervienne directement en sommant la Russie de renoncer aux précautions militaires que la situation lui a commandé de prendre sur sa frontière méridionale, et c'est elle qui déclare la guerre à la Russie.

Liée à la Russie depuis vingt ans par un traité d'alliance défensive, la France s'est armée la dernière et a pris des précautions extraordinaires pour éviter tout conflit de fait ; mais l'Allemagne, pressée de commencer les hostilités vers l'ouest, se fait de nouveau l'agresseur et lui déclare la guerre sous un prétexte mensonger.

L'Angleterre, qu'aucune obligation précise n'oblige à entrer dans la lutte, élude d'abord les invitations que lui fait la France, son amie, de déclarer qu'elle prendra place à ses côtés en cas d'attaque de l'Allemagne ; en même temps, elle refuse à l'Allemagne de s'engager à rester neutre en toute circonstance, et elle invite les deux États à respecter la neutralité de la Belgique. Cette neutralité, dont toutes les grandes puissances européennes se sont solennellement portées garantes, est violée par l'Allemagne. Alors seulement l'Angleterre la somme d'évacuer le territoire belge, et, sur son refus, rappelle son ambassadeur.

L'agression dont les Empires centraux se sont rendus coupables dénoue les liens de la Triple Alliance et permet à l'Italie, dès le début des hostilités, de se déclarer neutre. Revenue à la fraternité latine, elle écoute le cri de ses fils encore captifs à Trente et à Trieste ; elle entre dans la lutte avec la Roumanie, que ses enfants appellent de l'autre côté des Carpathes.

Avec une logique inexorable, les Empires centraux, auxquels se sont jointes deux puissances de proie, la Turquie et la Bulgarie, conduisent la guerre de la même façon qu'ils l'ont déchaînée, au mépris de toute justice, des principes élémentaires du droit international et des conventions par lesquelles les peuples civilisés ont cherché à limiter les maux de la guerre ; et seul règne en maître le droit de la force brutale ; l'utilité militaire immédiate excuse tout. D'où la violation de la neutralité de la Belgique ; d'où les incendies et les pillages destinés à terroriser les populations belges qui devaient, dans leur reflux, semer la contagion de l'épouvante et jeter la France aux pieds du vainqueur ; d'où le bombardement des villes ouvertes et le massacre des innocents, l'emploi des gaz toxiques, la dévastation systématique de régions entières au delà du but militaire, enfin la guerre sous-marine à outrance.

Lent à comprendre, plus lent à s'émouvoir, le monde contemplait avec stupeur cette régression qui mettait au service de la barbarie déchaînée tous les progrès scientifiques de la civilisation. Dans la violence de l'action, tous les masques étaient tombés et les yeux se fixaient sur le vrai visage de ceux qui s'annonçaient comme les nouveaux maîtres de la terre. La durée de la guerre donne aux indignations le temps de prendre corps ; l'héroïque résistance de Verdun permet d'espérer le triomphe du droit ; déjà la grande démocratie américaine a vu ses plus nobles fils prodiguer leur sang et leur or pour la cause sacrée ; elle comprend enfin quel danger représente pour elle la victoire de l'Allemagne, dont « l'avenir est sur l'eau ». Insultée dans son honneur et menacée dans ses intérêts, elle entre dans la lice avec ses forces toutes fraîches et croissant sans cesse selon les nécessités du combat. Ses réserves, pratiquement inépuisables, assurent la défaite des Empires centraux.

C'est donc bien le sentiment de la Justice et la puissance du Droit qui ont réuni les États de l'Entente et leurs alliés. C'est la ferme confiance en ces forces supérieures qui a donné aux peuples injustement attaqués et à leurs armées une volonté de résistance que rien n'a pu briser.

L'Allemagne, qui s'est longuement préparée à la lutte, l'engage à son heure, avec une grande supériorité dans tous ses moyens d'action. Elle a une confiance absolue dans cette supériorité, dans son commandement militaire, dans l'organisation de son armée et de ses peuples, et la certitude d'une rapide victoire lui permet de tout oser. La Prusse a unifié et asservi par le fer des peuples adorateurs de la force qui la suivront en aveugles jusqu'à ce que la défaite fasse tomber le bandeau solidement attaché qui couvre leurs yeux. Jusqu'à cette secousse fatale, c'est son esprit qui les guide sans une hésitation, sans un murmure. Leurs pensées et leurs sentiments sont collectifs et parfaitement disciplinés. Leur intelligence ne fonctionne que dans le sens indiqué par l'autorité ; elle s'ingénie à comprendre les confuses explications qu'on lui présente des événements, et elle y arrive. Les populations ont subi longtemps sans faiblir des privations très dures ; les troupes se sont battues avec un courage et une ténacité auxquels leurs adversaires ont rendu hommage.

La Prusse disposait donc d'un instrument redoutable ; heureusement pour le monde, elle n'eut pas l'homme nécessaire pour le manier. Le moins qu'on puisse dire de son gouvernement, c'est qu'il manqua de psychologie autant que de scrupules et qu'il possa à l'extrême le mépris de ses adversaires. Il méconnut leur caractère et leurs forces, et il ignora les puissances morales. Il avait engagé la guerre pour l'hégémonie universelle, au nom du droit du peuple le plus nombreux de subjuguer le voisin moins prolifique, afin d'acquérir des débouchés nouveaux pour une industrie sans cesse croissante, faisant appel avant tout à l'intérêt matériel le plus immédiat ; au moment des revers, il voudrait susciter l'enthousiasme pour la défense de la patrie. Il lui faut révéler aux peuples la longue erreur où il les a plongés, et il s'étonne de ne pas conserver leur confiance.

Dans une monarchie absolue, Lüdendorff réclame un dictateur comme Gambetta, ou Clemenceau, ou Lloyd George ; de tels hommes ne se révèlent que dans les pays libres ; dans les autres, il faut qu'ils naissent sur le trône.

Quand il est poussé trop loin, le sens de la collectivité atrophie certains côtés de la personne humaine ; les ressorts perdent leur élasticité quand ils sont trop fortement et trop longtemps comprimés. Du fidèle sujet d'un monarque absolu, on ne peut attendre les mêmes ressources que d'un libre citoyen ; si le prince est défaillant, tout s'écroule dans l'État bien organisé, et la machine parfaite s'arrête en même temps que le moteur. C'est pourquoi l'Allemagne prussianisée, dont la résistance dépendait d'un homme insuffisant, devait tomber d'un seul coup.

*
* *

Pour que ce coup pût être asséné, un certain nombre de conditions étaient nécessaires, et la première de toutes, c'est que l'Entente possédât la maîtrise de la mer.

« Chaque soldat est sorti d'Angleterre sur le dos d'un matelot », a remarqué lord Fisher. Les soldats britanniques venaient de toutes les parties du monde ; au moment de l'armistice, ils étaient plus de trois millions en armes, répartis sur tous les théâtres d'opérations ; 500 000 indigènes coloniaux avaient renforcé les armées françaises, deux millions d'Américains avaient passé l'Atlantique. L'entretien de pareils effectifs, les navettes d'Angleterre en Orient et de Palestine en France, les permissions nécessaires au bon état moral des troupes, ont fait monter à 26 millions le chiffre des combattants alliés qu'a transporté la seule flotte anglaise ; il faut y ajouter 242 millions de tonnes de matériel, aliments ou combustibles, pour les armées britanniques ou les nations alliées. Pour la France seulement, privée de ses mines et de ses usines du nord et du nord-est, les envois moyens atteignirent *par mois* 1 500 000 tonnes de charbon et 84 000 tonnes d'acier.

Trop élevés pour évoquer des précisions dans l'esprit public, ces chiffres montrent cependant l'importance capitale de la mer, la route immense, dont le débit n'est limité que par les possibilités de débarquement.

Battue aux îles Falkland en décembre 1914 et au Dogger Bank en février 1915, la flotte allemande de haut bord se considéra comme définitivement hors de cause après sa défaite du Jutland le 31 mai 1916. Les ravages des sous-marins dans les flottes alliées (7 millions de tonnes pour la marine anglaise seulement) causèrent quelque gêne et de grandes inquiétudes. Mais l'Allemagne, qui avait entamé la guerre sous-marine à outrance en 1917 dans l'espoir de terminer la guerre avant que les États-Unis fussent en état d'intervenir avec des forces sérieuses, vit s'évanouir cette dernière illusion ; les chantiers anglais, où travaillaient 1 500 000 ouvriers, réparaient la plus grande partie des pertes maritimes et le reste était comblé par la mise en service des navires allemands internés au moment de la déclaration de guerre. Les puissances alliées pouvaient continuer à s'armer, à se nourrir, à respirer et à combattre.

L'armée est un grand corps dont le commandement est le cerveau et l'état-major le système nerveux. Or, en comparant les deux adversaires au début de la lutte, il faut constater du côté de l'Allemagne une incontestable supériorité d'organisation ; le général von Moltke, héritier d'un nom illustre, commande sous le visage imposant du kaiser, avec le titre de chef d'état-major des armées en campagne ; une volonté unique règne sans conteste aux armées et à l'intérieur, avec un minimum de transmission. Il se conforme scrupuleusement au plan excellent qu'a conçu son prédécesseur le général von Schlieffen ; mais un plan ne vaut que par son exécution ; ce n'est que la mise en équation du problème à résoudre. Et dans l'exécution les fautes de calcul abondent, qui font écarter le général von Moltke dès le 14 septembre 1914. C'est le ministre de la Guerre, général von Falkenhayn, qui lui succède, tout en gardant son portefeuille : le chancelier réclame d'avoir un subordonné direct, qu'on lui donne en février 1915, mais c'est une concession de pure forme ; la volonté du général Falkenhayn, qui a choisi tous les chefs de service, continue à présider à tout.

Le commandement austro-hongrois, d'abord un peu rétif au mors trop serré dont le bride le commandement allemand, obéit bientôt docilement, obligé qu'il est de recourir sans cesse à l'aide matérielle du puissant allié. Ainsi il n'existe aucune distinction entre le gouvernement, chargé de la conduite générale de la guerre, et le commandement, qui ordonne directement les opérations ; et le général von Falkenhayn mène la guerre en toute indépendance, mais il la conduit médiocrement. Sur le théâtre principal, après une attitude défensive de plus d'une année, qui donne à l'armée anglaise le temps de se créer, de s'organiser et de s'aguerrir, il se décide à l'attaque contre Verdun, qu'il entreprend avec une bonne préparation de détail, mais sur un trop petit front, sans avoir su réunir les effectifs que la riposte des Alliés sur la Somme va l'obliger à improviser. En l'absence d'un génie militaire, il était douteux que les Empires centraux pussent gagner la guerre après la bataille de la Marne ; le temps et la brutalité prussienne devaient accroître sans cesse la force et le nombre de leurs ennemis. En tout cas, il est certain que le commandement de Falkenhayn s'y révélait comme incapable et il est naturel que cette évidence l'ait fait remplacer.

Il a pour successeur les deux Dioscures Hindenburg-Lüdendorff auxquels incombe une très lourde tâche, car la bataille fait rage sur la Somme et se rallume de temps à autre à Verdun, hors de leur volonté ; l'usure allemande augmente dans les proportions les plus inquiétantes. Mais ils gardent, eux aussi, le commandement unique et suprême sur tous les théâtres de guerre. Les fautes du gouvernement français leur rendent l'initiative des opérations et ils s'en servent résolument. Heureusement pour l'Entente, ils ne savent pas profiter de la large percée qu'ils ont faite en mars 1918 et ils donnent à leurs ennemis le temps de se ressaisir.

Dans le camp des Empires centraux, les fautes individuelles annihilent ainsi la supériorité dans l'organisation du commandement.

Dans le camp de l'Entente au contraire, il faut constater que l'unité de commandement, condition indispensable à la victoire, ne s'est imposée qu'après de laborieux tâtonnements. Le général Foch y arrive un moment sur l'Yser, par entente directe, par persuasion, par prestige personnel ; le général Nivelle l'obtient régulièrement en 1917, mais l'action du gouvernement français la détruit. Il faut la pleine compréhension et l'imminence du danger pour qu'elle se reconstitue au printemps 1918, et encore par trois étapes successives, dans la personne du Maréchal Foch, qui veut et sait attaquer : c'est la victoire certaine.

Car l'état-major est là, qui saura transmettre la volonté du chef et veiller à son exécution. Le maréchal de Moltke — l'ancien — a dit : « Nos ennemis peuvent envier notre grand état-major ; ils ne peuvent l'égaler. » L'École de guerre a donné au moins aussi bien à l'armée française ; un corps d'officiers consciencieux, à l'intelligence ouverte, restés près de la troupe où ils se sont retrempés au cours de la campagne, et il a su réduire dans une large mesure les préventions forcées contre les titulaires d'un brevet et de fonctions exceptionnelles. Les cours d'état-major ont permis de les renforcer largement par des officiers choisis dans le rang.

Quant aux cadres de la troupe, considérablement augmentée par les créations nouvelles, les pertes y creusent constamment de larges vides que remplissent les officiers de complément. Les nouveaux promus sont choisis sur leur valeur personnelle et avant tout sur leur conduite au feu. Les officiers de carrière, restés en petit nombre, leur transmettent les traditions militaires, qui germent vite dans un sol préparé par une longue hérédité.

Sans cesse des cours nombreux comblent les lacunes de l'instruction et montrent les transformations incessantes de la guerre moderne.

Les troupes s'instruisent dans des camps où elles passent des périodes toujours trop courtes par suite des opérations et des travaux. Elles sont l'objet de soins constants, d'attentions vigilantes pour leur bien-être, et elles sentent sur elles l'affection efficace de leurs chefs. Le général Pétain, commandant en chef des armées françaises, veille très particulièrement sur leur moral; il sait donner toute leur importance à l'alimentation des troupes et au tour régulier des permissions.

Sans doute, l'organisation générale aurait pu bien avantageusement s'alléger par suite de l'extension du front anglais et de l'entrée en ligne de l'armée américaine, et le groupe d'armées, maintenu dans les armées françaises, s'affirmait nettement inutile et de plus en plus lourd. Sans doute, l'instruction avait été menée surtout dans l'hypothèse de la guerre de positions. Mais tel quel l'instrument restait maniable dans une main vigoureuse, et il s'est montré efficace.

Dans les armées allemandes, les mêmes causes produisaient les mêmes effets; les mêmes cours s'instituaient, avec des programmes analogues, jusqu'à la fin de 1917. A ce moment, la supériorité des effectifs permit de consacrer plus de temps à l'instruction de la troupe, qui fut poussée vers la guerre de mouvement et dans un sens nettement offensif. Les opérations sur le front oriental y préparaient les cadres et les troupes. La supériorité de l'instruction était plutôt du côté allemand.

Mais le corps d'officiers restait très éloigné des hommes ; pour le compléter, le commandement s'était presque exclusivement adressé à certaines classes sociales, et des sous-officiers anciens et braves, très en état de remplir des fonctions au-dessus de leur grade, se voyaient préférer de tous jeunes gens qui avaient encore à faire leurs preuves. Ces passe-droit et cette vie de privilège en campagne semaient un sourd mécontentement qui devait se manifester dès les premiers revers. En 1918, le moral des Allemands apparaît comme inférieur à celui des Français.

CHAPITRE II

LA POLITIQUE DES EFFECTIFS

En France. — Erreurs d'estimation. — Variations des effectifs. — Pertes et récupérations. — Offensive à défensive. — La Démobilisation prématurée en 1917. — État des effectifs en 1918. — L'Armistice.

Effectifs coloniaux. — Préjugés contre leur emploi. — Contingents fournis par l'Afrique du Nord. — L'Afrique occidentale. — Madagascar. — L'Indo-Chine. — Les autres colonies. — Importance de cet effort. — Celle qu'il aurait pu avoir. — Son organisation future, dont dépend la durée du service militaire dans la métropole.

En Allemagne. — Supériorité des effectifs au début. — Leurs variations. — Impossibilité de les recompléter en 1918. — Mauvaise politique des effectifs.

En suivant la variation d'effectifs dans les deux camps, on se rend compte de l'influence des pertes sur la conduite générale de la guerre et de l'effort militaire des populations. La politique des effectifs, comprise différemment par chaque parti, reflète l'outrance germanique, en même temps que l'équilibre modéré des conceptions françaises. D'utiles leçons en résultent.

La déclaration de guerre provoqua dans la nation française une explosion de patriotisme dont le souvenir est encore dans toutes les mémoires. Le plan de mobilisation mettait sous les armes près de quatre millions d'hommes et il fut réalisé avec un succès qui dépassa toutes les espérances. Le déchet de 10 pour 100 prudemment prévu fut loin d'être atteint et la seule gêne fut que les réservistes, dont l'appel était échelonné pour faciliter leur incorporation, devancèrent en foule la date

de leur convocation ; il fallut la bonne volonté de tous
pour atténuer les inconvénients de cet encombrement.
A peine habillés et armés par leur dépôt, les soldats
rejoignaient le front, où les événements venaient de
creuser de larges vides. Beaucoup furent tués avant
d'avoir reçu l'existence militaire, qui résulte de l'ins-
cription sur les contrôles réguliers d'un corps. C'est
donc approximativement qu'à la fin de 1914 on évalue
l'effectif mobilisé aux armées à 2 670 000 hommes, à
300 000 le chiffre de nos pertes en tués et prisonniers,
et à 500 000 les évacués sur l'intérieur comme blessés ou
malades.

La classe 1914 avait été appelée en août au lieu d'octobre ; la classe 1915 en décembre ; on commençait
à appeler la réserve de l'armée territoriale ; en même
temps s'effectuait la première contre-visite de tous les
réformés et exemptés âgés de moins de quarante-trois
ans et des hommes du service auxiliaire en vue de leur
passage dans le service armé.

En janvier 1915, nos effectifs sur le front ne s'élevaient plus qu'à 2 300 000 hommes, mais l'ensemble
des mesures prises nous faisait escompter leur prompt
renforcement et leur entretien apparaissait comme
très facile. Les diverses revisions nous donnaient
700 000 hommes, dont 250 000 seulement pour le service
auxiliaire, et elles se poursuivaient. En même temps,
un calcul tout théorique nous exagérait beaucoup les
pertes allemandes. On admettait, d'après l'expérience
des guerres précédentes, qu'à un tué correspondaient
trois ou quatre blessés, dont la moitié estropiés non
récupérables. L'ennemi s'usait sur deux fronts, et on
estimait le front russe aussi meurtrier que le nôtre. Or,
à 100 tués ne correspondaient nullement 150 ou 200 estropiés, mais seulement 50, d'après l'ensemble des résultats
ultérieurement constatés ; l'armée française a perdu au
total 1 289 800 tués (français, indigènes et étrangers)

et n'a eu que 747 000 réformés, y compris les malades, et l'armement des deux adversaires est resté tout à fait comparable. Dans l'ensemble, l'armement moderne s'est révélé plus meurtrier que l'ancien, puisque, pour le même nombre d'hommes atteints, le chiffre des morts a augmenté ; mais on avait tablé sur l'inverse, et les balles de petit calibre, à grande vitesse initiale, étaient qualifiées d'humanitaires, parce qu'elles devaient mettre beaucoup d'hommes hors de combat sans les tuer. On ne tenait pas compte de la mitrailleuse, dont le tir précis frappe très souvent chaque homme de plusieurs projectiles, et de la proportion actuellement beaucoup plus grande des hommes atteints par l'artillerie, dont les éclats d'obus en acier, d'une grande vitesse de projection, sont plus dangereux que les balles. Par ailleurs, il s'en fallait de beaucoup que le front russe demandât à nos ennemis le même effort et les mêmes sacrifices que le français.

Ainsi, d'une part, nous nous découvrions des ressources de recrutement jusqu'alors insoupçonnées, et d'autre part les pertes de l'Allemagne nous apparaissaient énormes ; on allait jusqu'à parler d'un déficit de 200 000 hommes par mois pour ce seul ennemi. Une double erreur en est résultée : d'une part, nous n'avons pas tiré de nos colonies toute l'aide qu'elles étaient en état de nous donner, et quand leurs ressources se sont révélées considérables, la question du fret s'est posée et a empêché leur pleine utilisation ; d'autre part, la guerre d'usure nous est apparue comme favorable à notre succès et on a commencé à entendre la funeste formule qui a servi depuis à masquer bien des indécisions, bien des faiblesses et qui a certainement beaucoup prolongé la guerre. « Le temps travaille pour nous. »

Le haut commandement toutefois échappait en partie à ces illusions et se rendait compte que l'usure ne suffisait pas à elle seule à vider les tranchées établies devant les nôtres et que la famine serait impuissante à faire tomber les armes de leurs derniers défenseurs.

Il tâtonnait, cherchant le procédé qui devait nous permettre la sortie des tranchées, d'où les offensives de Lorraine et d'Alsace, coûteuses parce que menées avec une inexpérience forcée, mais qui servaient du moins à préparer l'avenir. En tout cas, il gardait ainsi l'initiative des opérations. Sur tout le front, la vie des tranchées s'organisait par tâtonnements, aussi bien dans la protection que pour l'attaque, et ces tâtonnements coûtaient également très cher. Pendant le premier semestre de 1915, nous avons perdu en moyenne par mois 38 000 tués ou prisonniers et 95 000 évacués : blessés ou malades. Néanmoins, au 1er juillet 1915, l'effectif de nos armées sur le front s'élevait à 2 663 000 hommes, réalisant un gain de 222 000 hommes en six mois, et la situation restait très favorable.

Le deuxième semestre 1915 creusa de larges vides dans nos effectifs. L'offensive du 25 septembre en Champagne nous coûta 80 000 tués ou disparus et 100 000 évacués. Nos usines de guerre durent se reconstituer et s'augmenter pour faire face à des besoins nouveaux et absolument imprévus ; nous attendions une guerre courte, toute de mouvement, et l'approvisionnement en artillerie était calculé en conséquence et sur des bases bien étroites, même dans cette hypothèse. L'artillerie lourde devait s'augmenter dans des proportions énormes ; l'artillerie de tranchées se créer de toutes pièces. L'effectif des hommes mobilisés dans les usines s'éleva à 125 000, puis à 300 000 hommes ; en juillet 1917, il arriva jusqu'à 559 000 hommes et put ensuite être ramené à 487 000 hommes en 1918, sous l'empire de nécessités urgentes. Puis il fallut créer et alimenter l'armée d'Orient. Mais ces vides importants se comblèrent sans difficulté, grâce aux conseils de revision revoyant sans cesse les réformés et ajournés de toute espèce, et les armées comp-

taient, à la fin de 1915, 2 850 000 hommes (dont 100 000
en Orient). Les pertes de l'année 1915, si elles avaient été
mieux étudiées et mieux comprises, auraient sans doute
empêché bien des erreurs de s'accréditer. La bataille
défensive de Verdun (février-juin) nous coûte 155 000 tués,
disparus ou prisonniers, et 263 000 évacués ; la bataille
offensive de la Somme (juillet-octobre) nous coûte
65 000 tués, disparus ou prisonniers, et 130 000 évacués.
Nos pertes pendant la défensive, en tués, prisonniers
et évacués, étaient 90 000 hommes par mois ; pendant la
double offensive, sur la Somme et à Verdun, où la situation s'était renversée, nous ne perdions au total que
70 000 hommes par mois. Enfin, il s'est trouvé qu'à Verdun nous n'avons dépensé que 30 000 hommes pour reconquérir le terrain qui nous avait coûté 156 000 hommes à
perdre. De quelque façon qu'on groupe ces chiffres, ils
démontrent avec une éloquence impressionnante qu'on
perd moins de monde pendant l'attaque que pendant la défense et que le terrain coûte plus cher à perdre qu'à gagner.

Qu'avions-nous pour combler ces vides : 300 000 tués
ou prisonniers, 523 000 évacués? La classe 1917 nous
donnait 155 000 hommes, les ajournés des classes précédentes 120 000. Nous commencions enfin à utiliser
le recrutement indigène de nos colonies tropicales, qui
fournirent 120 000 hommes ; de plus, l'action combinée
des lois Dalbiez et Mourier allait, à l'intérieur et sur
les arrières des armées, chercher tous les hommes en état
de porter les armes, les remplaçant selon le cas par des
auxiliaires, des femmes, des étrangers ou des coloniaux
de toutes couleurs. En outre, la récupération des évacués,
blessés ou malades faisait de grands progrès, aussi bien
à l'intérieur que dans les armées, et son taux s'établissait à environ 88 pour 100 dont 60 pour 100 récupérables
en un mois. Aussi, malgré nos pertes, nos effectifs s'étaient-
ils accrus de 150 000 hommes en avril 1916, et ils continuaient à monter.

A la veille de l'offensive du 16 avril 1917, ils s'élevaient à 2 965 000 hommes, le chiffre le plus élevé qu'ils eussent jamais atteint, et qu'ils n'ont jamais retrouvé. Les pertes de l'offensive du 16 avril ont donné lieu à des discussions confuses, dont l'exposé serait très long. Elles ont été très exagérées au début, par erreur et par parti pris. D'abord par des calculs théoriques établis sur de fausses proportions entre le chiffre de tués et celui des blessés ; ensuite par des vices de comptabilité, les Russes et les Sénégalais comptés deux fois par suite d'une erreur d'écriture, certains blessés allemands recueillis par nos ambulances, certains blessés comptés deux ou trois fois, d'abord à leur passage au poste de secours, puis à l'ambulance, enfin à l'hôpital d'évacuation. La totalisation des états fournis par les armées donnait 15 589 tués ; 20 500 disparus (tués ou prisonniers) ; 60 036 blessés, au total 96 125. Nous étions loin des pertes subies dans les offensives précédentes, et les résultats obtenus étaient sensiblement plus considérables. Mais le moins qu'on puisse dire, c'est que le commandement, harcelé sans répit, n'avait plus sa liberté d'esprit. La liquidation de cette grande opération fut plus coûteuse que l'opération elle-même. Sur ce terrain, fin mai, nous en étions à 67 000 morts ou disparus, 110 000 évacués ; en fin juillet, à 87 000 morts ou disparus, 169 000 évacués.

Pendant le reste de l'année, un calme relatif régna sur le front, qui s'anima seulement pour les attaques à objectif limité de la Malmaison et de Verdun. Nos pertes furent au total de 38 000 hommes tués et 128 000 évacués ; ce sont les plus faibles de toute la guerre.

Mais un nouveau facteur venait d'intervenir, qui a causé, non pas certes à la nation, mais du moins à l'armée, des pertes beaucoup plus considérables que n'avait pu faire l'ennemi pendant chacune des années précédentes. Le départ des nouvelles classes et le maintien sous les drapeaux des classes anciennes avaient créé un vide croissant dans la population de nos campagnes ; l'emploi des indigènes coloniaux, des étrangers et des prisonniers de guerre y présentait plus de difficultés que dans l'industrie et aucune mesure n'avait été prévue pour satisfaire ce besoin essentiel de la France. Il faut reconnaître que dans notre pays le morcellement de la propriété et la routine paysanne rendent plus difficile que partout ailleurs l'emploi d'équipes agricoles disposant d'un matériel puissant et tout à fait moderne. Quoi qu'il en soit, le problème n'avait pas été envisagé et il reste entier à l'heure actuelle, en sorte qu'il fallut rendre des bras à l'agriculture.

On commença par 60 000 agriculteurs avant la bataille d'avril ; puis les demandes se multiplièrent : 210 000 hommes et 135 000 autres furent mis en sursis ou libérés. C'étaient là 405 000 hommes perdus pour l'armée. Assurément, ce désarmement partiel correspondait à un besoin très réel, mais n'était-il pas possible d'y satisfaire sans cette mesure ? Nos ennemis n'avaient ni main-d'œuvre coloniale, ni main-d'œuvre étrangère ; ils souffraient réellement de la famine, et pourtant aucun agriculteur n'avait été rendu à la terre, qui, nous l'avons constaté dans les provinces rhénanes et en Alsace-Lorraine, était encore mieux cultivée qu'avant la guerre.

Il est bien difficile de s'arrêter sur cette pente, quand on s'y est engagé, et, vers le milieu de l'année 1917, il faut constater une diminution de toutes les énergies, qui s'explique par bien des causes. Un spécialiste averti, M. Pierre Boutroux, affirme à ce propos dans la *Revue de Paris* du 15 août 1919 : « On peut dire que jamais nos effectifs n'avaient subi un pareil assaut. »

Au commencement d'avril, le général Nivelle prenait acte de ces mesures de démobilisation pour insister sur la nécessité de hâter l'offensive : « Prenons garde aussi que si nous retardons l'opération, nous risquons, en raison du nombre de sursis et de projets de démobilisation de certaines classes, de ne plus disposer, à l'arrière-front, de la main-d'œuvre dont nous avons besoin pour assurer les services sans lesquels aucune opération n'est possible. » Aucun procès-verbal n'a été tenu pendant la réunion de Compiègne du 6 avril, mais le général Nivelle y a lu une note qui subsiste et fait foi ; devant les membres du gouvernement, le général en chef a dit : « Il s'agit en somme de savoir si nous voulons livrer la bataille de 1917, car la preuve que dans deux mois la situation sera plus favorable est difficile à faire. Les troupes seront détendues moralement, la démobilisation aura décuplé ses ravages... » Le ministre de la Guerre lisait cette correspondance, écoutait cette lecture, qui dégagent la responsabilité du commandement.

On décida donc de mettre en sursis les classes 1888 et 1889 en entier, et aussi les agriculteurs des classes 1890 et 1891 ; des spécialistes de toute espèce réclamèrent à leur tour et obtinrent satisfaction ; un nouveau vide se creusa, dépassant 300 000 hommes. Pour limiter le gouffre, il a fallu le scandale d'un décret publié au *Journal officiel* qui étendait les sursis à toutes les professions connues et même inconnues, déclarées indispensables à la vie nationale ; il a fallu les menaces de démission du général en chef et la crainte d'une nouvelle crise de commandement ; il a fallu surtout l'arrivée au pouvoir de M. Clemenceau, qui dit : « Je fais la guerre », et qui la fit.

Aux pertes de 1917, 143 000 morts, prisonniers ou disparus et 297 000 évacués (récupérables dans la proportion de 88 pour 100), il faut donc ajouter 705 000 travailleurs agricoles ou autres, ceux-là non récupérables.

Et pourtant, l'entretien de nos effectifs était assuré par l'arrivée de quelques contingents coloniaux (50 000 hommes), par l'incorporation de la classe 1918 (186 000 hommes) et des ajournés des classes précédentes (120 000 hommes), et par le jeu normal des lois antérieures

.et des judicieuses mesures dont l'emploi devenait de plus en plus régulier. Après une baisse assez forte au milieu de l'année, ils se relevèrent à 2 900 000 hommes, effectif de l'armée en mars 1918, à la veille de la grande offensive allemande.

On voit donc combien était erronée l'opinion de ceux qui prétendaient en 1917 qu'une grande offensive était impossible, que nous avions juste assez de monde pour la percée et pas assez pour l'exploitation. En 1917, les pertes définitives, dues avant tout à la démobilisation, ont été pour l'armée de 848 000 hommes, et les pertes en blessés et malades évacués ont été limitées à 297 000 hommes ; jamais une grande offensive n'aurait atteint de pareils chiffres.

Pour livrer la bataille de 1918, nous disposions donc de 2 900 000 hommes sur le front. Nous avions 300 000 recrues, français ou arabes, dans les dépôts ; 40 000 noirs prêts à rejoindre ; pour l'automne, la classe 1919 instruite, des ajournés, 80 000 Arabes, 73 000 noirs ; en outre, les usines de guerre, qui nous avaient déjà restitué 25 000 hommes, purent nous en rendre 47 000 autres au cours de l'année ; enfin restait la perspective des récupérations normales qui nous avaient permis de tenir l'année précédente malgré les rudes assauts livrés à nos effectifs. On conçoit donc mal que, malgré l'avis du général Foch, chef d'état-major général de l'armée, aucun plan d'offensive n'ait été prévu pour cette année, sous prétexte que l'état de nos effectifs ne le permettait point.

Répétons-le, la bataille de 1918 prit une forme purement défensive du 23 mars au 30 juin ; elle nous coûta 145 000 tués, disparus ou prisonniers, et 266 000 blessés ou malades évacués en trois mois et huit jours. La bataille offensive, en y comprenant les petites opérations qui la préparèrent pendant la première quinzaine de juillet, pour laquelle la discrimination n'est pas faite, du 1er juillet au 11 novembre, en quatre mois et onze jours, nous coûta 110 000 pertes définitives, 368 000 évacuations ; mais il faut remarquer que ce dernier chiffre est majoré par des évacuations de la période défensive. Il faut remarquer en outre que le nombre des tués, de 75 000 pour juillet-août, est tombé à 35 000 pour septembre-octobre-novembre, malgré les durs combats de la 4e armée à son débouché en Argonne. Nous trouvons confirmation de ce fait que l'offensive coûte beaucoup moins cher que la défensive. L'expérience de notre adversaire concorde avec la nôtre : « Le combat défensif moderne, dit Lüdendorff, est plus coûteux que l'attaque, ce qui est aussi en faveur de l'offensive. Les mois d'août, septembre et octobre nous ont beaucoup plus coûté que les mois de mars, avril et mai de la même année, pendant lesquels les pertes consistaient surtout en blessés légers qui sont revenus. Les prisonniers que nous perdimes dans la défensive devaient être classés comme pertes définitives. »

En outre, nous avons aussi confirmation d'une vieille vérité, souvent perdue de vue dans les discussions qui accompagnaient nos offensives au cours de cette guerre : quand une attaque heureuse se prolonge suffisamment, à mesure qu'elle gagne du terrain, la lutte devient moins rude, la progression plus facile, les pertes beaucoup plus légères. *Vires acquirit eundo*, telle la boule qui descend sur un plan incliné, selon la comparaison favorite du Maréchal Foch.

Quel était l'état de nos effectifs le 11 novembre, au moment de l'armistice? Nous avions sur le front 2 846 000 hommes, donc 54 000 hommes de moins qu'en mars. Mais la classe 1917 était encore intacte, à l'instruction depuis avril (229 000 hommes) ; la revision des ajournés de la classe 1918 et la revision des classes précédentes devaient nous donner environ 40 000 hommes ; l'Afrique du Nord nous avait fourni 68 000 hommes dès ce moment utilisables, l'Afrique noire 78 000 hommes qui devaient attendre le printemps, et dont nous ne parlons que pour mémoire ; c'était à tout le moins des troupes d'occupation toutes prêtes. Mais nous recevions tous les jours des blessés des premiers mois de la bataille, qui rejoignaient après guérison dans la proportion de 88 pour 100. Comme nos pertes allaient en diminuant et se trouvaient déjà dans une proportion très inférieure à 88 pour 100 par rapport à celles des premiers mois, cette seule récupération qui s'exerçait sur une masse de 675 000 blessés allait suffire à les combler si les hostilités se prolongeaient dans les mêmes conditions, et nous avons vu qu'elles allaient en s'améliorant de plus en plus rapidement. La prolongation des hostilités se présentait donc de notre côté dans des conditions extrêmement favorables, sous le rapport des effectifs comme sous tous les autres.

Avant d'examiner l'état des effectifs ennemis, jetons un coup d'œil sur le parti que la France a tiré des ressources de ses colonies : la question est d'importance.

L'aide militaire que la France a trouvée dans ses colonies mérite une mention spéciale. Il faut y insister, parce que son concours intéresse au plus haut point le présent et l'avenir.

L'emploi de nos indigènes coloniaux dans la défense nationale s'était heurté à des préjugés, à une routine tenace, à un particularisme puissant, enfin à l'idée préconçue que la guerre courte enlevait tout intérêt à des ressources trop lointaines et ne permettrait même pas l'utilisation de tous les contingents métropolitains. On professait à l'état-major de l'armée que la première grande bataille se livrerait entre le dix-septième et le vingt-troisième jour de la mobilisation ; quel qu'en fût le résultat, le vaincu pourrait peut-être se ressaisir à la fin du deuxième mois pour un nouvel effort, dans des conditions déplorables, mais ce serait le dernier. En somme, le sort de la guerre dépendait de la première grande bataille. C'est à cette idée préconçue que répondait le lieutenant-colonel Mangin en 1911 : « Tout en faisant les derniers efforts pour assurer le succès de cette première bataille, où nos troupes noires peuvent jouer un rôle décisif, il ne faudrait pas considérer que nous serions irrémédiablement perdus si le sort des armes nous était une fois défavorable Ce serait le plus dangereux des états d'esprit. Le succès final nous attend dans une lutte de longue durée, où la puissance du crédit, la maîtrise de la mer, l'entrée en ligne d'alliés lointains, nous procurent sans cesse des forces nouvelles. La force noire s'ajoutera à toutes les autres... Nous disposons donc de réserves pour ainsi dire indéfinies, dont la source est hors de portée de l'ennemi. Tant que nous garderions un port et la maîtrise de la mer, il ne faudrait pas désespérer du succès. Dans l'état actuel de l'Europe, la force noire fait de nous le plus redoutable des adversaires. »

Il faut ajouter que nos ennemis étaient également hypnotisés par l'idée préconçue de la guerre courte ; leur demi-dieu Schlieffen et tous ses prophètes, y compris Falkenhausen et Bernhardi, en avaient fait un dogme. Et pourtant une bien autre autorité, devant laquelle tous auraient dû s'incliner, avait envisagé une hypothèse toute différente. Le vieux de Moltke, à la fin de ses jours, disait le 14 mai 1890 : « Si la guerre qui, depuis déjà plus de dix ans, est suspendue sur nos têtes comme une épée de Damoclès, si cette guerre éclate, on ne peut prévoir sa durée ni sa fin. Ce sont les plus grandes puissances de l'Europe qui, armées comme elles ne l'ont jamais été, s'avancent les unes contre les autres au combat ; aucune d'entre elles ne peut être complètement abattue au cours d'une ou deux campagnes, au point de se reconnaître vaincue, de se résoudre à la paix à de dures conditions, de ne pouvoir se relever même au bout d'un an pour reprendre

la lutte. Ce peut être une guerre de sept ans, une guerre
de trente ans... »

Ainsi tous les états-majors croyaient fermement à la
guerre courte et cette erreur collective était compréhen-
sible. Mais en France cette croyance avait une telle force
qu'elle interdisait d'envisager l'hypothèse de la guerre
longue.

Dans l'Afrique du Nord, le 19e corps d'armée mobilisa
quatre divisions, mi-partie zouaves et tirailleurs indigènes,
et le Maroc fournit la valeur de trois divisions (37 bataillons) qui furent d'ailleurs remplacés par des territoriaux
et des bataillons sénégalais de nouvelle formation. Au
point de vue des contingents indigènes, on se bornait,
en cas de mobilisation, à utiliser au mieux les troupes
du temps de paix, renforcées hâtivement par l'appel
des anciens tirailleurs libérés.

La Tunisie avait heureusement gardé le service militaire obligatoire, que ses instructeurs français avaient
fait adopter par le bey avant notre conquête. C'est
sans effort qu'elle donna 30 000 hommes en 1914-15,
malgré la situation troublée de la frontière tripolitaine,
et le total de ses contingents au cours de la guerre monta
à 54 000 hommes.

Le général Messimy avait vainement, comme député,
préconisé un régime analogue pour l'Algérie, reprenant
un projet qui datait de 1845. Mais on avait refusé de
tenir compte du précédent tunisien et on s'était perdu
longtemps dans le maquis des commissions d'enquête
et de recensement et des expériences locales. Toutefois,
la conscription avait été établie en principe en 1912.
L'appel de la classe de 1914 et la mobilisation des anciens
tirailleurs fournirent 64 000 hommes pour les années 1914
et 1915. Sous l'impulsion du ministère Clemenceau,
l'année 1918 vit un effort sérieux. De justes concessions
furent enfin faites aux indigènes en compensation de
charges nouvelles qui, dans ces conditions nouvelles de

statut légal, furent acceptées sans difficultés, et l'Algérie nous donna au total 177 000 hommes.

Le Maroc est récemment conquis, mais sa population guerrière doit être de très précieuse ressource. Il fournit 20 000 hommes en 1914-15 ; mais son effort tomba trop vite et il n'atteignit au total que 37 000 hommes. Encore ce chiffre est-il soumis à discussion, car un certain nombre d'hommes sont comptés en double, par suite de relèves suivies de renvoi sur le front.

Au moment de l'armistice, on comptait au total sur tous les fronts 83 bataillons de tirailleurs indigènes algéro-tunisiens et 12 bataillons de tirailleurs marocains.

En 1910, il semblait bien que les ressources militaires de l'Afrique occidentale allaient être organisées. A la suite de nombreuses publications et de conférences, l'opinion publique avait fini pas s'intéresser à cette question que les autorités compétentes se refusaient à examiner. Quatre rapporteurs différents (guerre, colonies, intérieur, rapport général) en saisissaient simultanément la commission du budget de la Chambre, qui les approuvait, ainsi que la commission de l'armée, et un premier bataillon sénégalais fut placé en Algérie à titre d'expérience. Il devait être le noyau d'un corps de 20 000 hommes à créer en quatre ans, auquel correspondait une augmentation parallèle de nos troupes de l'Afrique occidentale, réservoir de ce corps, et en même temps la question du service militaire obligatoire pour les Arabes algériens pouvait être envisagée sous un jour nouveau ; la garde de l'Algérie étant assurée par les Sénégalais, les contingents de la métropole restaient en France, où une partie des contingents européens de l'Algérie les rejoignait. C'était une augmentation sensible de nos forces disponibles dès le premier jour de la mobilisation, et des ressources considérables qui se préparaient pour la suite des opérations éventuelles. L'organisation des troupes noires eût donc vu se terminer en 1915 le premier stade de son organisation.

'Mais, s'il est possible en France de lancer une idée, il est beaucoup plus difficile d'en poursuivre la réalisation quand elle s'échelonne sur plusieurs exercices budgétaires, surtout quand la force d'inertie des pouvoirs publics entre en jeu. Un second bataillon alla rejoindre le premier en Algérie en 1912, puis on en resta là, malgré la bonne volonté du gouverneur général Merlaud-Ponty, qui offrait « tous les tirailleurs qui seraient demandés ».

Toutefois, malgré beaucoup de mauvaises volontés, 12 bataillons sénégalais faisaient campagne au Maroc, où M. Millerand en avait activé l'emploi pendant son premier passage au ministère de la Guerre.

'En 1914-15, grâce au gouverneur général Ponty, 34 000 tirailleurs furent levés. Mais, après sa mort, ce recrutement fut arrêté et ne reprit que grâce à l'initiative parlementaire qui dut faire pression sur le gouvernement : 50 000 hommes, chiffre fixé par les commissions de l'armée à la Chambre et au Sénat, furent levés en 1916 ; puis le recrutement tomba de nouveau. On lui imputa faussement les troubles dont étaient responsables quelques administrateurs, qui furent condamnés plus tard par la cour d'assises. Mais le prétexte était commode et servit deux ans. Il fallut que M. Clemenceau imposât sa volonté et envoyât la mission Diagne dans l'Ouest africain. Le résultat fut un contingent de 77 000 hommes, dont 63 000 pour l'Afrique occidentale et 14 000 pour l'Afrique équatoriale. Au total, l'ouest africain nous fournit au cours de la guerre 181 500 tirailleurs, dont 134 000 débarquèrent en Europe ou en Algérie. Le reste fit campagne au Cameroun ou au Maroc et, sans l'aide d'aucune troupe européenne, maintint, l'ordre dans un ensemble de colonies plus vaste que l'Europe.

Madagascar n'a que 3 millions d'habitants, mais cette colonie avait comme gouverneur général le lieutenant-

colonel Garbit, qui « entra dans la guerre » sans hésitation. Aussi Madagascar donna 41 000 hommes et 5 000 travailleurs de 1914 à 1917. Mais le lieutenant-colonel Garbit,
ayant demandé à combattre sur le front, fut remplacé et
la Grande Ile ne fournit que 1 000 hommes en 1918,
au moment où nos besoins étaient le plus urgent. Nous
avons un régiment malgache sur le Rhin, 10 000 Malgaches dans l'artillerie lourde, d'autres dans tous les
services, téléphones, T. S. F., Santé (infirmiers et même
médecins), grâce au développement de l'instruction à
Madagascar, où la France récolte les fruits semés par
le général Galliéni pendant son gouvernement de neuf
années.

Au moment de la mobilisation, l'Indo-Chine offrit
d'envoyer en Europe quelques bataillons : le commandement les refusa. Heureusement, l'arsenal de Saïgon,
supprimé, fournit des ouvriers annamites à celui de Tou-
lon ; cette main d'œuvre excellente amena des demandes
analogues ; les Annamites furent employés avec succès
dans toutes les spécialités, aviation, services auxiliaires,
convois automobiles où ils restaient en 1919 au nombre
de 5 000 et se faisaient remarquer par la bonne tenue de
leur matériel. Enfin on songea que ces cousins des Japonais pourraient être employés comme combattants ;
les trois bataillons engagés sur le front s'y comportèrent
fort bien. Mais les tâtonnements du début et les difficultés de transport à la fin des hostilités limitèrent leur
emploi à 50 000. Le général Pennequin, ancien commandant supérieur des troupes de l'Indo-Chine, le Français
qui connaissait le mieux ces races et qui était le mieux
connu d'elles, insistait beaucoup en 1915 pour aller en mission et proposait d'y recruter 200 000 ou 300 000 hommes ;
mais le général Pennequin mourut sans qu'il fût donné
suite à son projet.

La côte des Somalis nous a donné un excellent bataillon ;
elle a pour hinterland l'Abyssinie, qui a été fort troublée

en 1914-15 par les intrigues turques et allemandes, et les grandes ressources de sa population guerrière n'ont pas été utilisées.

Le bataillon canaque recruté en Nouvelle-Calédonie s'est très bien comporté, mais c'est tout au plus si nous pouvions transporter ses relèves.

Outre les combattants, les colonies nous ont fourni des travailleurs : 94 000 pour l'Algérie-Tunisie, 35 000 pour le Maroc, 54 000 pour les colonies tropicales ; la Chine nous a donné 37 000 coolies, mais le recrutement de la main-d'œuvre chinoise demandait une organisation préalable dont l'absence s'est fait sentir. Au total, 221 000 travailleurs qui ont permis de récupérer un nombre correspondant de combattants français.

Il faut remarquer en outre qu'aucun militaire de carrière n'est resté dans nos colonies tropicales ; elles nous ont rendu 2 300 officiers, 4 500 sous-officiers, 20 000 soldats de métier ; tous ont été remplacés par les réservistes européens mobilisés sur place, et la population créole de nos vieilles colonies nous a fourni en outre 51 000 hommes, dont 34 000 sont venus combattre en Europe.

Ainsi, l'ensemble des colonies françaises a fourni à la métropole 545 000 indigènes combattants, largement employés dans nos troupes de choc ; 115 400 ont été tués sous nos drapeaux, soit 20 pour 100 de l'effectif, alors que dans l'ensemble des troupes européennes la proportion est de 15 pour 100 pour les hommes, 22 pour 100 pour les officiers combattants ; l'Afrique du Nord a nécessité la présence de quelques, contingents métropolitains, mais nos colonies tropicales se sont gardées elles-mêmes.

A l'armistice, on comptait 83 bataillons de tirailleurs indigènes de l'Algérie-Tunisie, 12 du Maroc, 92 de l'Afrique occidentale, 17 de l'Indo-Chine, 10 de Madagascar, 1 de la côte des Somalis, 1 du Pacifique, soit 216 bataillons, dont beaucoup à très fort effectif.

L'armée coloniale a formé trois corps d'armée (7 divisions, dont 3 en Orient) ; l'effectif des formations qu'elle encadrait, combattants et travailleurs, se montait à 600 000 hommes, Européens ou Indigènes coloniaux. En outre, à la mobilisation, elle a fourni aux régiments de réserve de nombreux officiers disponibles. De tels chiffres et de tels faits répondent avec éloquence aux adversaires de notre politique coloniale, qui craignaient de voir ce nouveau domaine constituer une lourde charge pour la métropole en cas de conflit européen. Ils répondent aussi aux détracteurs de l'armée coloniale qui lui reprochaient d'être à peu près inutilisable dans la guerre en Europe.

Les rapports d'opérations, les journaux de marche des grandes unités et les résultats obtenus sur le champ de bataille témoignent de la valeur de tous ces contingents, aussi bien que l'admiration de leurs compagnons d'armes, les fourragères et les décorations de leurs drapeaux. Il faut y joindre le témoignage de l'ennemi, qui exagère, non pas le courage, mais le nombre de nos soldats indigènes coloniaux ; ils se sont comportés de telle sorte que l'adversaire les a crus beaucoup plus nombreux qu'ils n'étaient.

Lüdendorff revient à quatre reprises sur ce sujet. En 1916, au moment où il prend le commandement avec Hindenburg sous le titre de premier quartier-maître général, il examine la situation dans les colonies allemandes et dit incidemment : « L'utilité que la France a tirée de son empire colonial ne peut être estimée assez haut. Elle a mené la guerre, notamment dans l'été 1918, dans une large mesure avec les troupes de couleur. » En 1917, c'est le bilan de la situation sur le front occidental qui s'impose : « La France avait déjà donné ses enfants. Les bataillons n'avaient plus que trois compagnies au lieu de quatre. Mais elle possédait dans son empire colonial un immense réservoir d'hommes, auquel elle fit appel de plus en plus. » Le 15 juin 1918, pendant une pause entre deux attaques, il dit : « La France tirait plus de ressources que dans les premières années des riches réserves d'hommes de son empire colonial. Il est certain que, dans le temps d'arrêt où nous nous trouvions, elle reprenait des forces. » Enfin, en août, en signalant une première suppression de dix divisions allemandes, il constate que les armées de l'Entente avaient aussi beaucoup souffert, mais il remarque que la France réparait ses pertes : « La France avait engagé un nombre surprenant de nègres du Sénégal et de Marocains. »

Il faut donc rendre un éclatant hommage à l'effort de nos colonies au cours de la guerre ; elles ont donné bien au delà de ce que la Métropole pouvait en attendre, étant données les lacunes considérables de leur préparation militaire. Mais il faut également constater que cet effort aurait obtenu des résultats beaucoup plus importants s'il avait été organisé dès le temps de paix, ou même si les instructions du gouvernement avaient été suffisamment nettes et fermes dès le début des hostilités.

« Si la conscription avait été instituée depuis une dizaine d'années, l'Afrique, dès la mobilisation, au lieu de nous fournir 28 000 hommes, nous aurait donné 250 000 combattants », a pu écrire M. Abel Ferry. Cet effort aurait certainement pu être doublé pendant les années suivantes. La Tunisie et surtout le Maroc auraient pu donner des contingents beaucoup plus importants qu'ils ne l'ont fait. Le corps de 20 000 Sénégalais dont la création avait été commencée en Algérie en 1910 devait être prêt en 1914. « Ainsi, une division en France le quinzième jour de la mobilisation, une seconde division le quarantième jour, une troisième le soixantième jour, et trois autres s'échelonnant les troisième et quatrième mois. » Le projet dont la réalisation n'avait été qu'ébauchée en 1910 nous donnait donc six divisions noires et il se prêtait à un bien autre développement, envisagé en 1909, et qui aurait pu recevoir son exécution au cours de la guerre.

L'Indo-Chine a donné plus qu'on ne lui a demandé. Mais on lui a demandé très peu et ses contingents étaient d'un transport difficile à partir de 1916 ; sa population de 14 millions d'habitants, de civilisation ancienne, aurait pu fournir en 1914-15 plusieurs centaines de mille hommes

Ainsi le chiffre de 545 000 indigènes levés au cours de la guerre aurait pu être doublé dès la première année, triplé et quadruplé les années suivantes. Un million de combattants de plus, entretenu régulièrement sur le front, c'était nos forces augmentées de plus de moitié, par des contingents supérieurs à ceux que l'Amérique est arrivée à mettre sur le front de France en 1918 ; on peut donc affirmer, sans contradiction possible, que la guerre eût été singulièrement abrégée si les ressources de nos colonies avaient été mobilisées régulièrement par les procédés indiqués en temps utile.

La France continentale ne contient même pas 40 millions d'habitants, mais la France d'outre-mer en a plus de 50 millions, qui augmentent rapidement, et la nécessité nous a obligés de constater leurs qualités militaires. Nous ne pouvons continuer à fermer les yeux sur ce fait : l'annexion militaire de nos colonies est réalisée. La plus grande France est créée, son union a été cimentée par le sang versé en commun sur le champ de bataille ; elle est couronnée par la victoire.

Au point de vue immédiatement pratique, notre population militarisable est plus que doublée. Sans doute, ce ne sont pas les mêmes lois que nous pouvons appliquer à des peuples si divers, et ce n'est pas de la même manière que nous pouvons utiliser des ressources situées à des distances si différentes de la métropole. Mais nous pouvons admettre d'une manière très générale qu'en temps de paix, il y aura sous les armes à peu près autant de Français de couleur que de Français blancs. Rien ne s'oppose d'ailleurs à ce que la durée du service soit différente et différent le taux du contingent.

Si, sous les tropiques comme dans la métropole, le nombre des hommes sous les drapeaux est sensiblement le même pour des populations égales, la charge militaire sera sensiblement la même. Mais à un groupement colonial qui doit entretenir un effectif permanent de 30 000 hommes par exemple, il est préférable de demander chaque année 10 000 hommes pour trois ans que 30 000 hommes pour un an, parce qu'on tient compte de l'état social et des habitudes qui réunissent les indigènes par race, tribu, canton ou village ; on tient compte en même temps des longues distances à parcourir, de l'acclimatement nécessaire et des lenteurs de l'instruction. Le recrutement s'établira progressivement, respectant non seulement le sentiment de collectivité, mais l'organisation sociale et les mœurs de chaque peuple. Ses procédés seront donc différents selon les colonies ; le seul principe commun à toutes, dont l'application peut être complètement réalisée en trois ou quatre ans, peut s'exprimer ainsi : « A population égale, charge égale, représentée par le même nombre d'hommes sous les armes. » Des études consciencieusement conduites depuis de longues années et dont l'expérience des derniers recrutements ont confirmé les résultats, permettent d'affirmer qu'il est facile d'arriver à un total au moins égal à 300 000 hommes pour nos contingents coloniaux permanents.

L'emploi de ces contingents coloniaux est tout indiqué. Déjà 35 bataillons algériens, 6 bataillons sénégalais, 3 bataillons malgaches font partie de l'armée du Rhin, avec quelques milliers d'Annamites employés dans les convois automobiles et dans divers services. On ne peut donc plus parler d'expérience et on peut décider que nos six divisions comprendront chacune 1 régiment algérien et 1 régiment tropical, soit 6 régiments algériens, 2 sénégalais, 2 annamites, 2 malgaches, avec un large emploi des coloniaux dans l'artillerie et les divers services. Nos corps frontière peuvent être organisés de même manière et notre couverture sera ainsi assurée. Des corps dans le Midi de la France recevront les régiments destinés à compléter nos unités de première ligne. Dans l'Afrique du Nord et l'Afrique occidentale pourront stationner les divisions expéditionnaires que l'état actuel de l'Europe nous oblige à prévoir, et des troupes de complément qui donneront à l'organisation de l'armée nouvelle beaucoup d'élasticité.

Aux forces stationnées dans les eaux métropolitaines correspondraient forcément des effectifs stationnés aux colonies pour leur servir de réservoir. Il restera à établir le plan de mobilisation et de transport des contingents coloniaux, enfin leur utilisation sur les théâtres d'opérations en fonction de leur débarquement en Europe.

· L'annexion militaire de nos colonies est faite : il faut le constater et tirer de cette situation toutes ses conséquences. La première, c'est que notre armée permanente peut comprendre au moins 300 000 indigènes coloniaux en France, sur le Rhin, ou dans les eaux métropolitaines ; notre prochaine loi militaire doit escompter ce facteur et la fixation de la durée du service militaire obligatoire dans la métropole dépend essentiellement de l'organisation de nos ressources coloniales. C'est seulement quand ces 300 000 coloniaux seront organisés que le temps de service militaire pourra être réduit pour la métropole.

· La seconde, c'est que nous disposons, en cas de conflit mondial, d'un supplément de plusieurs millions de combattants, dont le transport en Europe constitue un problème à résoudre ; mais sa solution n'a rien de particulièrement difficile, surtout si l'on admet la construction d'un chemin de fer transsaharien, qui s'impose pour beaucoup d'autres motifs ; ce fait nouveau, capital, il faut que tous en tirent quelques conséquences, en France, et ailleurs également. ·

L'acclimatation physique et morale de ces recrues est à organiser de toutes pièces ; l'habitude de la vie en commun sera prise aux colonies, où l'indigène sera dégrossi sur place, dans son pays d'origine, pendant six mois par exemple ; en Algérie et dans le Midi de la France, il s'instruira pendant six autres mois ; enfin le voici apte à entrer dans nos troupes de couverture pour deux ans environ, sur le Rhin, dans l'est ou le nord de la France, et sur tous les théâtres de notre action extérieure.

L'instruction des nouvelles levées sera complétée par des écoles de cadres et de spécialités, l'accession aux grades d'officier sera accordée sans autre limitation que le mérite personnel.

Notre politique coloniale ne sera pas modifiée par l'organisation nouvelle, mais ses directions générales s'affirmeront de plus en plus vers la collaboration des indigènes et leur assistance matérielle et morale. Les services qu'ils nous ont rendus au cours de cette guerre et ceux que nous allons leur demander créent entre eux et nous des liens nouveaux d'affection et de reconnaissance. Nous nous efforcerons de plus en plus de connaître leurs besoins et leurs désirs, en consultant leurs représentants naturels ou élus, en développant les assemblées indigènes locales, et plus tard en instituant des parlements par colonies. C'est dans cette voie qu'il faut marcher sans hésitation.

L'instruction publique est encore bien peu développée, de même que l'assistance médicale. Il nous faut des écoles normales indigènes, qui forment des instituteurs, des médecins et des sages-femmes de leur race.

Nos officiers coloniaux ne perdront pas de vue que les anciens tirailleurs libérés formeront avec leurs gradés les cadres de la société nouvelle ; nos administrateurs et nos colons doivent sentir qu'un événement s'est produit, considérable : l'aurore d'un monde nouveau se lève aux Tropiques ; elle montre la plus grande France, toujours guidée par une juste modération et une large humanité, mettant au service de la civilisation le poids de 100 millions d'hommes.

L'Allemagne, au cours de la guerre, mobilisa 31 classes de recrutement, tous les hommes valides nés entre le 1er juin 1870 et le 1er janvier 1901, soit 14 millions d'hommes ; tel est le réservoir de « matériel humain » où elle a puisé avec une énergie sans cesse croissante et qu'elle est arrivée à vider.

Elle bénéficiait au début de sa grande richesse en hommes et de sa puissante organisation. Comme les compagnies d'infanterie comptaient sur le pied de paix 160 hommes, — 180 dans les corps de couverture, — 70 à 90 réservistes leur suffisaient pour passer du pied de paix au pied de guerre ; deux classes de réserve permettaient à ses 25 corps d'armée de se mobiliser.

En outre, à la suite d'une nouvelle organisation datant de 1914, chaque régiment actif formait un régiment de réserve à 3 bataillons (sauf pour les corps de couverture et certains régiments de formation récente), et deux compagnies d'*Ersatz* qui furent ensuite groupées pour former des brigades mixtes, puis des divisions. Ces formations, solidement encadrées par des officiers et des sous-officiers de l'active et comprenant un certain nombre de régiments du temps de paix qui comptaient en surnombre dans les corps d'armée, fournirent 14 corps d'armée de réserve et 4 divisions de réserve et 6 divisions d'*Ersatz*, dont l'existence, soigneusement tenue secrète, permit à l'armée allemande d'étendre son front plus loin que notre état-major ne l'avait prévu.

Dès 1914, la bataille de l'Yser amena la création de 6 nouveaux corps d'armée de réserve, une division bavaroise, une division de marine ; des réservistes jeunes, provenant de l'*Ersatz* (réserve de remplacement non instruite, laissée en excédent après l'incorporation de chaque classe), avaient été dressés en deux ou trois mois dans des camps d'instruction.

En 1915, la classe 1914, dont l'appel, échelonné sur plusieurs mois, commença seulement en décembre 1914, rejoignit le front et ses 450 000 à 500 000 hommes, après avoir renforcé les régiments existants, servirent à créer quatre nouveaux corps de réserve et une division bavaroise. En même temps, une deuxième division de marine apparaissait sur le front. Dans le courant de la même année, l'Allemagne fut obligée d'appeler le premier ban de *Landsturm* pour 20 classes de recrutement, dont chacune est composée d'une centaine de mille hommes, classés comme les moins bons par les conseils de revision ; cet appel de deux millions d'hommes non instruits s'échelonna sur toute l'année, chaque portion rejoignant le front après deux ou trois mois d'instruction. En mai commença l'appel de la classe 1915, qui fut dressée en deux ou trois mois. Ces énormes réserves ne permettent pas la formation de nouveaux régiments, mais des divisions nouvelles se créent, à trois régiments au lieu de quatre. Toutefois la guerre de tranchées amène la création de bataillons de pionniers, de mineurs, etc., et l'on voit apparaître des bataillons de *Landsturm* sur le front russe.

La bataille de Verdun appelle sur le front la classe 1916, en février et en mars la classe 1917 dans les dépôts. L'offensive du général Broussiloff en Galicie et celle du général Foch sur la Somme obligent l'Allemagne à toutes les récupérations et à tous les expédients commencés en France dès 1915 : revisions nouvelles des réformés et exemptés, reclassement des hommes qui passent du *Landsturm* dans la *Landwehr*, de la *Landwehr* dans l'active, révocation des sursis d'appel en grand nombre, et comme conséquence : service obligatoire civil, emploi de la main-d'œuvre féminine, etc. En même temps, les bataillons d'*Ersatz*, de *Landwehr* et de *Landsturm* se multiplient sur le front et font leur apparition en Belgique où ils libèrent des troupes actives. Des Belges et des Polonais, réquisitionnés militairement, vont remplacer les ouvriers allemands dans les usines de guerre ; les populations des territoires occupés sont contraintes à des travaux militaires, quelquefois tout près du front. L'emploi de toutes ces ressources permet de recompléter les unités existantes et de créer 60 nouveaux régiments et sauve l'Allemagne qui se sentait aux abois. Toutes les divisions furent réduites à trois régiments.

La classe 1918, dont l'appel avait commencé le 15 novembre 1916, commença à arriver sur le front au début de 1917, et toutes ces récupérations continuaient activement, car on attendait l'attaque du printemps trop annoncée par l'Entente. Quatorze divisions nouvelles furent créées. Les divisions allemandes qui restaient en Russie, considérées comme des troupes de police, se vidaient de tous les éléments jeunes et n'étaient plus composées que d'hommes entre trente-cinq et quarante-cinq ans.

Avant sa grande offensive de mars 1918, Lüdendorff avait complété les effectifs des divisions dont il disposait sur le front occidental, et les bataillons étaient à 800 hommes, répartis en quatre compagnies et une compagnie de mitrailleuses (au lieu de 1 000 hommes), mais son ouvrage nous apprend qu'il n'avait que 100 000 hommes dans ses dépôts ; il jugeait ce ballant bien léger, mais se consolait en pensant que ses ennemis étaient aux prises avec les mêmes difficultés ; la division anglaise, de 12 bataillons en 1917, était réduite à 9 bataillons, et l'armée française avait dû dissoudre 100 bataillons territoriaux.

Dès le mois de juin, l'entretien des effectifs se faisait mal ; le 13 juillet, le commandant de la 10ᵉ armée signalait que 4 divisions allemandes usées sur son front par des actions locales qui préparaient l'offensive projetée, avaient été remplacées par des unités sorties de secteur depuis peu de temps, ni reposées, ni recomplétées. « Et leurs effectifs sont très faibles (40 à 50 hommes par compagnie). L'ennemi, à la suite de ses échecs, reste donc très affaibli, mais les ordres qui ont été donnés aux commandants de secteur et que nous avons capturés, sont formels. Tenir coûte que coûte sans avoir de renforts. Le gros de l'armée allemande est réservé pour la grande offensive. Devant le front de la 10e armée, j'estime donc que la situation est éminemment favorable à une attaque et je crois devoir le signaler à votre attention. »

Donc, Lüdendorff engageait une nouvelle offensive dans des conditions précaires. Dès qu'une première victoire nous rendit l'initiative des opérations et que le Maréchal Foch en profita pour attaquer sans répit, la situation fut immédiatement renversée au point de vue des pertes ; nous l'avons constaté à notre profit dans notre camp (97 000 pertes définitives en mai-juin, 35 000 en septembre-octobre-novembre), constatons-le aussi chez l'ennemi à son détriment : « La guerre demande des hommes, répète Lüdendorff. La bataille défensive est beaucoup plus coûteuse que l'attaque et cette vérité est évidente. Août, septembre, octobre 1918 nous ont coûté beaucoup plus cher que les mois d'avril-mai. Les pertes consistaient surtout en blessés légers revenant dans leurs corps ; les blessés légers de la fin ont été pris par l'ennemi. » Du 15 juillet au 31 octobre, nous avons capturé en effet 364 000 prisonniers, auxquels il faut ajouter les morts et les blessés évacués et les « tireurs au flanc » de toute nature qui, des dépôts jusqu'aux arrières immédiats de l'armée, sont signalés comme une plaie de plus en plus envahissante dès le mois d'août.

Lüdendorff supprime 10 divisions en août, 12 en septembre. Quand, le 2 octobre, le major von dem Busche, représentant le G. Q. G., expose aux chefs des partis du

Reichstag que le moment fatal est arrivé : « Nos troupes se sont en grande majorité admirablement battues, dit-il. Néanmoins, le haut commandement dut prendre la décision effroyablement lourde de déclarer que, autant qu'il était possible à un homme d'en juger, il n'y avait plus possibilité de contraindre l'ennemi à faire la paix. »

C'est à peu près uniquement sur la pénurie des effectifs qu'il s'appuie : « La question des renforts est devenue décisive. L'armée est entrée dans la grande bataille avec des effectifs faibles. Malgré les mesures prises, les effectifs de nos bataillons sont tombés de 800 hommes en avril à 540 à la fin de septembre. Et nous n'avons pu obtenir ce chiffre qu'en procédant à la dissolution de 22 divisions, soit 66 régiments.

« La défaite bulgare a mangé 7 autres divisions. Il n'y a aucun espoir d'amener les effectifs à des taux plus élevés. Les renforts normaux, blessés guéris, récupérés, ne couvriront pas les besoins d'une campagne d'hiver calme. Seule la mise en ligne de la classe 1900 (qui correspond à la classe française 1920) augmentera l'effectif des bataillons de 100 hommes... Maintenant nos réserves arrivent à leur fin. Si l'ennemi continue à attaquer, la situation peut exiger que nous nous repliions sur de grandes étendues de front. Nous pouvons encore conduire la guerre de cette façon pendant un temps appréciable ; nous pouvons infliger à l'ennemi de lourdes pertes, *laisser derrière nous un pays désertique*, mais en agissant ainsi nous ne pourrons jamais plus gagner la guerre. »

Savourons en passant cette perspective de dévastations inutiles que le représentant du G. Q. G. ouvre comme consolation devant les chefs de partis du Reichstag ; constatons que dans la conférence du 17 octobre devant les secrétaires d'État, le chancelier Max de Bade et Lüdendorff, le colonel Heye, adjoint à Lüdendorff, remarque inmédiatement : « Si nous nous retirons en combattant, *il faut détruire le pays*, car il faut créer entre l'ennemi et nous une frontière de sécurité. » Prétexte ridicule, puisque la retraite était envisagée comme pratiquement indéfinie. Scheidemann est là, qui écoute sans mot dire, alors qu'il sait bien interrompre en d'autres circonstances, Scheidemann, le chancelier de demain, qui publiera ces documents pour servir sa polémique contre Lüdendorff, sans même se rendre compte que l'Allemagne déposait en un instant le masque d'humanitarisme tout neuf qu'elle venait d'attacher laborieusement sur sa figure.

Mais revenons aux effectifs. Lüdendorff, le 9 octobre, dans une conférence tenue avec le chancelier et les ministres, dit : « Dans les derniers mois, il nous manque par mois 70 000 hommes... » Grande question : Aura-t-on des renforts? En avril et juin, le G. Q. G. demande que les renforts soient plus importants. En août, une confé-rence a lieu à ce sujet. Mais rien de décisif n'est mis sur pied. Le ministre de la Guerre doit savoir si c'est encore possible. Le remplacement du matériel est assuré, mais les hommes manquent... A l'ouest, le manque d'hommes est chose décisive... « La défensive coûte plus cher que l'offensive », répète-t-il une fois de plus. Et le ministre de la guerre Scheuch refait son compte. Et on examine, pour les écarter, la solution d'une levée en masse puis la prolongation du service militaire jusqu'à soixante ans. Le déficit de 70 000 hommes par mois est constant, il subsisterait même pendant l'hiver si les opérations étaient arrêtées ; car il s'agit de recompléter les divisions, dit Lüdendorff, et il a calculé sans tenir compte de l'augmen-tation de l'ennemi.

Dans la grande conférence du 17 octobre, on voit le général Hoffmann, revenu du front Est, constater que les divisions de ce commandement sont composées d'hommes de trente-cinq à quarante-cinq ans et conta-minées de bolchevisme ; étant donné la difficulté des transports, il faut plusieurs mois pour les ramener, et on sacrifierait ainsi les ressources de l'Ukraine en grains, bestiaux, chevaux, fourrages...

D'autre part, on constate que les effectifs ont encore beaucoup baissé, le front ouest compte 191 divisions, dont 4 autrichiennes (qui vont disparaître par la demande d'armistice de l'Autriche) et 7 venant de l'est. Vingt-huit divisions d'infanterie n'ont que 200 à 300 hommes. « Si ces bataillons étaient à effectifs pleins, la situation serait sauvée », dit Lüdendorff. Mais il sait bien que personne ne peut les mettre à effectifs pleins.

Le ministre de la Guerre Scheuch refait de nouveau ses comptes, il pourrait donner, ou bien 190 000 par mois, ou bien 600 000 d'un coup, et ensuite 100 000 par mois. Mais il ne peut indiquer de délai pour cette deuxième solution et, dans une autre conférence du même jour, il annonce qu'il s'est mis d'accord avec Lüdendorff pour un renfort immédiat de 75 000 hommes. Nous voici loin de tous les premiers chiffres. Mais le ministre explique que les renforts ne peuvent arriver que peu à peu et Lüdendorff acquiesce par son silence, bien obligé de se contenter de ce qu'on peut lui donner.

Par ces renseignements certains qui confirment les calculs de notre deuxième bureau trop souvent suspectés d'optimisme, nous constatons qu'après la suppression de 22 divisions, les effectifs des régiments d'infanterie étaient, dans l'ensemble, diminués de moitié. Les bataillons étaient en majorité réduits à trois compagnies, et un assez grand nombre à deux compagnies.

L'état physique des troupes empirait; les mêmes divisions revenaient trois et quatre fois au feu avant d'être reposées et recomplétées; d'autres ne quittaient pas la bataille. Aucune réserve n'était plus disponible pour parer à une défaillance sur un point du front.

Quant au moral, il était au plus bas dans la plupart des unités. Lüdendorff n'avait cessé de réclamer un appel à la nation, venant de quiconque pouvait paraître en état de lui parler, car depuis longtemps il n'était plus question de l'empereur. Il s'adressait à Scheidemann, à Ebert, qui restaient muets. Le 28 octobre, après son départ, le conseil des ministres secrétaires d'État put enfin entendre d'autres généraux que lui et convoqua les généraux von Mudra et von Gallwitz, qui, malgré un certain optimisme, insistèrent sur la double nécessité de relever le moral et de renforcer largement l'armée. Ils signalent un mouvement contre la continuation de la lutte et contre la discipline. « Le défilage a pris une proportion effrayante, en particulier pendant les combats sous bois. » Ils reviennent à l'avis de Lüdendorff et réclament un appel au peuple, non de l'empereur, mais du nouveau gouvernement, dit Gallwitz ; de l'empereur et du nouveau gouvernement, dit Mudra. C'est leur seule divergence. Mais la défection de l'Autriche paraît dans leur esprit trancher la question et mettre fin à tout espoir de résistance.

Et tous sont d'accord avec Lüdendorff pour affirmer que la baisse du moral est causée en grande partie par le fait que les effectifs ne sont pas recomplétés. Il manque dans les divisions en moyenne la moitié des effectifs d'infanterie, et parfois les deux tiers, et il est impossible de les renforcer, mais on prévoit que les pertes nouvelles ne pourront être comblées. Le général von Gallwitz remarque très justement que, dans la défensive, les effectifs peuvent baisser avec moins d'inconvénient, mais évidemment pas dans de telles proportions, et le front s'effondre, faute de renforts, voilà le fait.

Ce résultat était prévu et certainement escompté par le Maréchal Foch quand il poussait l'offensive à outrance et sans trêve sur tout le front.

Quelques chiffres permettront de le comprendre. Au commencement de 1918. l'Allemagne avait 241 divisions ; elle avait mobilisé 14 millions d'hommes au cours de la guerre. La France a au même moment 111 divisions (nous ne comptons pas une division polonaise, entretenue par des ressources spéciales) et elle avait mobilisé 7 750 000 Français du territoire national, 250 000 Arabo-Berbères de l'Afrique du Nord, 200 000 indigènes coloniaux, soit au total 2 800 000 hommes.

Donc, le nombre d'hommes correspondant à chaque division était de 58 000 pour l'armée allemande, de 76 000 pour l'armée française. Si l'armée allemande avait adopté le même taux que la nôtre, elle se serait contentée de 184 divisions au lieu de 241, et aurait compté 57 divisions de moins ; inversement, si nous avions pris le même taux que nos ennemis, nous aurions eu 144 divisions au lieu de 111, donc 33 divisions de plus.

L'armée française comprenait 96 divisions en 1914 et 116 en 1915 ; mais les résultats très limités de nos offensives en Champagne et en Artois ont montré cette année-là que la guerre menaçait de durer longtemps et notre commandement s'est prudemment organisé pour durer ; il s'est borné à l'entretien des effectifs existants et aux transformations nécessitées par les formes nouvelles de la lutte ; l'infanterie comprenait, en mai 1915, 72 pour 100 de nos combattants ; l'artillerie, 18,4 pour 100 ; l'ensemble des autres armes, 9,8 pour 100 ; au moment de l'armistice, l'infanterie était réduite à 50 pour 100 ; l'artillerie absorbait 35,7 pour 100 ; l'ensemble des autres armes, 15 pour 100. Aussi les divisions étaient-elles réduites à 3 régiments de 2 500 hommes au lieu de 4 régiments de 3 300 hommes, pendant que l'artillerie lourde, le génie, l'aviation, les conducteurs d'automobile ne cessaient de se développer et que les chars d'assaut se créaient.

L'armée allemande, tout en obéissant aux mêmes nécessités d'organisation, ne cessait d'augmenter le nombre de ses divisions par à-coups successifs et selon les besoins de sa politique militaire. Elle a des réserves d'hommes énormes, elle en use plus hardiment que nous des nôtres, pourtant beaucoup plus fortes. Alors que tous nos hommes non instruits passent six ou huit mois dans les dépôts ou les bataillons d'instruction, ses réservistes et territoriaux non instruits (*Ersatz* de l'active, de la réserve, de la *Landwehr*, du *Landsturm*) sont envoyés au front après deux ou trois mois d'instruction : il en est de même des jeunes classes, dont l'appel et la mise en service, au début plus lent qu'en France, s'accélèrent au point que l'Allemagne est en avance d'une classe sur la France.

Il est évident que l'Allemagne, ayant à mener la lutte sur deux fronts, à soutenir par intermittence son alliée l'Autriche-Hongrie en Galicie et en Italie, à conduire une offensive en Roumanie, à encadrer l'armée turque, se trouvait aux prises avec des difficultés croissantes, et ce fut une nécessité pour elle de mettre en ligne toutes ses ressources. Mais un succès rapide lui était devenu indispensable en 1918, parce qu'elle était incapable d'une lutte prolongée. D'une part, elle ne pouvait plus entretenir, à beaucoup près, l'effectif de ses trop nombreuses divisions ; d'autre part, les suppressions considérables que lui imposaient ses pertes nécessitaient une réorganisation complète, incompatible avec l'allure accélérée de nos attaques ; enfin, en réduisant de moitié le nombre de ses divisions, elle eût dégarni une partie notable de son front, qu'aucun prodige d'organisation ne pouvait empêcher de s'effondrer, faute d'hommes.

CHAPITRE III

L'EFFORT DES ALLIÉS

C'est la violation de la neutralité belge qui a forcé le
gouvernement britannique à déclarer la guerre à l'Allemagne ; mais pour que le peuple anglais entrât complètement dans la lutte, il fallut les raids aériens et le
bombardement des villes côtières. Sans doute, tout était
fait pour activer les engagements volontaires, tracts,
conférences, affiches monumentales, mais le meilleur
agent de recrutement resta toujours le zeppelin. Quand les
engagements volontaires eurent produit tout leur effet
et que la nécessité s'imposa de recourir au service militaire obligatoire pour entretenir les effectifs, c'est encore
le zeppelin qui, aidé du sous-marin, permit au gouvernement britannique d'imposer le plus grand des sacrifices à la nation qui a le culte héréditaire de la liberté
individuelle.

L'empire britannique, résolument pacifique et confiant dans sa puissance maritime pour se défendre, avait
fermé les yeux sur le danger allemand ; un réseau d'influence adroitement tissé enveloppait toutes les classes
dirigeantes, dont seuls quelques rares personnages clair-

voyants avaient su se préserver : il s'étendait jusqu'aux partis les plus avancés grâce aux socialistes du kaiser. L'Entente cordiale nouée avec la France paraissait non seulement un gage de paix, mais une garantie absolue. Prête pour une expédition coloniale toujours possible, l'armée anglaise gardait la forme appropriée à ce besoin. La plupart des régiments étaient à deux bataillons, qui alternaient pour le service outre-mer. L'instruction de détail était bonne, mais aucune manœuvre d'ensemble ne les réunissait. Théoriquement, la « force expéditionnaire » de quatre divisions pouvait bien porter « l'Union Jack » sur le continent, mais c'était pour une manifestation de solidarité bien peu vraisemblable et dont le lendemain n'était pas prévu. Pas d'artillerie lourde, rien du matériel nécessaire à une armée moderne, aucun état-major organisé au-dessus de la division. Comptaient à l'effectif, dans les Iles Britanniques, 250 000 mercenaires avec 145 000 réservistes très bons, puis 270 000 hommes de la force territoriale très sommairement organisés et non instruits. Partant pour une guerre courte, l'état-major allemand devait braver sans hésitation l'entrée en ligne d'un tel adversaire et franchir sans hésiter la frontière belge, et plusieurs mois après le kaiser parlait encore de « la méprisable petite armée du maréchal French ». Ils méconnaissaient entièrement la race dont elle était sortie et ne se doutaient pas que l'empire britannique lèverait au cours de la guerre 9 400 000 hommes et aurait sous les armes, à la fin des hostilités, 5 700 000 hommes, dont 3 340 000 au combat sur les divers théâtres d'opérations.

L'organisation de ces forces a été réalisée par le maréchal lord Kitchener, ministre de la Guerre. Sept divisions actives envoyées en France furent rapidement rejointes par les divisions territoriales mobilisées. Puis il forma 5 armées de 6 divisions chacune, soit 30 divisions nouvelles, et en même temps 20 divisions territoriales nouvelles. Sur le front de France, il y avait 118 000 hommes en août 1914 ; 1 120 000 hommes en janvier 1915, 1 700 000 en janvier 1916 au moment du vote de la conscription ; 1 831 000 hommes en janvier 1917 ; les effectifs passèrent par un premier maximum de 1 884 000 en septembre 1917 pour retomber à 1 831 000 par l'envoi de 5 divisions en Italie. Les pertes par l'offensive allemande de mars 1918 sont compensées par le retour de 3 divisions d'Italie et de 2 divisions de Palestine et par de nouvelles incorporations, et on passe en juillet 1918 par un nouveau maximum de 1 898 000 hommes. Fin octobre, l'effectif en Belgique est de 1 848 000 hommes, inférieur de 50 000 à celui de juillet, mais supérieur de 20 000 à celui de mars. En outre, les garnisons des Iles Britanniques comptent 1 800 000 hommes, et c'est une réserve où la situation permet des prélèvements importants. Au moment de l'armistice, l'armée britannique est dans les meilleures conditions pour continuer la lutte.

De ses possessions d'outre-mer, le Royaume-Uni tira des ressources considérables. Les Dominions lui fournirent d'admirables troupes, égales aux meilleures sur les champs de bataille européens : le Canada 628 000 hommes, l'Australie et la Nouvelle-Zélande 648 000, dont 440 000 ont servi outre-mer, l'Afrique du Sud 220 000, l'Inde 1 160 000 hommes.

Les troupes britanniques luttèrent aux côtés des troupes françaises aux Dardanelles, en Macédoine, en Italie et au Cameroun ; elles assurèrent seules la charge des opérations, souvent très lourde, en Mésopotamie, en Palestine et dans l'Est africain.

Pendant que la marine française s'assurait la maîtrise de la Méditerranée, la marine britannique contrôlait toutes les autres mers ou côtes du globe et ravitaillait pour la grande partie les armées et les nations de l'Entente. Pour la marine de guerre, le personnel navigant était passé de 145 000 hommes à 400 000, et celui de la marine de commerce à 1 200 000 hommes; 1 500 000 étaient employés aux constructions navales pour réparer les pertes causées par la guerre sous-marine. Les mines et les usines d'Angleterre compensaient dans une large mesure les pertes subies par l'industrie dans le nord et le nord-est de la France, tout en outillant de toutes pièces les armées britanniques qui, au début des hostilités, étaient encore plus démunies que les armées françaises en matériel de toute sorte, notamment en artillerie de tous calibres et en munitions. Ce magnifique effort, dont la France a largement profité, a été organisé et poursuivi par M. Lloyd George, comme ministre des Munitions. Les demandes du maréchal French, qui n'hésita pas à saisir l'opinion publique de sa pénurie en artillerie lourde et en munitions, activèrent beaucoup les fabrications de guerre. Elles représentaient une main-d'œuvre très considérable et absolument nécessaire à la victoire, et il faut en tenir compte quand on songe aux effectifs combattants fournis par l'empire britannique.

Dans la conduite des opérations, les meilleurs rapports s'établirent rapidement entre les commandements alliés. Les nuages qui s'élevèrent parfois ne furent jamais que passagers. Toutefois, la bonne entente ne suffit pas à remplacer l'unité de commandement. L'armée anglaise eut toujours une tendance naturelle à menacer les ports de la mer du Nord, bases des sous-marins allemands; une offensive n'était guère possible sur ce terrain que pendant le milieu de l'été et devait se heurter à une préparation défensive très forte, à moins qu'une entreprise sur un autre point du front eût drainé les réserves allemandes. La seule tentative sérieuse, celle d'août 1917, menée avec la participation d'une armée française, fut commencée trop tard, ne remporta qu'un succès limité et n'atteignit pas ses objectifs. Dans la défensive, l'unité de commandement s'imposa impérieusement à la fin de mars 1918.

Le commandant du corps expéditionnaire garda toujours les prérogatives de son autorité. Le maréchal French, qui avant la guerre, avait les meilleurs rapports avec le ministre de la Guerre lord Kitchener, entra sans hésiter en conflit avec lui. Le 1er septembre 1914, lord Kitchener arriva à Paris et témoigna l'intention de se rendre sur le front ; il dut y renoncer, le maréchal French n'admettant pas que son armée pût avoir deux chefs ; l'armée britannique poursuivit sa retraite, malgré la volonté du ministre de la Guerre. Au commencement d'octobre, à propos des opérations autour d'Anvers, pendant que le maréchal French descendait sur l'Aisne, lord Kitchener donna directement quelques ordres qui paraissent encore aujourd'hui intempestifs au maréchal French.

A ce propos, le maréchal French, vice-roi d'Irlande, fait à plusieurs reprises, dans son ouvrage *1914*, quelques réflexions qui seront utilement méditées ailleurs qu'à Londres :

« Si j'avais été libre d'exercer la plénitude de mes fonctions de commandant en chef de l'armée britannique en France, j'aurais assurément donné des ordres touchant le dispositif de ces troupes. Je regrette d'avoir à dire ici mon opinion très nette : ce qui aurait dû être fait pendant ces jours critiques ne l'a pas été, grâce uniquement aux essais tentés par lord Kitchener de réunir dans sa main les rôles séparés et distincts de ministre à Londres et de général en chef en France. Je crois avoir le droit, dans l'intérêt de mon pays, en pensant aux guerres où nous pourrons être engagés dans l'avenir, je crois avoir le droit d'exposer ici complètement les faits. Le désastre de Sedan fut dû en parti à l'ingérence de Paris dans les opérations de l'armée, et la guerre civile d'Amérique se prolongea au dela des prévisions grâce à l'intrusion répétée du secrétaire d'État dans le commandement. »

Sur le front, la camaraderie de combat était parfaite
entre Anglais et Français. Les méthodes d'instruction
très analogues rendaient les relations faciles ; des cours
connexes rapprochaient les officiers, et les troupes fra-
ternisaient cordialement.

La république des États-Unis a déclaré la guerre à
l'Allemagne le 6 avril 1917. Son armée régulière comptait
200 000 hommes et pouvait être portée à 320 000 hommes,
en vertu d'une loi de 1916, latitude dont le président commença à user aussitôt, et l'envoi rapide d'un corps expéditionnaire en Europe fut décidé. On n'a pas assez
remarqué que cette armée permanente du temps de paix
était une base excellente — malgré son exiguité —
pour construire une organisation solide. Presque tous
les officiers et beaucoup de soldats avaient fait campagne aux Philippines, à Cuba, au Mexique. Chaque
régiment était astreint à un véritable *tour colonial* et
passait un certain temps outre-mer. Les cadres et les
troupes — tous volontaires — avaient par conséquent
accepté de passer une partie de leur existence outre-mer
et y avaient vécu de la vie de campagne, dans les conditions les plus diverses. C'était, comme l'armée britannique, une véritable armée coloniale, entraînée aux changements d'existence, d'armement, de climat, de terrain,
de tactique, et préparée par conséquent aux formes sans
cesse mouvantes de la guerre moderne. Mais, par suite
des préoccupations uniquement pacifiques de la grande
République, l'armée n'y tenait pas la place due à ses
services et à ses mérites, et l'organisation centrale,
ministère de la Guerre et état-major général, n'existait
qu'à l'état embryonnaire.

La conscription fut établie par la loi du 18 mai, auto-
risant le Président à l'utiliser pour compléter l'armée

régulière, pour former une armée nouvelle, l'armée nationale, enfin pour la constitution et l'entretien des unités dont la guerre exigerait la création. Cet appel portait sur 8 840 000 hommes, que les difficultés d'installation, d'encadrement et d'équipement forçaient d'échelonner.

Le premier contingent fut fixé à 687 000 hommes; on comptait lever 1 500 000 hommes pour assurer les besoins de l'armée jusqu'au printemps 1918, et créer 42 divisions : 8 pour l'armée régulière, 16 ou 17 pour l'armée nationale, 16 ou 17 pour la garde nationale. Chacune de ces divisions comprenait deux brigades d'infanterie (6 bataillons à 1 000 hommes), une brigade d'artillerie de trois régiments (dont un d'obusiers de 155), un régiment du génie, un bataillon du Signal corps, 14 compagnies de mitrailleuses, soit au total 27 000 hommes : c'était un petit corps d'armée, presque le double de nos divisions actuelles.

Le corps d'armée américain devait être formé de 4 de ces divisions et l'armée de 5 corps d'armée, avec l'artillerie lourde d'armée et les corps et services généraux.

Cette organisation répondait aux demandes du général Pershing, qui, nommé le 14 mai au commandement de l'armée expéditionnaire, s'était aussitôt embarqué et envoyait ses propositions en juin et juillet pour l'organisation détaillée de ses troupes.

Le général Pershing demandait un million d'hommes pour mener l'offensive en juillet 1918, évaluant les effectifs à réaliser en deux ans à trois millions d'hommes. Il demandait le transport de 100 000 hommes par mois à partir d'août 1917.

D'inévitables tâtonnements entravèrent l'organisation des troupes aux États-Unis. L'instruction des officiers était à compléter pour ceux de l'armée régulière (9 500), à faire entièrement pour les autres (175 000 hommes).

Les armées françaises et anglaises avaient remis tous leurs cadres à l'instruction en 1915-1916 à la suite des expériences de la guerre ; il n'était pas étonnant qu'en entrant dans la lutte avec des cadres en majorité de toute récente promotion, l'armée américaine dût en faire autant. Mais les officiers des armées alliées ne furent appelés au début que pour enseigner les spécialités de la guerre de tranchée.

L'industrie américaine s'outilla très facilement pour la production intense des armées portatives et de certains matériels ; mais pour l'artillerie, on en était encore en 1917 à déterminer les modèles et à construire les usines capables de les réaliser. C'est seulement après quelques hésitations que les modèles français furent adoptés en pratique, car on était très désireux de réaliser une œuvre aussi nationale que possible. En aviation, le modèle Liberty, adopté pour tous les appareils américains, donna des mécomptes et il fallut recourir aux appareils français. La France céda aux troupes américaines venues à son secours 1 900 canons de 75, 1 000 canons de 155, 240 chars d'assaut, 2 676 avions équipés, des milliers de mitrailleuses, de fusils mitrailleurs et d'engins de toute sorte, 137 000 chevaux, et ces achats permettaient une économie de tonnage de 3 400 000 tonnes (chiffre notable puisque le tonnage total transporté d'Amérique en France représente, de juin 1917 à novembre 1918, 6 millions de tonnes). Les divisions américaines reçurent leur dotation de 155 court, alors que beaucoup de divisions françaises restaient à pourvoir ; par réciprocité, l'Amérique nous envoyait une moyenne journalière de 4 000 tonnes d'acier, malgré la crise de l'acier (février à juillet 1918) et la difficulté permanente des transports qui restait angoissante.

Le département de la guerre ne disposait que d'un faible tonnage et il avait fallu trois mois pour transporter la 1re division américaine en France. L'état-major américain

calculait qu'à cette allure il fallait sept ans pour transporter l'armée... Quelques palliatifs avaient un peu augmenté le tonnage, mais, en six mois, 4 divisions seulement
avaient passé l'Atlantique. Le département de la guerre
avait été réorganisé par un War College dont l'institution, le 20 décembre 1917, avait donné d'excellents résultats. Le général March, rappelé d'Europe par le ministre de la Guerre M. Baker, avait été nommé chef
d'état-major général avec de nouveaux pouvoirs.

L'organe central était donc créé qui avait puissance
d'action et capacité. Mais il fallait un fait nouveau qui
permît à cette action de se déployer. Ce fait nouveau,
ce fut l'attaque allemande de mars 1918. L'imminence
du péril ouvrit enfin les yeux sur les nécessités de la
guerre ; dans les conseils des Alliés, l'unité de commandement s'imposa, le temps prit toute sa valeur, la continuité
des attaques en résulta, d'où la victoire finale ; aux États-
Unis, plus d'hésitation dans les questions de matériel
et de transport, ni dans l'emploi des instructeurs alliés ;
la loi du 31 août 1918 étendit la conscription à tous les
hommes valides entre dix-huit et quarante-cinq ans,
soit à 14 millions d'hommes. Quant au transport de ces
masses, il était assuré par la réquisition désormais effective de tout le tonnage américain et par l'emploi
du tonnage britannique, car, il ne faut pas l'oublier,
l'Angleterre n'hésita pas à imposer à son alimentation
les restrictions les plus dures, afin de laisser disponibles
les bateaux nécessaires au transport des troupes américaines, qu'elle assura pour les trois cinquièmes.

Le Maréchal Foch a résumé la situation le 11 novembre 1919, dans un dîner offert aux membres de la délégation américaine à la Conférence de la paix :

« Il y a un an, le 11 mars, dit-il, l'armée américaine en France ne comptait que 300 000 hommes, soit
six divisions d'infanterie à l'instruction. Il arrivait
30 000 hommes par mois.

« Le 21 mars, se déclenche l'offensive allemande sur la jonction des armées alliées dans la région de Saint-Quentin. Vous connaissez ses effets. Elle gagnait bientôt la Scarpe ; elle remontait la Somme qu'elle franchissait, l'Oise qu'elle descendait. La situation était grave. Dans ces jours critiques, le 28 mars, les généraux Pershing et Bliss venaient m'offrir généreusement de les mener à la bataille, me disant l'un et l'autre : « Nous sommes ici « pour nous faire tuer ; toutes nos troupes sont à votre « disposition ; où faut-il aller? »

Peu après, le 25 avril, à Sarcus, nous nous rencontrions avec les mêmes généraux ; le 2 mai, à Abbeville, d'accord avec les gouvernements alliés, nous demandions au gouvernement américain d'amener en France, par mois, 120 000 fantassins ou mitrailleurs et des troupes de complément.

« En fait, au mois de mars, l'Amérique nous envoyait 69 000 hommes, en avril 94 000, 200 000 en mai, 245 000 en juin, 295 000 en juillet, 235 000 en août. Les effectifs américains passaient de 300 000 hommes au 11 mars à 954 000 en juillet et 1 770 000 en octobre.

« Le 2 juin, le conseil supérieur de guerre de Versailles demandait au président Wilson de continuer les mêmes transports de troupes, de 200 000 à 300 000 hommes par mois, et de préparer pour le printemps 1919 cent divisions américaines. Le président Wilson répondait qu'il était d'accord, et que s'il en fallait plus, on les aurait.

« Mais pendant ce temps, les troupes américaines n'étaient pas inactives. Dès le mois de mai, deux divisions d'infanterie américaines étaient à la bataille avec la 1re armée française dans la région de Montdidier ; trois dans les Vosges où elles relevaient les Français ; deux à l'instruction.

« En juin, deux autres étaient à la Marne, à Château-Thierry et au bois Belleau, où elles prenaient une large part à la résistance contre l'ennemi.

« Le 18 juillet, cinq divisions américaines participent à la contre-offensive victorieuse des 10⁰ et 6⁰ armées françaises et contribuent largement à son succès.

« Le 24 juillet était créée la 1ʳᵒ armée américaine, sous les ordres du général Pershing. Sa tâche était de dégager les communications de Paris à Nancy, en refoulant l'ennemi de Saint-Mihiel.

« Le 12 septembre, 14 divisions américaines, 8 en première ligne, 6 en deuxième ligne, s'emparaient de la boucle de Saint-Mihiel, prenant 200 canons, 15 000 prisonniers. Quelques jours après, 14 divisions américaines étaient engagées, le 26 septembre, entre l'Aisne et la Meuse, dans la rude région de l'Argonne, dans une grande offensive. Le deuxième jour, Montfaucon était dépassé ; le 14 octobre, Grandpré était pris ; le 21, Châtillon ; le 30, Bantheville ; le 1ᵉʳ novembre, Busancy ; le 4, Beaumont, et le 9, toute la ligne de la Meuse, de Mouzon à Bazeilles, était en notre pouvoir.

« En même temps, deux divisions américaines collaboraient, avec la 5⁰ armée française, vers Romains ; deux autres, avec les armées anglaises, dans la région de Saint-Quentin ; deux autres encore, en coopération avec la 4⁰ armée française, enlevaient les positions formidables d'Orfeuil ; puis, deux divisions américaines participaient à l'offensive du groupe des Flandres, sur la Lys et l'Escaut. Enfin, six autres se préparaient avec l'armée française à l'attaque de Lorraine du 14 novembre, lorsque l'armistice du 11 novembre est venu nous désarmer.

« Ainsi, l'armée américaine, soutenue par un gouvernement bien résolu à poursuivre la lutte jusqu'au bout, avait rendu à La Fayette la visite qu'il avait faite à l'Amérique naissante. Ainsi, elle a puissamment aidé à fixer la victoire par l'armistice, qui équivaut à une capitulation, une capitulation intégrale.

« C'est en pensant à ces souvenirs émouvants, à ces

journées d'angoisse et de succès, que je lève mon verre
en l'honneur du président Wilson, qui a soutenu si vail-
lamment la guerre, en l'honneur de mes compagnons
d'armes américains, généraux et soldats, également glo-
rieux, qui ont rendu décisive la victoire de la liberté. »

LIVRE VI
APRÈS LA VICTOIRE

CHAPITRE PREMIER
L'EXÉCUTION DE L'ARMISTICE

La délivrance de l'Alsace-Lorraine. — L'Allemagne n'a jamais pu
l'assimiler. — La France n'y a jamais renoncé. — Accueil
enthousiaste des populations à l'armée française. — Délivrance
de la Belgique. — Reddition de la flotte allemande à l'Angleterre.

Occupation de la Rhénanie. — La belle attitude des troupes
françaises leur concilie les populations. — Les Rhénans aspirent
à se séparer de la Prusse. — Relations économiques entre la
Rhénanie et la France. — Le traité de paix ne donne pas satisfaction aux aspirations des Rhénans. — Proclamation de la
République rhénane.

Le 12 novembre 1918, le maréchal Foch saluait en
ces termes ses troupes victorieuses :

« Officiers, sous-officiers et soldats des armées alliées :

« Après avoir résolument arrêté l'ennemi, vous l'avez
pendant des mois, avec une foi et une énergie inlassables,
attaqué sans répit. Vous avez gagné la plus grande bataille de l'histoire.

« Soyez fiers ! D'une gloire immortelle vous avez paré
vos drapeaux. La postérité vous garde sa reconnaissance. »

En exécution de l'armistice, les armées allemandes commencèrent aussitôt leur retraite. Sur certains points, en Belgique comme en Alsace-Lorraine, le désordre était complet ; les conseils de soldats avaient pris le commandement des troupes ; le kronprinz Ruprecht de Bavière et le gouverneur de Belgique avaient dû s'enfuir précipitamment ; plusieurs officiers avaient été massacrés. Un radiogramme du maréchal Hindenburg demandait au maréchal Foch l'action immédiate des armées alliées en Alsace-Lorraine où la population manifestait « sur certains points une attitude hostile à l'égard des troupes allemandes en marche ».

C'est le 17 novembre que les armées alliées s'ébranlèrent de la Suisse à la Hollande. Le retour des Français en Alsace et en Lorraine fut profondément émouvant. Les provinces annexées à l'Allemagne par le traité de Francfort en 1871 étaient restées françaises de cœur ; même en tempérant par instants le régime de la contrainte brutale qui lui était le plus naturel, le conquérant n'avait jamais changé leur sentiment. Ce sentiment, les populations l'exprimèrent d'abord par la protestation franche contre le traité de Francfort ; puis, à mesure que le temps passait, que la nécessité de vivre s'imposait, que durait le silence forcé de la France officielle, la protestation se transforma en une revendication de l'autonomie. Au lieu d'être une sorte de colonie administrée par l'Empire, comme un pays peuplé de races inférieures auxquelles il est dangereux de laisser la moindre liberté, l'Alsace-Lorraine, terre d'Empire, eût constitué un État particulier, se gouvernant lui-même sous la suzeraineté du kaiser, au même titre que la Bavière ou la Saxe. Mais cette prétention même apparaissait comme absolument inadmissible, car dans un État ainsi constitué, même dans le cadre de l'Empire, les sympathies pour la France se fussent manifestées tôt ou tard, et c'était là un grave inconvénient politique ; la « terre d'Empire », le Reichsland, était le butin de guerre conquis en commun par les peuples allemands, le ciment de l'unité imposée par le fer prussien, le symbole du principe que la force seule suffit à créer le droit ; il devait donc être conservé comme propriété collective des États allemands, et sous aucun prétexte cette possession ne pouvait s'élever au rang des puissances qui l'avaient conquise.

En outre, l'établissement d'une administration autonome eût certainement compliqué les opérations militaires dont l'éventualité était au premier rang dans les directives de la politique impériale.

Ainsi, par la logique de ses théoriciens aussi bien que par les nécessités militaires, l'Allemagne se trouvait emportée vers une politique de plus en plus tyrannique en Alsace-Lorraine comme en Pologne. Un des résultats de la guerre mondiale devait être le triomphe de cette politique, poussée jusqu'au paroxysme. L'incident de Saverne, qui n'a pas été suffisamment médité, est caractéristique de cette situation de l'Alsace-Lorraine, comme de la situation générale de l'Allemagne.

Après un demi-siècle, le morceau se trouvait trop difficile à digérer même par l'estomac de l'Empire victorieux. Aussi le chancelier Hertling voulait-il le partager entre la Bavière et la Prusse. Lüdendorff au contraire proposait d'en faire une colonie prussienne, jugeant que l'intervention du Reichstag pouvait être gênante dans la terre d'Empire. En France, la question d'Alsace-Lorraine était toujours restée ouverte. Après l'éloquente protestation de Bordeaux en 1871, le silence officiel s'était fait. Les ministères s'étaient succédé, aux tendances les plus diverses : aucun n'avait cru pouvoir réclamer ouvertement la revision du traité de Francfort, ni affirmer qu'il admettait toutes ses conséquences. Aucun parti politique, si avancé qu'il fût, n'osait s'incliner devant le fait accompli et déclarer qu'il était négligeable dans l'ensemble de l'évolution sociale. L'illusion de l'internationalisme voyait la solution du problème par la suppression des frontières, mais aucune voix ne s'est élevée pour proclamer que l'Alsace-Lorraine devait rester allemande. C'est en vain que Guillaume II, dès son avènement, disgrâciait le prince de Bismarck et s'efforçait de se rapprocher de la France. Le gouvernement de la République, reprenant les traditions de la Restauration, contractait une alliance défensive avec l'autocrate de toutes les Russies, aux acclamations de la France entière. Ni dans la politique coloniale, ni dans les questions économiques et financières, la communauté d'intérêts la plus évidente ne rapprochait la France de l'Allemagne. Toute tentative dans cette direction a été l'objet de la réprobation nationale. Le régime de la paix armée s'était établi et durait entre les deux nations, quelque lourd qu'il fût à porter.

Le fantôme de l'Alsace-Lorraine planait sur le monde, remords que rien ne pouvait écarter. Depuis les traités de 1815, la Sainte-Alliance s'était effritée. Jusqu'au traité de Francfort en 1871, les seuls changements à la carte d'Europe s'étaient faits sur le principe du droit des peuples à disposer d'eux-mêmes : la Belgique s'était créée grâce à l'intervention des armes françaises au service d'une cause nationale ; en 1859 aussi, c'est à la suite de la même intervention que l'unité italienne s'était fondée par acclamation populaire ; la réunion du comté de Nice et de la Savoie à la France avait été proclamée par un plébiscite ; en 1864, l'union du Schlesvig-Holstein à la Prusse n'avait été admise que sur la promesse de la même ratification par l'Europe indolente, qui n'exigea jamais l'exécution du traité de Prague. En 1866, l'annexion de la Vénétie à l'Italie nécessita la même consultation. Le traité de Francfort marquait donc une régression dans le droit public, et en le sanctionnant par son silence, malgré les instantes protestations de la France, l'Europe s'est rendue complice de cette injustice, dont elle a ensuite porté lourdement le poids.

Car, en politique comme en morale, les fautes et les crimes s'enchaînent. Victorieuse en Allemagne et en Europe, la Prusse a établi que le succès excuse tout. Les résultats de ses victoires en 1864, 1866, 1870-71 expliquent son agression de 1914.

Mais cette fois le coup était manqué et tous les gains antérieurs compromis. La délivrance de l'Alsace et de la Lorraine était un immense soulagement pour la conscience universelle. Les populations accueillirent les troupes françaises avec une joie égale qui se manifesta selon leur tempérament. A Strasbourg, les cris d'allégresse montaient jusqu'au ciel à perdre haleine. A Metz, la foule, émue jusqu'au fond du cœur, restait presque silencieuse, avec des larmes plein les yeux.

En Belgique, la même joie accueillait les troupes nationales. Le retour du roi-soldat et de la vaillante reine Élisabeth fut salué à Bruxelles avec un enthousiasme délirant.

L'Angleterre connut aussi les joies du triomphe. Le 21 novembre, en exécution de l'armistice, les soixante-dix plus belles unités de la flotte allemande vinrent se rendre à la flotte anglaise et rallièrent la base navale de Rosyth escortées par des navires de guerre anglais, français et américains. Cet armement colossal couvrait sur la mer un espace de 25 kilomètres de longueur sur 11 kilomètres de largeur. A l'heure prescrite, les soixante-dix navires allemands amenèrent simultanément leur pavillon de guerre dans un silence impressionnant.

Après la délivrance de l'Alsace-Lorraine et de la Belgique, les armées suivirent leur marche méthodique vers le Rhin et les trois têtes de pont, Mayence, Coblence, Cologne. Sur la demande des autorités civiles et militaires allemandes, des détachements légers durent les devancer à Sarrebruck et à Mayence, où ils rétablirent l'ordre menacé par la révolution. Leur présence suffit d'ailleurs à assurer le calme.

Avant de franchir la frontière, l'ordre suivant avait été lu aux troupes de la 10e armée, qui se dirigeait précisément sur ces points :

« Officiers, sous-officiers et soldats de la 10e armée.

« Je suis heureux de la belle attitude et de la discipline montrées par tous au cours de la traversée de l'Alsace-Lorraine. Chacun a senti qu'aucun désordre ne devait se mêler aux joies magnifiques de la délivrance. Merci.

« Vous allez poursuivre votre marche triomphale jusqu'au Rhin. Vous borderez et dépasserez en certains points cette frontière qui fut souvent celle de notre pays.

« Vous allez vous trouver en contact avec des populations nouvelles qui ignorent les bienfaits passés de la domination française.

« Personne ne peut nous demander d'oublier les abominations commises par nos ennemis durant quatre années de guerre, la violation de la foi jurée, les meurtres de femmes et d'enfants, les dévastations systématiques sans aucune nécessité militaire.

« Mais ce n'est pas sur le terrain de la barbarie que vous pouvez lutter contre nos sauvages ennemis, vous seriez vaincus d'avance. Donc, partout vous resterez dignes de votre grande mission et de vos victoires.

« Sur la rive gauche du Rhin, vous vous souviendrez que les armées de la République française, à l'aurore des grandes guerres de la Révolution, se comportèrent de telle sorte que les populations rhénanes ont voté par acclamation leur incorporation à la France. Et les pères de ceux que vous allez rencontrer ont combattu côte à côte avec les nôtres sur tous les champs de bataille de l'Europe pendant vingt-trois ans.

« Soyez dignes de vos pères et songez à vos enfants dont vous préparez l'avenir.

« Point de tache aux lauriers de la 10e armée, tel doit être le mot d'ordre de tous. »

La discipline paraissait particulièrement difficile à conserver parmi les troupes originaires des régions dévastées ou occupées par les Allemands et qui avaient eu pendant plusieurs années leurs foyers souillés par l'étranger, leurs villages ruinés, leurs champs systématiquement ravagés, leurs usines pillées puis détruites à la dynamite, leurs mines inondées. Pourtant, jamais les troupes françaises n'eurent plus superbe allure que pendant cette marche. Les populations vaincues n'eurent à leur reprocher rien qui ressemblât à un acte de représailles. Le laisser-aller inévitable après des années de campagne avait fait place à une correction dans la tenue et dans l'attitude militaire qui étonnait même leurs officiers.

Dans de telles circonstances, le contact avec les populations rhénanes s'établit facilement. Elles désiraient être fixées le plus tôt possible sur le sort que leur réservait le vainqueur, et, dans l'ensemble, elles étaient prêtes à l'accepter, quel qu'il fût. Avant l'arrivée des Alliés sur le Rhin, de nombreux conciliabules s'étaient tenus pour y poursuivre l'établissement d'un État autonome dans la fédération allemande. Tout en voulant rester unis, les peuples allemands répudiaient l'hégémonie prussienne qui, après un demi-siècle de succès militaires et économiques, venait de les entraîner au désastre. A Berlin au contraire, le parti social-démocrate, qui s'était saisi du pouvoir, travaillait de toutes ses forces au renforcement de l'unité et au maintien de la puissance militaire. En s'écroulant, les vingt-deux trônes allemands avaient fait place nette et le symbole respecté des diverses nationalités s'était évanoui. Les ministères de la Guerre de chaque État avaient été supprimés. Toute trace de particularisme disparaissait ainsi de l'organisation militaire. La centralisation s'étendit aux chemins de fer, aux mines, aux canaux, aux forces électriques. L'organisation financière évoluait dans le même sens ; les recettes comme les dépenses allant pour la plus grande part à Berlin au détriment des États.

Le nouveau gouvernement de l'Empire s'était donc attribué des pouvoirs beaucoup plus étendus que ceux du kaiser. Il disposait d'une armée dont l'effectif pendant toute l'année 1919 fut maintenu au-dessus d'un million d'hommes, appelés de noms divers, mais tous payés plus de 15 marks par jour. Les troubles de Berlin, de Hambourg et de Munich étaient réprimés avec une brutalité voisine de la sauvagerie, qui laissa des rancunes inexpiables, particulièrement en Bavière. L'assassinat de Liebknecht, de Rosa Luxembourg et de Kurt Eisner, les nombreuses exécutions sans jugement montraient à quelle absence de scrupules **on était arrivé**.

Les populations rhénanes appréciaient fort, dans l'ensemble, le calme que leur procurait la présence des armées alliées. Tout en bornant son intervention au maintien de l'ordre public, le commandement français avait pris des mesures presque unanimement approuvées. Ses relations avec les autorités locales étaient correctes et même courtoises. Il avait commencé à organiser le ravitaillement civil avec ses propres ressources, en commençant par les plus nécessiteux ; les ouvriers et les paysans lui savaient gré de se préoccuper de leur sort et de rester accessible à tous.

Des relations économiques se nouaient avec la France, donnant au début les plus belles espérances. Dès que la porte d'entrée fut ouverte, un appel de marchandises françaises se produisit vers le Rhin ; pendant les quatre premiers mois, le total des importations se monta à 800 millions. Mais il eût fallu une contre-partie, l'exportation des produits rhénans en France. Vainement, le commandement français proposa l'envoi dans les régions dévastées de matériaux de reconstruction, soit bruts, soit ouvrés : bois, fer, ciment, verre à vitres ; le gouvernement, au lieu de secourir les villages détruits par des sommes d'argent, les eût ainsi secourus avec une efficacité cinq fois plus grande pour la même somme, puisque ces matériaux étaient cinq fois meilleur marché en Rhénanie qu'en France, où on ne les trouvait d'ailleurs qu'avec une extrême difficulté ; la distribution de ces secours en nature n'eût pas fait concurrence aux produits français, puisque les produits rhénans n'eussent pas paru sur le marché. Aucune des combinaisons échafaudées sur ces bases ne parvint à forcer la barrière économique, l'une des causes les plus efficaces de la vie chère. Quelques produits rhénans parvinrent bien en France, mais par les intermédiaires anglais ou américains, grevés de frais de transport et de bénéfices supplémentaires et payés au grand détriment de notre change.

Cependant, l'opinion publique essayait de suivre dans les informations de la presse française les travaux de la Conférence de la paix ; de ces communications, il semblait résulter dans les premiers mois de 1919 qu'un État autonome serait créé sur le Rhin, dont les limites n'étaient pas nettement indiquées, mais qui comprendrait à peu près les territoires occupés, augmentés peut-être de la Westphalie. Mais, au commencement de mai, les conditions de paix commencèrent à être connues ; une grande inquiétude se répandit dans toute la Rhénanie : elle devait rester partagée entre la Prusse, la Hesse et la Bavière, et même le Grand-Duché d'Oldenbourg.

La Conférence de la paix avait disposé des populations rhénanes sans les consulter, sans même prévoir qu'elles pourraient jamais être consultées. C'est pourquoi quelques hommes énergiques, après s'être concertés à Coblence, à Cologne, à Aix-la-Chapelle et enfin à Mayence, pensèrent qu'il fallait mettre la Conférence de la paix en présence d'un fait qui forçât son attention et, le 1er juin, le docteur Dorten proclama la République rhénane.

CHAPITRE II

LA CONFÉRENCE DE LA PAIX

Les gouvernements alliés ne sont pas prêts à la paix. — Les chefs
des gouvernements décident de conduire eux-mêmes les négociations. — Erreurs commises. — Les garanties repoussées
la frontière du Rhin et la fédéralisation de l'Allemagne. —
La Conférence admet l'occupation temporaire de la rive gauche
du Rhin et une alliance militaire de la France, de l'Angleterre et des États-Unis. — Le Sénat américain repousse cette
alliance et rejette la Ligue des nations. — Le désarmement
de l'Allemagne. — Il manque de sanctions.
Insécurité de l'Europe. — L'invasion de la Pologne par les bolcheviks en est un témoignage.

C'est seulement le 18 janvier 1919 que s'ouvrit à Paris
la Conférence chargée de déterminer les conditions de la
paix. Il semble bien qu'aucun échange de vues n'ait précédé cette conférence. Il arrive souvent que les gouvernements, pendant la paix, négligent de prévoir la guerre
ou ne l'envisagent que comme une éventualité lointaine
et peu vraisemblable, et cet optimisme est compréhen-
sible ; mais pendant la guerre, il est bien évident qu'ils
auraient dû prévoir la paix, qui était certaine.

L'aurore du 18 juillet voit luire la victoire de l'Entente.
Les 8 et 20 août, le soleil monte à l'horizon. Dès le 14 août,
Hindenburg et Lüdendorff déclarent à l'Empereur, dans
une conférence solennelle, que le moment de traiter est
arrivé Le 15 septembre, après la victoire des armées
d'Espérey en Orient, l'évidence est complète ; et c'est
le 5 octobre que le chancelier de l'Empire allemand

demandé l'intercession du président Wilson pour obtenir l'armistice, signé le 9 novembre. Pendant cette longue période, on ne comprend pas que les puissances alliées et associées n'aient pas établi les bases de la paix dans une assemblée analogue au Congrès de Châtillon, tenu par les Alliés pendant la campagne de 1814. Les préliminaires de paix auraient été signés peu après l'armistice, déterminant les nouvelles frontières et les garanties à imposer à l'Allemagne pour être certain de son désarmement et du paiement des indemnités. Cette méthode avait été indiquée dès 1916 par M. Hanotaux, le ministre des Affaires étrangères qui a conclu l'alliance franco-russe et qui, comme citoyen, a prévu dès 1907 l'entrée fatale des États-Unis dans la guerre aux côtés de la France et l'a préparée.

La décision que prirent les chefs de gouvernement de mener eux-mêmes les négociations retarda encore l'ouverture de la conférence. Chacun d'eux s'imposait ainsi une tâche écrasante, au moment où il avait à gouverner son pays dans la période difficile qui suivait la fin des hostilités. En outre, la prise de contact directe était pleine d'inconvénients. Le recul était nécessaire pour juger des intérêts généraux au milieu des problèmes complexes qui se présentaient. Dans les discussions qu'il était facile de prévoir à l'avance, l'action des intermédiaires était indispensable. Dans cette lutte courtoise, un dispositif en profondeur s'imposait.

S'ils eussent été des diplomates, les négociateurs français se fussent moins étonnés de trouver que leurs contradicteurs avaient aussi complètement la tournure d'esprit de leur nation, et de constater qu'il ne suffit pas d'être de bonne foi pour que l'accord se produise dès le premier échange de vues. La diplomatie française s'était montrée d'une clairvoyance remarquable à Berlin et à Londres ; son action avait été très efficace en Italie dès 1900. Le prestige de la victoire augmentait encore le don de persuasion du maréchal Foch, qui s'était révélé dans les conseils des Alliés, tant civils que militaires. La France pouvait donc trouver facilement des plénipotentiaires, aussi bien que l'Angleterre et l'Amérique d'ailleurs.

Manquant de recul, se regardant les uns les autres et cherchant à se comprendre, les négociateurs ne voyaient rien du dehors. Ils ont méconnu que la base de la paix était avant tout dans la constitution d'une Allemagne pacifique, et qu'il suffisait pour l'établir de rendre aux peuples allemands le droit de disposer d'eux-mêmes, hors de l'hégémonie prussienne, qui s'est établie par la force en 1866.

Dans la *Revue des Deux mondes* du 1er novembre 1916, M. Hanotaux avait énoncé et démontré cette proposition dont il avait tiré toutes les conséquences : « La Prusse n'a aucune qualité internationale pour représenter seule les populations allemandes dans une tractation générale. Les États confédérés ayant gardé une partie de leur souveraineté, ou même leur autonomie diplomatique, auront accès, s'ils le jugent bon, dans les diverses délibérations et actes d'où doit résulter la paix ; en tout cas, ils devront être expressément invités. »

Le fait d'imposer la paix au vaincu sans l'admettre à en discuter les conditions n'empêchait nullement de reconnaître comme puissance contractante chacun des États allemands, de prescrire le plébiscite pour la création d'un nouvel État comme la République rhénane ou le rétablissement d'un État ancien comme le Hanovre. Ensuite, les indemnités de guerre à payer et les forces de police à entretenir eussent été réparties entre les États proportionnellement à la population, toute centralisation militaire demeurant interdite.

Sauf cette restriction, les Allemagnes se seraient confédérées selon le mode choisi par elles en toute indépendance ; l'identité actuelle entre la Prusse et le *Reich* aurait disparu, et avec elle se serait éloigné l'orage qui se reforme sans cesse sur la rive droite du Rhin.

On l'a très bien dit : pas de code sans sanction, pas de traité sans garantie d'exécution. Il est bien certain qu'une Allemagne pacifique — et l'Allemagne fédéraliste a toujours été pacifique — constituait la première des garanties.

Quoi qu'il en soit, cette solution ne fut pas examinée, et, l'annexion de la rive gauche du Rhin ayant été écartée, les plénipotentiaires français, pour assurer la sécurité de la France et de la Belgique et l'exécution du traité de paix, proposèrent à la fin de janvier de fixer au Rhin la frontière occidentale de l'Allemagne, d'y créer un État indépendant dont la garde serait assurée par une force interalliée sous le contrôle de la Société des nations. La discussion dura jusqu'au 22 avril. La thèse française, très fortement exposée dans des mémoires écrits qui nous restent, fut discutée longuement, tant à la Conférence de la paix que dans la sous-commission constituée à cette occasion : le Rhin est redevenu la frontière de la civilisation contre la barbarie ; la France, envahie en 1792, en 1814, 1815, 1870, 1914, réclame la protection d'un rempart solide et une distance appréciable entre elle et l'ennemi toujours renaissant.

L'Angleterre et l'Amérique envisagent avec répugnance l'occupation de la rive gauche du Rhin par les armées alliées et la création d'un État indépendant de l'Allemagne ; elles proposent en échange un désarmement plus complet et l'alliance militaire contre tout mouvement non provoqué d'agression de la part de l'Allemagne. Finalement, il est décidé que les Alliés occuperont la rive gauche et les têtes de pont pendant quinze ans, qu'ils évacueront progressivement par zones chaque cinq ans si l'Allemagne exécute fidèlement le traité. Par contre, la rive gauche restera sous la domination politique des puissances de la rive droite qui l'occupent, la Prusse, la Hesse, la Bavière.

La garantie de l'alliance militaire avec l'Angleterre et les États-Unis en cas d'agression injustifiée de l'Allemagne s'est évanouie. Le président Wilson, réélu par le parti démocrate à une très faible majorité, avait bravé les sentiments traditionnalistes du Sénat américain en quittant le sol des États-Unis et en négociant avec les puissances européennes sans le concours de cette assemblée, qui a refusé de ratifier le traité de paix et le traité d'alliance défensive avec la France. C'est là une question de politique intérieure, et personne en France n'a attribué ce refus à un refroidissement de l'amitié profonde qui ne cesse d'unir les deux pays. Mais ce conflit entre le président et le Sénat américain pouvait être prévu et, tout en acceptant l'offre du président Wilson, on devait savoir qu'il promettait plus qu'il ne pouvait tenir, et demander à l'Angleterre que son offre d'intervention en cas d'agression de l'Allemagne ne fût pas subordonnée à l'attitude de l'Amérique.

La garantie que représente l'occupation de la rive gauche et des têtes de pont reste très sérieuse, mais il faut le reconnaître, le fait qu'elle ne commence à jouer que dans cinq, dix et quinze ans, lui enlève beaucoup de son efficacité. Toutes les conditions de l'armistice ont été exécutées parce que la coercition était toute prête. Le traité a été signé parce que les armées alliées étaient mobilisées, concentrées, et allaient se porter en avant pour occuper de nouveaux territoires allemands, et parce que leur marche — le gouvernement de Berlin le savait bien — eût été le signal d'une séparation très nette entre la Prusse et ses vassaux. Mais depuis, chaque fois qu'une clause du traité est arrivée à échéance, elle a été protestée : qu'il s'agisse de livrer des navires de guerre, des drapeaux, des avions, du charbon, des coupables ou un empereur. Et ces non-exécutions du traité n'ont été suivies d'aucune répression. Sur les gouvernants de l'Allemagne unitaire, une pénalité lointaine n'a qu'un effet très limité ; heureusement, il y en a d'autres, et l'occupation de Francfort, Hanau, Darmstadt, en réponse à

l'entrée des troupes allemandes dans la zone neutre,
a été un événement des plus heureux.

La Ligue des nations, dont le pacte ouvre le traité de
paix, est apparue comme une garantie d'exécution de ce
traité, mais le fait d'avoir écarté la proposition de constituer à son service une force armée internationale lui
enlève beaucoup de son efficacité. On peut se demander
si l'existence de ce pacte en 1914 aurait empêché la guerre
mondiale d'éclater, et si les puissances neutres qui ont
maintenant adhéré au pacte seraient effectivement entrées
en lutte contre l'Allemagne. Cette conception est bien
dans les traditions françaises. Sully nous a exposé le
« grand dessein » d'Henri IV ; l'abbé de Saint-Pierre et
tous les philosophes du dix-huitième siècle ont rêvé la
Société des nations. Assagi par l'expérience du malheur,
Napoléon a dit dans le *Mémorial de Sainte-Hélène* :

« Une de mes plus grandes pensées avait été l'agglo-
mération, la concentration des mêmes peuples géogra-
phiques qu'ont dissous, morcelés les révolutions et la
politique. J'eusse voulu faire de chacun de ces peuples
un seul et même corps de nation... Le pouvoir souverain,
qui, au milieu de la grande mêlée, embrassera de bonne
foi la cause des peuples, se trouvera à la tête de toute
l'Europe et pourra tenter tout ce qu'il voudra... C'est
avec un tel cortège qu'il serait beau de s'avancer dans la
postérité, d'aller au-devant de la bénédiction des siècles.
Après cette simplification sommaire, il ne serait plus chimérique d'espérer l'unité des codes, celle des principes,
des opinions, des vues, des intérêts. Alors, peut-être, à
la faveur des lumières universellement répandues, de-
viendrait-il permis de rêver, pour la grande famille européenne, l'application du congrès américain ou celle des
amphyctions de la Grèce ; et quelles perspectives alors
de force, de grandeur, de jouissance, de prospérité, quel
magnifique spectacle ! »

La France ne pouvait donc pas repousser la garantie

supplémentaire que le gouvernement anglais acceptait et sur laquelle le gouvernement des États-Unis insistait beaucoup. Mais il semble bien qu'aux yeux du Sénat américain l'obligation d'intervenir dans les affaires européennes à la réquisition d'un conseil étranger reste un des principaux obstacles à la ratification du traité. Évidemment, même sans l'assentiment de l'Amérique, le pacte reste entier ; mais son efficacité est bien douteuse.

Dans l'ensemble, par le traité du 28 juin 1919, les buts de guerre des Alliés ont été atteints, tels qu'ils avaient été définis par leurs gouvernements. Néanmoins, la déclaration faite par M. Briand le 10 janvier 1917, en réponse à une question du président Wilson, laissait la porte ouverte à toutes les solutions possibles aux problèmes de la rive gauche du Rhin et de la fédéralisation de l'Allemagne : « 4° Restitution des provinces ou territoires autrefois arrachés aux Alliés par la force ou contre le vœu des populations... 8° Les Alliés n'ont jamais eu le dessein de poursuivre l'extermination *des peuples allemands* et leur disparition politique. » Il ne semble pas qu'au cours des négociations il ait jamais été fait allusion à ce pluriel très significatif.

Le danger de l'Est reste constant. Sans doute, l'organisation de l'armée allemande a dû se camoufler ; mais les bureaux du grand état-major sont répartis dans les différents ministères et y continuent la préparation à la guerre en la généralisant ; les troupes seraient rapidement prêtes à entrer en campagne ; les cellules de la mobilisation existent, prêtes à recevoir les cinq millions d'hommes qui viennent de déposer les armes ; les cadres sont ardents et rêvent d'une guerre de revanche ; les écoles primaires dressent des soldats, les universités des officiers de réserve. En 1808, Napoléon Ier n'a pas réussi à empêcher l'armée prussienne de se reconstituer ; il serait vain d'espérer un meilleur résultat des précautions actuelles.

Restent les mesures prises contre le matériel de guerre.

Beaucoup peuvent être éludées : Comment empêcher la construction d'avions destinés au service de la poste ou bien au transport des voyageurs et qui pourraient servir à la chasse, à la reconnaissance ou au bombardement? Il suffit de quelques plaques de blindage pour transformer en char d'assaut un tracteur agricole sur chenille. Une fabrique de corps creux se spécialise rapidement dans la production des obus, une usine de produits chimiques dans celle des gaz asphyxiants et des explosifs.

Les procédés nouveaux pour extraire l'azote de l'air et en tirer des engrais agricoles nécessitent l'emploi de longs cylindres d'un acier aussi résistant que possible, et la fabrication de ces cylindres facilite singulièrement celle d'un matériel d'artillerie lourde.

Néanmoins, il n'est pas indifférent de retarder le moment où l'Allemagne, après avoir commis la folie de déclarer la guerre ou de la rendre inévitable, serait prête à entrer en campagne. A ce point de vue, les commissions chargées de surveiller son désarmement remplissent un rôle très efficace, notamment en détruisant tous ceux des canons qui n'ont pu être dissimulés et en empêchant dans toute la mesure du possible la construction de nouvelles pièces. Il est essentiel de surveiller la production et la consommation du charbon et d'empêcher l'Allemagne de constituer des stocks pour les trains militaires.

Mais il semble bien que la tâche des commissions se terminera avec le désarmement de l'Allemagne et on cherche l'organe qui les remplacera pour empêcher la création de nouveaux matériels.

Dès maintenant, cette surveillance se heurte à une mauvaise volonté croissante et sa nécessité n'est pas comprise avec une égale clarté par tous les Alliés. On eût fait d'une pierre deux coups en organisant le contrôle financier de l'Allemagne et les froissements inévitables n'eussent pas été sensiblement augmentés. Puisque le débiteur se déclarait insolvable, il était légitime de constituer un syndic de la faillite et d'administrer ses biens. Le paiement des indemnités de guerre, les livraisons de charbon et le désarmement permanent eussent été en même temps assurés.

Contre le danger de l'Est, le traité a laissé la garde du Rhin aux armées alliées, mais en fait la France en assume la charge principale ; elle a en outre des obligations en Orient ; sa position en Syrie et en Cilicie est grevée par des incertitudes qui ont persisté trop longtemps et qui la contraignent à l'entretien d'effectifs importants. Les troupes françaises continuent à assurer l'ordre dans les territoires où le plébiscite a été ordonné. Des états-majors et des cadres français instruisent les armées des nouvelles nations libérées. Au Maroc, l'œuvre de pacification est loin d'être achevée. Aucune guerre ne s'est terminée en laissant de pareilles charges militaires au vainqueur.

Il faut en outre compter avec l'imprévu. En août 1920, les armées bolchevistes envahissaient la Pologne, menaçant Varsovie. La civilisation se trouvait menacée du même danger qu'aux premiers siècles de l'ère chrétienne, l'invasion des barbares. Déjà un vent de folie soufflait sur l'Allemagne. Dans la marée montante qui s'approchait, tout l'ancien personnel dirigeant, hobereaux, universitaires, officiers et anciens officiers voyaient la revanche : sans doute le flot révolutionnaire allait momentanément submerger leur pays, mais le sens de l'organisation dont il a le monopole exclusif lui permettrait d'endiguer rapidement le déluge universel, et la dictature militaire, établie à la faveur de la guerre étrangère et des troubles intérieurs, ramènerait la monarchie dans une Allemagne plus grande et plus forte que jamais. Les spartakistes et les socialistes avancés, constatant que la consultation populaire et les moyens légaux ne leur donnaient pas une société selon leur idéal, attendaient anxieusement la révolution universelle qui permettrait

de l'établir. Ces deux partis extrêmes, se trompant l'un
l'autre, se réunissaient sous le nom de parti *national-
bolchevik* qui accole bien en effet deux idées contradic-
toires. Entre eux, quelques hommes raisonnables signa-
laient le danger d'ouvrir à la révolution un pays qui
cherche son équilibre et où les fusils se comptent par
millions et les mitrailleuses par centaines de mille, laissés
entre les mains de la population. Mais leurs timides voix
se perdaient dans le tumulte et le gouvernement, emporté
dans un courant irrésistible, traitait sous main avec les
bolcheviks en attendant qu'il pût sans imprudence faire
cause commune avec eux.

La proximité du danger n'avait pas ouvert les yeux
de tous les Alliés. Le gouvernement anglais en particulier
se bornait à rappeler les conseils de prudence donnés à
la Pologne au moment où elle s'était laissé entraîner hors
de ses frontières ethnographiques et à lui suggérer des
conditions de paix vraiment inacceptables. Le gouvernement français tout au contraire intervenait effectivement ; le maréchal Foch, généralissime des Alliés, envoyait
à Varsovie son chef d'état-major, le général Weygand.

Le général Weygand y trouva les six cents officiers de
la mission militaire française ; il organisa la résistance,
puis la contre-attaque. Les conseils suggérés par le souvenir de situations analogues sur l'Yser et en Italie,
accompagnés du prestige de la victoire, furent suivis
par une armée brave, qui veut à tout prix sauver son pays
sorti du tombeau après cent cinquante ans d'un sommeil
semblable à la mort.

Sans la victoire polonaise, où l'état-major français a
une si grande part, la France aurait dû reprendre les
armes, bon gré mal gré, pour sauver le monde de la régression asiatique après l'avoir sauvé de la tyrannie prussienne ; sans doute, c'est en vain que les bolcheviks
répandent à flots sur le monde civilisé l'or du trésor
impérial et les diamants volés aux Romanoff : l'union

sacrée aurait réuni une fois de plus tous les Français, et plus tard leurs Alliés les auraient rejoints sur les champs de bataille ; mais la France aurait une fois de plus supporté le premier choc à peu près seule, car l'instinct de conservation continue à ne jouer chez ses alliés qu'avec bien des lenteurs.

CHAPITRE III

LA NOUVELLE ARMÉE FRANÇAISE

L'alliance militaire franco-belge. — Nécessité d'une forte armée française. — Charges militaires de la France. — Le recrutement indigène pour la France et la Belgique aidera à y faire face.

Les cadres de l'armée française. — Ce qu'ils doivent être. — Conditions de leur recrutement et de leur formation. — Le haut commandement.

L'École de Guerre a formé d'excellents états-majors. — L'organisation du haut commandement. — Le groupe d'armées. — La doctrine de guerre. — Ce que doit être l'enseignement militaire.

L'armée dans la nation. — Les anciens combattants doivent rester unis. — Préparation morale et physique de la jeunesse. — Relèvement de la natalité.

Dans la situation actuelle de l'Europe et du monde, la France se trouve dans l'absolue nécessité de garder une forte armée. Renonçant délibérément à la garantie d'une dangereuse neutralité, la Belgique prend place à ses côtés, consacrant les liens qui l'attachent à la France depuis sa naissance avec la parenté de race et de civilisation et la fraternité des armes, à tout jamais inoubliable. Instruite par une cruelle expérience, elle sait ce que valent les traités les plus solennels, garantis par la signature de toutes les grandes puissances, et ce qu'il faut de force pour assurer le triomphe du droit.

Les effectifs actuels de l'armée française suffisent à peine à ses tâches multiples et personne ne peut prévoir à quelle époque, — lointaine en tout cas, — il sera possible de les réduire. La fin des plébiscites et l'éclaircissement de la situation en Orient ne rendront disponibles que peu de troupes ; la Syrie et le Maroc, même après la pacification complète, exigeront de fortes garnisons pendant de longues années. La rive gauche du Rhin doit être occupée pendant quinze ans au moins, puisque l'évacuation n'aura lieu que si l'exécution du traité suit son cours normal et, pour y diminuer les troupes, il faudrait dans l'attitude de l'Allemagne un changement que rien ne permet d'espérer.

Les effectifs actuels sont le résultat de la présence de deux classes sous les drapeaux ; la France sera donc contrainte de garder le service obligatoire de deux ans. L'organisation de ses contingents indigènes coloniaux est une œuvre de longue haleine, dès maintenant activement entreprise. Si elle est continuée avec la suite qui a manqué jusqu'à présent à son exécution, on peut penser qu'elle permettra de remplacer en Europe et dans l'Afrique du Nord des contingents européens correspondants à la moitié d'une classe de recrutement : par conséquent, la durée du service militaire pourra à ce moment être réduite de six mois.

La Belgique sera vraisemblablement amenée à des mesures analogues ; elle peut trouver dans ses possessions du Congo des ressources militaires semblables à celles que la France tire de ses colonies. Elle s'est abstenue d'y faire appel pendant la Grande Guerre, qui l'a surprise plus que toute autre puissance. Aucune organisation ne permettait d'utiliser ces contingents braves, formés par la guerre coloniale, que commandait un corps d'officiers remarquable. La campagne contre les colonies allemandes se termina d'ailleurs au moment où la question du fret rendait difficile les transports à grande distance, qui immobilisent les navires pendant longtemps ; en outre, on ignorait si les noirs pouvaient s'acclimater à l'Europe. Mais les mêmes causes produiront bien probablement les mêmes effets, et c'est un surcroît de force très appréciable que la Belgique peut tirer de son domaine africain, dont la population, malgré les ravages de la maladie du sommeil, ne peut être évaluée à moins de 20 millions d'habitants.'

Ce n'est pas tout d'avoir assuré le recrutement d'une armée ; il faut l'encadrer. La guerre aura appris tout le parti qu'on peut tirer des officiers de réserve, insuffisamment utilisés avant 1914. Elle aura fait pénétrer plus avant la notion du devoir militaire dans les classes moyennes de la nation. C'est le tout de l'homme que la patrie réclame pour sa défense ; il sait maintenant qu'il manquerait à son devoir, le jeune homme qui, instruit, intelligent, vigoureux, fuirait les galons parce qu'ils l'obligent à quelques périodes d'instruction supplémentaires. Nos officiers de complément seront certainement encore meilleurs et plus nombreux.

Mais les cadres de complément n'existent que par les cadres permanents de l'armée active, officiers et sous-officiers de carrière, qui les forment en même temps qu'ils instruisent les soldats. De la valeur de ces cadres permanents dépend celle de l'armée, outil de guerre : la nation fournit la matière première, les cadres permanents le façonnent, le commandement s'en sert.

Certes, la matière première est merveilleuse ; elle réunit les qualités de tous les métaux, et y joint même quelques autres. Une arme terrible peut en sortir, acérée, résistante, souple jusqu'à l'élasticité, plas'' et gardant sa forme sous tous les chocs jusqu'à l'instant où il devient nécessaire d'en changer. Mais c'est une opération délicate que la fusion de tous les métaux du Nord et du Midi, de l'Est et de l'Ouest, en un alliage unique ; ce n'est pas un apprenti qui peut forger cette arme et lui donner sa trempe. Le malicieux alliage exagère en bavure les fautes du maladroit et une erreur peut rendre l'arme cassante. Mais, si le travail est bien fait, l'épée vit dans la main qui la tient et qui lui communique en même temps sa chaleur et sa volonté. Elle sent, elle vibre, elle résonne, prête au combat.

Donc, les officiers de carrière jouent un rôle capital dans la préparation de la guerre. Sortis de toutes les classes de la nation, ils doivent prendre place dans l'élite. Le prestige du chef leur est nécessaire dans leur rôle d'éducateurs ; ils doivent l'assurer par un travail personnel qui étend sans cesse leurs connaissances, par l'accomplissement silencieux de leurs devoirs quotidiens et par la dignité de leur vie. Beaucoup voudront participer, tout au moins au début de leur carrière, à la formation des nouveaux régiments coloniaux et profiter de cette occasion pour étudier la plus grande France ; ils en reviendront l'esprit élargi par le contact avec des mondes nouveaux, l'initiative développée par l'imprévu constant de la vie coloniale, et souvent aussi la volonté trempée dans les combats. Aujourd'hui, il faut leur demander encore plus de travail et de réflexion qu'autrefois. Les changements constants dans le matériel se répercutent dans la technique de la guerre et la compliquent sans cesse. L'étude des armes et de tous les moyens de destruction récemment inventés, les procédés nouveaux d'attaque et de défense, les modifications qui en résultent dans la tactique et par conséquent dans les règlements des différentes armes, voilà des travaux que leurs devanciers ont à peine connus et qui seront de leur vie courante.

Aussi faut-il que cette vie soit assurée. Au lendemain de l'armistice, elle ne l'était pas. Les tarifs de solde ne tenaient pas compte du renchérissement de la vie et les indemnités temporaires étaient calculées avec une parcimonie déplorable ; fait très grave, les charges de famille n'étaient compensées que d'une façon dérisoire : des enquêtes concordantes montraient qu'un ménage d'officier ayant plus de deux enfants était réduit à un seul repas par jour s'il ne disposait pas de ressources personnelles, ce qui est le cas le plus fréquent.

L'armée de la victoire a supporté avec stoïcisme cette injuste épreuve qui blessait les sentiments de reconnaissance et d'affection que la nation a pour elle. Mais beaucoup d'officiers, parmi les plus capables, ont déjà quitté une carrière qui ne nourrit pas son homme et où on ne peut élever ses enfants. Ils viendront, s'il est besoin, reprendre leur place dans le rang au jour du danger, mais ils auront besoin de s'entraîner de nouveau et d'apprendre toutes les transformations qu'auront subies le matériel et la tactique de leur arme. En tout cas, leur expérience manquera à la formation de leurs cadets. En même temps, les jeunes gens se détournent des écoles militaires, où le nombre des candidats diminue d'une manière très inquiétante. Si l'on n'y prend garde, le corps d'officiers ne se recrutera plus que parmi les fruits secs de toutes les carrières et les véritables vocations deviendront tout à fait exceptionnelles. Or, l'armée a besoin au contraire de spécialistes très avertis, ouverts aux idées générales, connaissant toutes les ressources qu'ils auront à mettre en œuvre au moment suprême, capables d'instruire l'élite intellectuelle qui doit former le cadre de l'armée de la guerre avec les officiers de complément ; ces hommes d'intelligence et de caractère ne peuvent se trouver que par des concours d'un niveau élevé, largement ouverts à de nombreux candidats.

Les jeunes officiers n'ont plus le même but idéal qui animait leurs aînés : délivrer l'Alsace et la Lorraine. Mais leur rôle reste très beau : monter la garde du Rhin, former une armée coloniale indigène qui rend visible à tous les yeux la figure de la plus grande France, préparer à toutes les éventualités la nation qui vient de sauver la liberté du monde, ce sont là de belles et grandes tâches auxquelles on peut rêver de consacrer sa vie. Encore faut-il que cette existence n'apparaisse pas rapetissée par des soucis matériels de tous les instants, et que les vocations naissantes ne soient pas contrariées par la prudence des familles inquiétées par l'avenir de privations qui s'ouvrirait devant leurs fils. Après une attente qui a duré près de deux ans, les soldes des officiers et sous-officiers ont été relevées, mais le nouveau tarif ne tient pas un compte suffisant des charges de famille.

Les pensions de retraite sont devenues absolument dérisoires. Pour que la carrière militaire redevienne possible, il est indispensable que l'avenir y soit assuré, et de nouveaux sacrifices budgétaires s'imposent.

Le programme d'entrée et l'enseignement des écoles militaires devra s'élargir beaucoup. L'histoire générale et l'économie politique, l'étude de la langue anglaise y entreront. La spécialisation se fera ensuite dans des écoles d'application. Au cours de leur carrière, les officiers viendront se réunir dans des centres de renseignements d'où sera bannie toute apparence de scolarité et où ils se mettront au courant des derniers perfectionnements de l'armement et des changements qu'ils ont amenés dans les idées militaires. Les officiers de complément pourront très avantageusement être admis à ces conférences et prendre part aux mêmes travaux que les officiers de l'armée active.

En prévoyant une large utilisation des officiers de réserve en cas de mobilisation, il sera possible de réduire le nombre des officiers subalternes dans le cadre actif ; de ce fait, la proportion des officiers supérieurs s'y trouvera relevée, sans que leur nombre dépasse les besoins réels, et les conditions de l'avancement seront améliorées. La carrière militaire présentera ainsi des perspectives plus brillantes.

Au sommet de la hiérarchie, le haut commandement doit être constitué pour la guerre, hors de toute idée politique et de toute camaraderie ; il faut pousser au premier rang, tandis qu'ils sont encore dans la force de l'âge, les chefs qui auront montré les qualités du caractère en même temps que les facultés de l'intelligence, l'équilibre qui constitue le tempérament de l'homme d'action : la décision, la ténacité, le sens pratique, la volonté de l'offensive, le goût des responsabilités, le don du commandement, d'une part ; et, d'autre part, la compréhension rapide, la largeur de vues, la souplesse d'esprit, la puissance de travail, la connaissance des hommes. Napoléon remarquait que, de son temps, la conduite des armées devenait beaucoup plus difficile que pendant les époques antérieures et qu'elle nécessitait plus de connaissances acquises et plus de dons naturels ; que ne dirait-il pas aujourd'hui? Les théâtres de guerre s'étendent sur tout l'ancien continent et mettent aux prises les adversaires les plus divers, les effectifs engagés dépassent toutes les prévisions ; les moyens d'attaque et de défense se perfectionnent sans cesse au cours de la lutte qui se transforme constamment. Plus encore que ces facteurs matériels, les facteurs moraux augmentent d'importance : la préparation morale des nations armées, leur conviction dans le bon droit de la cause, la croyance en la victoire, la confiance dans les chefs. Le commandement d'armées si diverses par l'instruction et la mentalité, en un mot tout ce que Napoléon appelait la « partie divine du métier des armes », a pris une magnifique ampleur qui réclame des cœurs généreux en même temps que des cerveaux bien organisés. Assurément, un tel ensemble demande avant tout une prédisposition innée que ne remplace aucun enseignement d'école. Mais le chef de guerre, qui se prépare par l'étude personnelle, se forme par l'action où peu à peu il se révèle fatalement. L'étude détaillée de la dernière guerre permet de faire la part de chacun et de le mettre à sa place. Elle doit être poursuivie.

Quel sera l'esprit de cet enseignement militaire? Comment s'établira la doctrine de guerre?

L'École supérieure de guerre a donné à l'armée française des états-majors remarquables. Les décisions du commandement étaient bien préparées et leur exécution se réalisait dans toute la mesure du possible : les mouvements de troupes très bien réglés s'exécutaient par voie ferrée ou par camions automobiles avec une rapidité qui a souvent surpris ; les troupes étaient bien nourries et approvisionnées en munitions autant que le permettaient les disponibilités ; le service des renseignements, qui se bornait au début à établir l'ordre de bataille ennemi, n'a pas tardé à élargir son horizon. Ces états-majors ont suivi avec beaucoup de souplesse les transformations rapides de la guerre ; ils ont dû se recruter au cours des hostilités, et des cours d'instruction ont formé un grand nombre d'officiers mieux qu'utilisables. Il n'y a rien à changer à la technique de notre enseignement militaire.

L'organisation générale du commandement était bonne et on ne peut lui reprocher que la permanence de l'organe « groupe d'armées », formation de circonstance qui aurait dû disparaître avec les causes qui l'avaient motivée. D'abord créé dans un but de coordination et avec un état-major limité, cet organe a réussi à étendre ses attributions au détriment des armées afin de justifier son existence. En période calme, le mal n'était pas grand ; mais il s'est révélé très aigu au cours des opérations actives : l'ordre quotidien, ou bien enregistrait les décisions du commandement local, ou bien les contredisait inutilement, car il arrivait toujours trop tard. Mais il y avait un matelas à peu près imperméable entre le haut commandement et les exécutants ; les directives générales n'étaient transmises que par fragments, et tel commandant d'armée, le plus activement engagé, n'a connu celles du maréchal Foch que par la lecture de M. Louis Madelin dans la *Revue des Deux Mondes*.

La doctrine de guerre de l'armée française s'est trouvée presque toujours trop rigide et trop absolue. L'offensive à outrance du début, le scepticisme qui succéda aux

déceptions et la recherche constante de la formule de la
victoire paraissent bien résulter d'un enseignement trop
limité à certaines campagnes, d'où l'on tirait des méthodes de combat qui ne tenaient pas assez compte de
l'armement moderne et de la puissance de ses feux. Les
principes de la doctrine offensive se trouvaient confondus
avec les procédés vicieux de l'attaque sans préparation,
dont l'échec jetait l'incertitude dans les esprits. Puis le
caractère absolu de l'enseignement reparaissait dans la
recherche ou l'emploi d'autres procédés : même le succès,
parce qu'il n'était pas complet, ramenait le doute.

Dans le principal amphithéâtre de notre École supérieure de guerre il faudrait graver cette phrase de Napoléon : « La tactique, les évolutions, la science de l'ingé-
nieur et de l'artilleur peuvent s'apprendre dans les traités,
à peu près comme la géométrie ; mais la connaissance des
hautes parties de la guerre ne s'acquiert que par l'étude
de l'histoire des guerres et des batailles des grands capi-
taines et par l'expérience. *Il n'y a point de règles précises,
déterminées;* tout dépend du caractère que la nature
a donné au général, de ses qualités, de ses défauts, de la
nature des troupes, de la portée des armes, de la saison
et de mille circonstances qui font que les choses ne se
ressemblent jamais. » En grandes capitales serait gravée
la proposition : « Il n'y a pas de règles précises, déterminées. » Le cours de stratégie et de tactique générale
pourrait débuter par la citation suivante : « Alexandre
a fait huit campagnes... Annibal en a fait dix-sept... César
en a fait treize... Gustave-Adolphe en a fait trois...
Turenne en a fait dix-huit... Le prince Eugène de Savoie
en a fait treize... Frédéric en a fait onze... L'histoire de
ces quatre-vingt-trois campagnes serait un traité complet de l'art de la guerre ; les principes que l'on doit
suivre dans la guerre défensive et offensive en découle-
raient comme de source. » Le professeur serait alors obligé
de ne pas chercher tous ses exemples dans la même époque

et, si on lui objectait le peu d'intérêt que présente l'étude de guerres aussi lointaines, alors que l'armement était si différent du nôtre, il mettrait cette question matérielle à son rang d'importance en citant le Maître une fois de plus : « Si Gustave-Adolphe ou Turenne arrivaient dans un de nos camps à la veille d'une bataille, ils pourraient commander l'armée dès le lendemain. Mais si Alexandre, César ou Annibal revenaient ainsi des Champs-Élysées, il leur faudrait au moins un ou deux mois pour bien comprendre ce que l'invention de la poudre, les fusils, les canons, les obusiers, les mortiers ont produit et ont dû produire de changements dans l'art de la défensive, comme dans l'art de l'attaque : il faudrait les tenir pendant ce temps-là à la suite d'un parc d'artillerie. »

L'étude de la Grande Guerre dans ses transformations si rapides et si complètes sera évidemment poussée dans le détail de quelques opérations caractéristiques. Mais on ne pourrait y borner l'attention sans retomber dans l'empirisme ; quelque variées que soient les formes qu'elle a revêtues, elle ne peut donner une idée exacte de ce que serait un choc nouveau, avec des armées différentes de composition et d'esprit, et les changements dans le matériel ne sont rien à côté de ceux qui résultent des situations nouvelles.

Si, le 28 juin 1919, le gouvernement allemand avait refusé de signer le traité de paix, les armées alliées se fussent avancées en Allemagne ; au début, elles n'auraient rencontré aucune résistance sérieuse, mais quelques troupes ralliées par un chef énergique auraient pu commettre la folie de chercher à les arrêter à leur deuxième ou troisième étape, et il eût fallu mettre fin à cette équipée le plus rapidement possible, en réduisant les pertes au minimum. Cette opération n'a pas d'analogue dans la dernière guerre. Si le coup d'État de Kapp en 1920 avait réussi, il aurait vraisemblablement amené de nouvelles hostilités, aussi follement engagées, mais ce n'eût pas été la première fois que l'Allemagne eût violé les règles de la raison : le résultat de la lutte n'eût pas été douteux, mais on ne peut prévoir quelle forme elle aurait prise.

En tout cas, la connaissance de l'etat où se trouvait l'Allemagne permettait dans ces deux circonstances une action rapide, pourvu qu'elle fût accompagnée de certaines précautions d'ordre politique en même temps que militaire.

Grâce aux fautes de l'Entente, l'Allemagne est plus centralisée qu'elle ne l'a jamais été, mais elle est privée de sa dynastie et elle paraît bien incapable de retrouver son équilibre sans cet appui central. Les patriotes rhénans, bavarois, hanovriens ont bien raison de dire que la République actuelle est un plus grand danger pour la paix que n'était le kaiser en 1914, et surtout que ne serait le kaiser en 1920. Tant qu'ils n'auront pas réussi à rendre à l'Allemagne la forme fédérale qui lui est naturelle, le malaise persistera et le monde sera à la merci d'un nouveau coup d'État prussien. Le troupeau sans berger, incapable de se conduire soi-même, erre à l'aventure à la merci de quelque bête bien encornée qui le mènera dans un précipice ; un Kapp quelconque peut surgir de nouveau, flanqué de Lüdendorff et de quelques acolytes, qui, s'étant saisi du pouvoir, ne pourra le garder qu'en faisant de la surenchère pangermaniste, fort capable de dénoncer le traité de paix, avec la France seulement par exemple, en supposant un désaccord entre les Alliés. Dans cette hypothèse, qui n'a rien d'invraisemblable, il faudrait frapper vite et fort ; la plus grande rapidité s'imposerait dans les opérations ; il faudrait se saisir des centres miniers et industriels, pousser immédiatement jusqu'à l'Elbe. Sinon, l'ennemi s'organiserait et sa soumission réclamerait de grands efforts, de nouvelles pertes irréparables, des dépenses énormes que personne ne pourrait payer. L'armée allemande, même privée d'une partie de son matériel, resterait une force assez importante devant les effectifs de première ligne qui devraient l'aborder, et la lutte prendrait des aspects imprévus.

Donc, ce n'est pas seulement la guerre d'hier qu'il faut étudier, c'est toute la guerre, dont il s'agit de dégager les principes à travers les formes mouvantes, en répétant sans cesse : *Il n'y a pas de règles précises, déterminées... Les choses ne se ressemblent jamais.* L'expérience de la guerre est infiniment précieuse ; elle développe l'initiative, la volonté, la maîtrise de soi, toutes les qualités du caractère ; chez ceux qui sont nés chefs, elle montre le goût des responsabilités ; elle ouvre l'intelligence et permet de comprendre rapidement une situation, à condition qu'on ne cherche pas dans sa mémoire une situation semblable ; elle donne enfin la connaissance du matériel qui ne change pas, le plus précieux et le plus délicat de tous, le matériel humain. Mais l'expérience demande à être complétée par la réflexion et par l'étude.

L'armée française, qui était pendant la guerre la nation elle-même, maintiendra certainement avec le pays une union plus étroite qu'avant la terrible épreuve. Les anciens préjugés ne subsistent plus que dans de rares esprits incapables de se transformer ; la vieille crainte s'est évanouie de voir la France payer de sa liberté la victoire.

Il y a un esprit d'après-guerre et il faut compter avec lui. Ce n'est pas en vain que tous les Français ont vécu dans la tranchée côte à côte pendant plus de quatre ans et qu'ils ont mêlé leur sang en faisant triompher la plus juste des causes. Les luttes des partis sont la vie même d'un peuple libre et l'union sacrée ne pouvait survivre à la guerre qui l'avait créée, mais il en reste des souvenirs que la génération présente ne peut oublier et qu'elle se doit à elle-même de transmettre à la suivante.

Les associations d'anciens combattants qui se sont formées sont toutes à encourager. Elles doivent rester unies, et favoriser également les unions des anciens soldats de chaque régiment qui se retrouveront entre eux comme au sein d'une famille, et un contact aussi étroit que possible doit exister entre ces associations régimentaires et le corps actif. Les glorieuses traditions de la grande guerre doivent se transmettre ainsi et continuer l'union de tous les Français.

L'école doit y préparer par l'étude de l'histoire. Nos plans d'étude ressemblent à celui que Metternich avait vraisemblablement rédigé à l'usage du pédagogue auquel il avait confié « l'Aiglon ». L'histoire de l'ancien régime s'y résume en traités dont l'écolier doit ignorer la cause et la création de l'unité française y apparaît comme le résultat d'une génération spontanée. L'œuvre de nos pères mérite mieux. Lisons : *Politique extérieure de Louis XIV. Louis XIV et la succession d'Espagne :* acquisition de territoires. Les coalitions contre la France. Et, en note, une recommandation à peu près identique au bas de toutes les pages : « Il ne sera pas fait d'exposé complet des guerres de Louis XIV. Le professeur étudiera seulement, à titre d'exemple, les épisodes principaux d'une de ces guerres. Les guerres du Premier Empire ne sont pas entièrement proscrites ; elles sont indiquées sous le titre : « La politique extérieure de Napoléon. »

Il serait fâcheux que la « Politique extérieure de la France de 1914 à 1918 » fût résumée pour nos enfants dans le traité du 28 juin.

L'éducation physique, encore bien négligée par l'Université de France, doit prendre sa place dans toutes le écoles et permettra d'abréger le temps du service militaire.

Mais pour qu'on puisse songer à l'éducation des enfants, il faut d'abord qu'ils existent, et la préoccupation qui prime toutes les autres, c'est le relèvement de la natalité. Toutes les lois, toutes les mesures prises par l'État, les départements, les communes, doivent s'en inspirer. La cherté de la vie et les impôts indirects font peser sur les

·familles nombreuses des charges sans cesse croissantes, et qui ne peuvent être allégées ; aussi convient-il d'augmenter largement les quelques avantages qui leur ont été récemment consentis.

Les lois ne sont rien sans les mœurs, aussi faut-il que l'instituteur à l'école, le prêtre à l'église, l'officier dans la chambrée prêchent la croisade pour la race : la paternité aussi nombreuse que possible est le devoir absolu. Les circonstances sont favorables ; déjà dans le milieu rural, où les bénéfices agricoles ont multiplié la petite propriété, le paysan se rend compte que le travail de ses enfants lui devient de plus en plus nécessaire pour la culture de son bien ; l'industrie manque de main-d'œuvre, et le sophisme s'évanouit qui engageait les ouvriers à limiter le nombre de leurs enfants pour faire hausser les salaires. Une action directe s'exerce sur le peuple des fonctionnaires ; les célibataires ne doivent y entrer que comme stagiaires et n'être stabilisés dans leurs fonctions que comme pères de famille.

CHAPITRE IV

L'UNION DES ALLIÉS

Les réparations accordées à la France sont insuffisantes. — La
 France a souffert plus que tous les Alliés. — Elle se relève seule.
 — Les gouvernements alliés l'accusent d'impérialisme. — Mais
 les peuples alliés restent unis.
L'Europe nouvelle. — L'unité de l'Entente y reste la meilleure
 garantie de la paix.

Le souvenir de la grande guerre doit maintenir l'union
entre tous les Alliés en même temps qu'entre tous les
Français : ce sera la conséquence de la victoire, mais non
celle du traité.

Il faut le dire, la France estime que les conditions de la
paix ne répondent pas aux besoins de sa sécurité, à son
rôle dans la guerre, au sang qu'elle a versé, aux dépenses
qu'elle a faites, aux pertes qu'elle a éprouvées par les
dévastations de l'ennemi. Elle compare sa situation à
celle de ses alliés et pense qu'ils n'ont pas été justes
envers elle.

Ses négociateurs ont obtenu avec la plus grande difficulté l'imparfaite garantie d'une occupation provisoire
de la rive gauche du Rhin. C'est en vain qu'ils ont exposé
avec éloquence l'état lamentable où la guerre laissait
leur pays : 1 300 000 tués et 700 000 mutilés, soit plus
de la moitié de ses hommes entre dix-neuf et trente-
quatre ans, 236 milliards de dette, 26 000 usines et
590 000 maisons détruites, dont 450 000 ruinées au ras
du sol, avec l'industrie d'une région qui produisait
 o pour 100 de ses tissus, 90 pour 100 de son minerai,

81 pour 100 de sa fonte, 55 pour 100 de son charbon ; le tiers de sa flotte marchande est détruit.

Malgré cette formidable diminution de sa richesse, ses impôts, inférieurs à 5 milliards en 1914, dépassent 20 milliards de francs en 1920, soit 40 pour 100 du revenu national, et la contribution annuelle par tête d'habitant passe de 129 francs à 574 francs.

Ces charges que la France vient de s'imposer courageusement dépassent de beaucoup celles de tous les autres pays du monde ; ses alliés n'ont trouvé aucune combinaison financière pour lui venir en aide et lui marchandent toute créance privilégiée sur les indemnités à verser par l'Allemagne, dont l'agriculture et l'industrie sont restées intactes ; le traité de paix a mis le relèvement des ruines à la charge de l'ennemi qui en est coupable, mais comme aucune précaution n'a assuré le paiement de cette dette, c'est par de nouveaux emprunts que la France doit entreprendre cette tâche indispensable et 20 milliards ont déjà été dépensés dans ce but : déjà la moitié du sol dévasté (877 000 hectares sur 1 757 000) est remise en culture et le nivellement continue ; les deux tiers des usines ruinées fonctionnent de nouveau ; sur 53 000 kilomètres de routes détruites, 23 000 sont praticables en septembre 1920. Mais l'œuvre à accomplir reste immense ; notamment, il faudra attendre deux ou trois ans avant que le travail, actuellement intense dans les mines systématiquement dévastées, ait pu en obtenir un rendement appréciable, et la production de 1914 ne se retrouvera que dans une quinzaine d'années ; en outre, la pénurie de matériaux et de main-d'œuvre ralentit la reconstruction des maisons détruites.

Les plaies béantes commencent seulement à se cicatriser ; chez nos alliés, de généreuses initiatives aident à la guérison, qui s'opère malgré l'indifférence de leurs gouvernements. Mais, avant même que le spectacle de ces misères s'étale à leurs yeux, ils auraient pu constater que la France a porté dans la guerre le poids le plus lourd. Il faut le lui répéter, c'est par suite de circonstances impérieuses qu'il en était ainsi ; la maîtrise de la mer et le transport des troupes, aussi bien que des ravitaillements, exigeaient le développement d'immenses chantiers britanniques ; pour lui fournir du charbon, il fallait des mineurs dans les mines anglaises. Mais enfin, tous ces travaux pour le bien commun laissaient à leurs occupations, à l'abri du feu, beaucoup plus d'hommes en Angleterre qu'en France.

Un rapport présenté en mai 1917 à la Commission de l'armée de la Chambre des députés vient d'être publié ; il établit que le front anglais en France était beaucoup plus garni que le front français et que l'arrivée des renforts britanniques ne correspondait pas à une augmentation proportionnelle du front, si bien qu'au kilomètre il y avait 6 600 hommes en 1915, 8 000 en avril 1916, 13 000 en octobre 1916. Par ailleurs, les divisions allemandes restaient beaucoup plus nombreuses sur le front français que sur le front anglais, 68 contre 37 en novembre 1916, 62 contre 47 en mars 1917, 74 contre 42 en mai 1917. L'auteur du rapport conclut en insistant pour que le front anglais soit augmenté de 125 kilomètres, afin que le poids de la bataille soit équitablement réparti entre les deux armées. Le motif de cette réelle disproportion paraît lui avoir échappé : les unités anglaises, toutes de formation récente, avaient un besoin absolu de s'instruire avant de combattre, et on ne s'instruit pas dans la tranchée ; le dressage des troupes et des cadres exigeait donc de longs séjours en arrière du front. C'est donc pour une bonne raison que les charges pesaient plus lourdement sur l'armée française, mais le fait demeure : pendant les deux premières années de la guerre, l'armée britannique s'organisait et s'instruisait, ne pouvant mettre en ligne que très peu d'unités ; pendant le reste de la campagne, l'armée française a continué à prendre beaucoup plus que sa part dans les dangers et les travaux.

Ce rôle capital méritait une compensation qu'on cherche vainement dans le traité.

On constate au contraire que les négociateurs anglais ont obtenu de M. Wilson qu'il renonçât à l'un de ses quatorze points, celui qui concerne précisément la liberté des mers, et le traité a donné à l'Angleterre les droits du sultan sur le canal de Suez ; en outre, le régime prévu pour les colonies enlevées à l'Allemagne et transférées à la Société des nations est très adouci par le mandat conféré aux pays de l'Entente qui en héritent, clause dont bénéficie surtout l'Angleterre. Les Français ne peuvent que la féliciter de savoir faire céder M. Wilson, mais voudraient bien profiter quelque peu de cette bienveillance. Ils voudraient à tout le moins être assurés de garder le bénéfice du désintéressement, et ils ne l'ont pas.

A la veille du coup d'État de Kapp, une voix s'est élevée de l'autre côté de l'Atlantique pour dénoncer le militarisme français : pour respectée qu'elle soit, cette voix a fait sourire. De même, on s'est fort étonné qu'à San Remo le chef du gouvernement français ait eu à repousser le soupçon d'impérialisme. Le droit et la liberté ne sont pas de vains mots : ce sont pour la France des réalités ; en paraissant éprouver un doute à cet égard, ses alliés se diminueraient en même temps que la cause pour laquelle ils ont pris les armes.

La politique française est nette et franche ; personne en France n'a de desseins cachés. Il apparaît à beaucoup de Français que l'Allemagne unitaire reste un grave danger et qu'en la délivrant de l'hégémonie prussienne on la rendrait à sa forme naturelle, le fédéralisme. En particulier, la Rhénanie veut son autonomie et il est paradoxal que les armées de l'Entente montent la garde pour la Prusse ; les Rhénans demandent que la commission chargée de défendre leurs intérêts soit élue par eux. Le gouvernement de Berlin inflige à leur commerce et à leur industrie des tarifs ruineux à l'exportation comme à l'importation ; ils rappellent l'article 270 du traité :

« Les puissances alliées et associées, dans le cas où ces mesures leur paraîtraient nécessaires pour sauvegarder les intérêts économiques de la population des territoires allemands occupés par leurs troupes, se réservent d'appliquer à ces territoires un régime spécial, tant en ce qui touche les importations que les exportations. »

Mais personne en France ne veut brusquer un mouvement qui se produira tôt ou tard ; on souhaite seulement qu'il ne soit pas précédé d'un nouveau cataclysme, ni entravé par l'action de l'Entente.

Donc, le traité et de récents incidents ont créé un malaise qu'il serait puéril de nier. Mais l'occupation de Francfort s'est terminée par une véritable détente. Cet acte viril du gouvernement français accompli malgré le gouvernement britannique a été approuvé par l'opinion publique en Angleterre et a causé en Allemagne une grande et salutaire impression. Il est nécessaire que la sanction pénale suive aussitôt toute violation du traité.

Le mouvement qui s'est produit des deux côtés de la Manche a démontré la solidité des liens qui unissent les deux nations. Quelques dissentiments passagers pourront s'élever entre les gouvernements ; sur certains théâtres lointains, il est possible que les souvenirs de la fraternité militaire ne soient pas très vivaces, mais les combattants de la grande guerre ne l'oublieront jamais et sauront la rappeler en France, comme en Angleterre et en Amérique.

La France sait tout ce qu'elle doit à l'amitié des États-Unis. Avant l'entrée de la grande République dans la guerre, les volontaires américains étaient accourus dans la légion étrangère, les avions de l'escadrille Lafayette avaient sillonné son ciel, les automobiles de l'*Ambulance Field Service* avaient été chercher ses blessés dans les tranchées. Elle sait quel concours le ravitaillement américain a donné aux nations alliées, particulièrement dans les régions occupées par l'ennemi en France et en Belgique. Elle n'ignore pas les difficultés de politique intérieure qui ont longtemps empêché les États-Unis de sortir de la neutralité, l'influence des Germano-Américains et l'action directe de la propagande allemande.

L'action de l'armée américaine a été magnifique, et seule la fin des hostilités l'a empêchée de déployer toute sa force. Son entrée en ligne, avec des effectifs sans cesse croissants, solides et courageux, assurait la victoire de l'Entente. Actuellement encore, une foule d'œuvres américaines secourent généreusement les régions dévastées et les orphelins de la guerre ; elles étendent leur action bienfaisante dans tous les domaines.

La France sait très bien qu'il n'est pas besoin d'un traité pour lui assurer le concours de l'Amérique en cas d'agression allemande. Ce sont ses amis les plus fermes et les plus sincères qui s'opposent à la ratification du traité de paix et du traité d'alliance, et ils affirment servir ainsi les intérêts français de la manière la plus efficace. Elle reste soigneusement en dehors de ces discussions de politique intérieure et elle a confiance.

La dernière guerre a profondément transformé la face du monde. La Russie, l'Autriche-Hongrie et la Turquie ont disparu ; l'Allemagne reste un danger latent pour la paix, mais son action militaire n'a plus qu'une portée limitée ; par contre, les États-Unis sont entrés dans la politique européenne comme facteur très important, l'Angleterre a cessé d'être une puissance uniquement maritime et à sa flotte très augmentée elle peut joindre la force d'une armée considérable ; la Belgique est sortie de la neutralité et des États nouveaux se sont créés en Europe centrale. La France panse ses blessures et s'est remise au travail ; la délivrance de l'Alsace et de la Lorraine, une

union plus complète avec ses colonies, la reconstitution
de sa marine marchande et de sa flotte de guerre aug-
menteront certainement ses forces dans un avenir très
rapproché.

Le monde ne cherche pas son nouvel équilibre dans des
groupements tels que la Triple-Alliance d'une part, l'alliance franco-russe et l'entente anglo-française d'autre
part. La dernière manifestation de ces idées maintenant
disparues est le projet de la coalition continentale contre
le monde anglo-saxon ; dès le début des hostilités, la
haine de l'Allemagne avait été dirigée particulièrement
contre l'Angleterre : *Gott strafe England*. L'entrée des
États-Unis dans la guerre avait agi comme dérivatif ;
les tracts de propagande, dans les derniers mois de la
campagne, comparaient le président Wilson à Néron et à
Héliogabale ; son sadisme seul prolongeait les hostilités.
Le 15 juin 1918, après le succès des offensives du 21 mars,
du 8 avril et du 27 mai, le kaiser se croit victorieux ;
il monte au Capitole et peut enfin révéler la grande pensée
de son règne dans un discours prononcé au grand quartier
général à l'occasion du trentième anniversaire de son
avènement : « Le peuple allemand ne vit pas clairement
quand la guerre éclata quelle signification elle aurait.
Je le savais très exactement... Il s'agissait d'une lutte
entre deux conceptions du monde. Ou bien *la conception
prussienne allemande*, germanique, du monde : droit,
liberté, honneur et morale, doit rester en honneur ; ou
bien la *conception anglo-saxonne* qui signifie se livrer à
l'idolâtrie de l'argent. Les peuples de la terre travaillent
comme des esclaves pour la race des maîtres anglo-
saxons qui les tiennent sous le joug. Les deux conceptions
luttent l'une contre l'autre. Il faut absolument que l'une
d'elles soit vaincue... » Le kaiser définit comme il peut les
diverses conceptions du monde, mais il dit bien clairement
que, dès le début des hostilités, une lutte sans merci s'est
engagée entre les Prussiens-Allemands et les Anglo-Saxons,

qui ne devront jamais oublier à quel péril ils ont échappé.

L'esprit de l'Allemagne unitaire n'a pas changé et les universités l'entretiennent avec ferveur; leurs professeurs continuent à enseigner que l'Allemagne doit gouverner le monde pour le plus grand bien de l'humanité, que sa surpopulation et sa surproduction lui donnent le droit de s'approprier par la guerre des territoires et des marchés nouveaux, que d'ailleurs elle n'a pas voulu la guerre et n'a pas été vaincue, enfin qu'elle se relèvera après ses malheurs de 1918 comme après la défaite de 1806 : les deux conceptions du monde continuent à s'opposer.

L'unité de l'Entente reste au-dessus des instruments diplomatiques, des discussions de conférence et des querelles de politique intérieure. Cette unité de l'Entente est la meilleure garantie de la paix, et les peuples sauront l'imposer à leurs gouvernements.

FIN

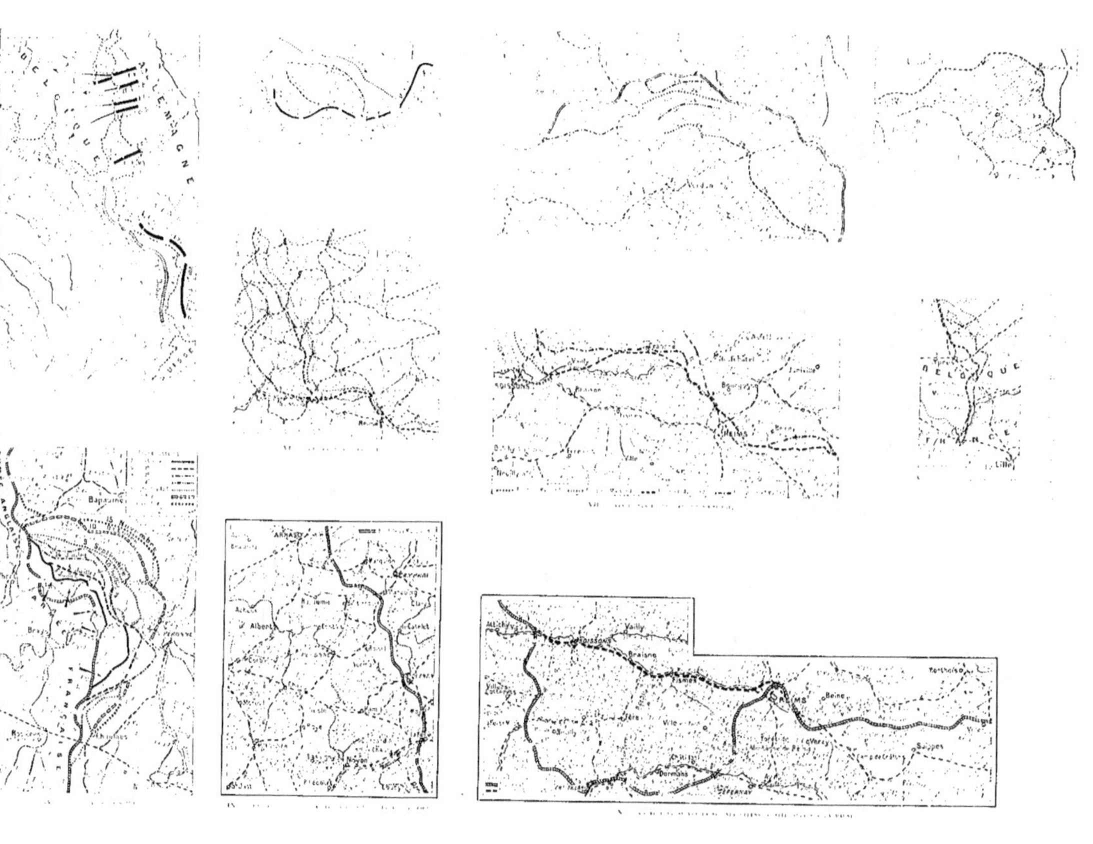

CARTE DES OPÉRATIONS ET ZONES DES ARMÉES ALLIÉES EN 1918
Front des Armées Alliées le 15 Juillet 1918
d° le 11 Novembre 1918 (11 heures), Armistice
Limites des Secteurs des Armées
Belges
Britanniques
Français
Américains
Limites d'États
0 10 20 30 40 50 100 Km

CARTE D'ENSEMBLE POUR LA BATAILLE DE FRANCE MONTRANT LE DÉVELOPPEMENT DES OPÉRATIONS DE CHAQUE ARMÉE.
Offensive du sud de l'Aisne du 18 juillet au 4 août.
Offensive du 8-23 août de la région d'Amiens à celle de Soissons.
Offensive du 22 août au 25 septembre de la région d'Arras à la région de Fismes.
Offensives des 26, 27, 28 septembre, 26 septembre au 13 octobre.
Offensive générale et marche des Armées du 14 octobre au 11 novembre.